方子丹詩詮釋

章 台 華詮釋

文 學 叢 刊
文史哲出版社印行

國家圖書館出版品預行編目資料

方子丹詩詮釋 / 章台華詮釋. -- 初版 -- 臺北市：文史哲, 民 104.02
頁；　公分（文學叢刊；346）
ISBN 978-986-314-248-5（平裝）

851.486　　104002243

文學叢刊 346

方子丹詩詮釋

詮釋者：章台華
出版者：文史哲出版社
http:// www.lapen.com.tw
e-mail：lapen@ms74.hinet.net
登記證字號：行政院新聞局版臺業字五三三七號
發行人：彭正雄
發行所：文史哲出版社
印刷者：文史哲出版社
臺北市羅斯福路一段七十二巷四號
郵政劃撥帳號：一六一八〇一七五
電話886-2-23511028・傳真886-2-23965656

定價新臺幣五六〇元

中華民國一〇四年（2015）二月初版
中華民國一〇四年（2015）五月修訂再版

ISBN 978-986-314-248-5　09346

方子丹詩詮釋

目次

拜讀《方子丹詩詮釋》心悟（代跋）……蔡宗陽……四六四

方子丹詩詮釋

五七言古

題大同工學院重印協志叢書

子貢長貨殖　范蠡擅治產　昔賢理其財　聚之而復散
誰信昔賢風　見之於近晚　林君經世才　超然作市隱
考工領羣倫　勛華早赫烜　興學不吝資　知君志宏遠
建校育職工　教人能務本　聲價重西清　恢宏成學苑
士子沐春風　瀛寰桃李滿　叢書四十種　協志今再版
千冊益學人　分贈宏文館　商人皆重利　君獨得其反
營利用於公　營利抑何損　拙句頌高標　詩才愧不敏

韻律：「子貢長貨殖，范蠡擅治產」句為對仗。

產（十五潸）散（十四旱）晚（十三阮）隱（十二吻）烜（十三阮）遠（十三阮）本（十三阮）苑（十三阮）滿（十四旱）版（十五潸）館（十四章）反（十三阮）損（十三阮）敏（十一軫）爲韻腳。因係古風軫、吻、阮、潸、可適用。

注釋：

子貢：即端木賜。孔子弟子。長於經商，具辯才，嘗爲救魯，說服吳王夫差伐齊。

范蠡：佐句踐滅吳。辭官貨殖致富，成爲陶朱公。

復散：散，蘇旱切。ㄙㄢˇ，音傘，十四旱。陶朱公三富三散。

林君：林挺生。早歲習化學工程，承父業，經營大同公司。創設大同工學院，後市

隱：隱，伊引切，ㄧㄣˇ，音殷（殷其雷之殷，又殷門穴之殷，殷是破音字），十二吻。市隱、縱使處於塵囂中，亦不受外界引誘之隱士。

考工：《周禮》冬禮已佚，以〈考工記〉代之。

赫烜：赫，呼格切，ㄏㄜˋ，音嚇，十一陌。盛大貌。烜、同咺，火遠切，ㄒㄩㄢˇ，音咺，光明貌。赫烜，聲威盛大光明。威儀也。《詩經・衛風・淇奧》：瑟兮僩兮，赫兮咺兮，有匪君子，終不可諼兮。

西清：清朝宮內之南書房，稱作西清。

學苑：苑，於阮切，ㄩㄢˇ，音遠，十三阮。學苑，藝文薈萃之處。

沐：莫祿切，ㄇㄨˋ，音目，一屋。洗髮也。引申爲蒙受。

瀛寰：瀛，移名切，ㄧㄥˊ，音盈，瀛海也。寰、胡玩切，ㄏㄨㄢˊ，音環，十五刪。寰牖也。陸地也。瀛寰，地球水陸之統稱。

桃李：桃李結實多，比喻門人多。《詩經・召南・何彼襛矣》：「何彼襛矣，華如桃李。」曹植雜詩六首之四：「南國有佳人，容華若桃李。」阮籍詠懷之三：「嘉樹下成蹊，東園桃與李。」

宏文館：大同工學院之建築，已拆除，改建爲圖書館。其名不復存。

高標：標，卑腰切，ㄅㄧㄠ，音鑣，二蕭。本義爲樹梢。引申爲目的，旗幟、規格、記號等。高標，高標準。高準則。崇高之風範。杜甫〈同諸公登慈恩寺塔〉：「高標跨蒼穹，烈風無時休。自非曠士懷，登茲懷百憂。」

蓬島

蓬島是仙居　幼即見鉛槧　今吾對此言　取信終未敢。

春無春可傷　秋無秋可感　春盡紅不飛　秋深綠更慘。
長歲苦炎蒸　怯暑罷遊覽　萍末引金風　略領秋意淡。
無端惹風姨　雲天頓黯黮　強死信堪憂　聞災足喪膽。
守宮鳴惡聲　年年繞赤坎。

韻律：

韻腳：槧、敢、感、慘、覽、淡、黮、膽、坎。皆係上聲二七感。

「春盡紅不飛，秋深綠更慘」、「長歲苦炎蒸，怯暑罷遊覽」、「強死信堪憂，聞災足喪膽」皆對仗。

注釋：

鉛槧：鉛，古人用以寫字者。槧，字覽切，ㄗㄢˇ，音蹔，二十七感。或七豔切，ㄑㄧㄢˋ，音欠，二十九豔。古人書寫文字之板，木或船製。再：版牘之長曰槧。鉛槧、鉛製之書寫工具。杜牧〈長安雜題長句〉六首之二：「自笑苦無樓護智，可憐鉛槧竟何功。」

萍末：表示秋末節氣，浮萍已全不見。

黯黮：陰貌。黯，阿紺切，ㄢˇ，音黤，二十九豏。深黑貌。黮，惰感切，ㄉㄢˇ，音膽，或徒感切，ㄊㄢˇ，音毯，二十七感。本義係桑椹熟透時之深黑色。引申為黑黃色。陰私。《楚辭・九辯》之九：「彼日月之照明兮，尚黯黮而有瑕，何況一國之事兮，亦多端而膠加。」

守宮：壁虎之別名。

赤坎：在台南市。荷蘭人在赤嵌社所築城砦，稱熱蘭遮（zealandia）。鄭成功光復台灣改置承天府。今稱赤坎樓或赤嵌樓。

夜集梅園聽某名姨彈琵琶

梅園主人開夜宴　三千珠履皆才彥　瓊漿玉饌引春風　倩出紅妝現嬌面
琵琶斜抱若含情　皓齒明眸翠黛橫　素手輕彈眾星落　節奏檀槽出新聲
鵾絃和鳴展金縷　耳邊嚦嚦聞鶯語　淡若清波拂佩珠　雜如紅豆歌瓊樹
切切淒淒斷復連　抹抹攏攏絕可憐　嗟余久抱流亡怨　青衫淚落如湧泉
海峽兩岸峙甲兵　多年龍戰未能平　世人但解徵聲色　試能解彈流民行
幽情未盡聲方止　嫋嫋餘音猶在耳　名門閨秀最多才　琅玕高韻清無比

韻律：

首句入韻每四句一換韻。

韻腳：宴、彥，皆去聲十七霰。情、橫、聲、皆下平聲八庚。縷、語，皆上聲六語，通樹上聲七麌。連、憐、泉，皆下平聲一先，兵、平、行，皆下平聲八庚。止、耳、比，皆上聲四紙。

「淡若清波拂佩珠，雜如紅豆歌瓊樹」、「切切凄凄斷復連，抹抹攏攏絕可憐」，皆對仗。

注釋：

梅園：清華大學之校園，爲紀念梅故校長貽琦，故名。

珠履：綴珠之鞋。此處泛指高級男鞋女履。《史記・春申君列傳第十八》：「趙平原君使人於春申君。春申君舍之於上舍。趙使欲夸楚、爲蝳瑁簪、刀劍室以珠玉飾之。請命春申君客。春申君客三千餘人。其上客皆躡珠履以見趙使。趙使大慙。」沈佺期〈七夕曝衣篇〉：「珠履奔騰上蘭砌，金梯宛轉出梅梁。李白江上贈竇長史，不同珠履三千客，別欲論交一片心。」

瓊漿：美味之漿湯。《楚辭・宋玉招魂》：「華酌既陳，有瓊漿些。」司空圖〈歌者十二首之三〉：「十斛明珠亦易拚，欲兼人藝古來難。五雲合是新聲染，鎔作瓊漿灑露盤。」

玉饌：美食也。杜甫〈麂〉：「永與清溪別，蒙將玉饌俱。無才逐仙隱，不敢恨庖廚。」

倩　：砌宴切，ㄑㄧㄢˋ，音茜，十七霰。口頰笑時美好之狀。《詩經・衛風・碩人》：

「巧笑倩兮，美目盼兮。」

翠黛：翠，措位切，ㄘㄨㄟˋ，音翠，四寘。青綠色或深青色。黛，度礙切，ㄉㄞˋ，音岱，十一隊。青黑色顏料，古代女子用以畫眉者。亦泛指婦女之眉。翠黛、亦泛指美女之眉。張籍〈蘇州江岸留別樂天〉：「銀泥裙映錦障泥，畫舸停橈馬簇蹄。清管曲終鸚鵡語，紅旗影動薄寒嘶。漸消酒色朱顏淺，欲語離情翠黛低。莫忘使君吟咏處，女坟湖北武丘西。」

檀槽：用檀木製成附於琵琶上端，以架弦之槽。明星雜錄（一作譚賓錄）：開元中，有中官白秀貞自蜀回，得琵琶以獻。其槽以邏逤檀爲之，溫（一作清）潤如玉，光明可鑑。李商隱〈定子（或作杜牧隋苑）〉：「檀槽一抹廣陵春，定子初開（杜牧集作當筵）睡臉新，卻笑吃虧隋煬帝，破家亡國爲何人。」李煜〈書琵琶背〉：「天香留鳳尾，餘暖在檀槽。」

鵾絃：鵾，姑溫切，ㄎㄨㄣ，音昆，十三元。鵾雞似鶴，黃白色，長頸赤喙。《楚辭・宋玉九辯》：「雁雝雝而南遊兮，鵾雞啁哳而悲鳴。」鵾絃、琴絃也。其聲哀，如鵾雞悲鳴，故名。

金縷：縷，閭羽切，ㄌㄩˇ，音僂。七麌。絲也。線也。金縷，金色之絲絃。

嚦嚦：嚦，離譯切，ㄌㄧˋ，音歷，十二錫，悅耳之鳥聲。

紅豆：亦名相思子。王維〈相思〉：「紅豆生南國，秋來發幾枝。」溫庭筠〈南歌子三首之二〉：「玲瓏骰子安紅豆，入骨相思知不知。」

瓊樹：《南史卷十二・列傳第二、后妃下、後主張貴妃》：「後主每引賓客，對貴妃等游曲調，被以新聲。選宮女有容色者以千百數，令習而歌之，分部迭進，持以相樂。其曲有玉樹後庭花，臨春樂等。」其略云：「璧月夜夜滿，瓊樹朝朝新。大抵所歸，皆美張貴妃、孔貴嬪之容色。」李商隱〈南朝〉：「玄武湖中玉漏催，雞鳴埭口繡襦迴。誰言瓊樹朝朝見，不及金蓮步步來。」王昌齡〈留別嶺參兄弟〉：「岑家雙瓊樹，騰光難爲儔。」

抹抹攏攏：琵琶之指法。抹，幕活切，ㄇㄛˋ，音末，七曷。揮彈也。攏，魯孔切，ㄌㄨㄥˇ，音籠，一董。按絃也。

龍戰：戰、芝膳切，ㄓㄢ，音顫，十七霰。龍戰，割據之戰。《易經．坤卦．□□上六》：「龍戰於野，其血玄黃。謝朓和伏武昌登孫權故城：炎靈遺劍璽，當塗駭龍戰。」

張說〈奉和聖制行次成皋應制〉：「龍戰思王業，倚馬賦神功。」胡曾滎陽：漢祖東征屈未伸，滎陽失律紀生焚：當時天下方龍戰，誰爲先生作誄文。

徵聲色：徵，求也。求聲色之美。

琅玕：琅，勒昂切，ㄌㄤ，音郎，七陽。玕，歌安切，ㄍㄢ，音肝，十四寒。琅玕，美玉名，樹名。美竹名。竹蓆名。青珊瑚名。佳文名。《書經．萬貢第八十一節》：「厥貢惟球琳琅玕。」注：石而似玉。疏：石而似珠。《山海經》：「昆侖山有琅玕樹。」張衡〈四愁詩四首之二〉：「美人贈我青（或作金，或作琴）琅玕、何以報之雙玉盤。」曹植〈美女篇〉：「攘袖見素手，皓腕約玉環。頭上金爵釵，腰佩翠琅玕。」阮籍〈詠懷其四十三〉：「朝餐琅玕實，夕宿丹山際。」杜甫〈鄭駙馬宅宴洞中〉：「主家陰洞細煙霧，留客夏簟青琅玕。」趙（子櫟）曰：「詩家多以琅玕比竹。」顧（宸）注：此謂簟之色也。仇兆鰲《杜詩詳注》引靈異兼圖：「琅玕青色，生海底，以網掛得之。初出水紅色，久而青黑。擊之有金石之聲，與珊瑚相類。」白居易〈新載竹〉：「拂肩搖翡翠，熨手弄琅玕。」元稹〈寺院新竹〉：「寶地琉璃坼，紫苞琅玕踴。韓愈〈齷齪〉：「排雲叫閶闔，披腹呈琅玕。」

長慶體

青娥曲並引

歷代名姬之詠，自明妃曲長恨歌後，莫不代有名篇：明末吳梅村有圓圓曲；清季樊樊山有前後彩雲曲；抗日時錢萼蓀有蝴蝶曲。凡此諸篇，均足以反映時代。晚近名姬，殆未有出於青娥者。嗟夫！十年文革，地縱天飛，烝民塗炭，生死須臾哀矜喪亂，久鬱於衷，因有曲焉。

圓圓曲寄梅村慨　長恨歌傳白傳詩　最是青娥能禍國　故應作曲詠妖姬
妖姬小字喚江青　家住青州曲水亭　鄉曲何能藏麗質　春申流轉寄飄萍
春申大邑易成名　況復嬌柔體態輕　掠鬢撩人朝置酒　含顰傾客夜鳴箏
滬濱聲伎今非昨　粥粥羣雌上銀幕　藍蘋熠耀一明星　非復諸城李雲鶴
盈盈秋水瞳含潤　靉靉春雲黛染濃　度曲淚沾司馬袖　傷離腸斷使君驄

聞道金陵陷寇蹄　流徙萬騎逐征輦　離鸞別燕辭黃浦　寶馬香車下隴西
隴西入陝蠶叢路　佳人獨去尋奇遇　不辭榛莽走延安　果得毛王垂眷顧
承歡密意蜂攢蕊　侍寢芳心蝶戀叢　已悔多年憐宋玉　不期一夕遇韓馮
曹瞞銅雀春光滿　夫差館娃弄弦管　延安窯窟且藏嬌　敗絮差強錦衾煖
朝朝暮暮侍東昏　竟把東昏當至尊　皓齒不呈通細語　翠眉淡掃獨承恩
換羽移宮入故都　彤墀紫禁啟雄圖　西山北海雙龍闕　欲效金輪握赤符
禍心暗熾窺神器　奸計初被羣魔忌　潛隱深宮二十年　陰蓄垂拱臨朝志
文革丹書展詭謀　紅兵真似倒橫流　典幘一例罹秦火　冠冕千家盡楚囚
少年流竄將傾國　轉瞬人間成鬼域　九州處處骨堆山　十載悠悠血盈洫
天遣東昏赴夜臺　西風宮井落秋槐　天安門外風雷動　額首蒼生免禍胎
運移王氣數將終　慘淡花容失舊紅　十月霜飛金屋冷　五更月照錦帷空
燕都王位將誰屬　幾輩陰謀呈私欲　不圖變起執金吾　一網擒來秦城獄
南內回思事已陳　詔書遺命記猶新　如何一代天驕逝　難庇遺孀小婦人
秦城獄裏日悠悠　衾冷燈孤幾度秋　縱使羣魔常側目　卻驚嫠婦未低頭
嫠婦年來頭已白　悽涼閱盡興亡迹　聽慣秋槐落故宮　愁看春草生南陌

我憶藍蘋盞上雲　春申曾與醉紅裙　秋娘暮雨銷魂曲　自別江南久不聞

韻律：

「故應作曲詠妖姬，妖姬小字喚江青」及「寶馬香車下隴西，隴西入陝蠶叢路」，係頂真格。

「圓圓曲宮梅村慨，長恨歌傳白傅詩」，「鄉曲何能藏麗質，春中流轉寄飄萍」，「掠鬢攏人朝置酒，含顰傾客夜鳴箏」，「盈盈秋水瞳含潤，靉靉春雲黛染濃」，「度曲淚沾司馬袖，傷離腸斷使君驄」，「離鸞別燕辭黃浦，寶馬香車下隴西」，「承歡密意蜂攢蕊，侍寢芳心蝶戀叢」，「已悔多年憐宋玉，不期一夕遇韓馮」，「曹瞞銅雀春光滿，夫差館娃弄弦管」，「皓齒不呈通細語，翠眉淡掃獨承恩」，「禍心暗熾窺神器，奸計初被羣魔忌」，「典幘一例罹秦火，冠冕千家盡楚囚」，「九州處處骨堆山，十載悠悠血盈洫」，「十月霜飛金屋冷，五更月照錦帷空」，「縱使羣魔常側目，卻驚嫠婦未低頭」，「聽慣秋槐落故宮，愁看春草生南陌」。俱成對句。

此句不入韻。

此歌行體，換韻二十次。詩、姬（四支），青、亭、萍（九青）名、輕、箏

（八庚），昨、幕、鶴（十藥），濃（二冬）驄（一東，古體通二冬），蹄、韓、西（八齊），路、遇、顧（七過），叢、馮（一東），滿、管、煖（十四旱），昏、尊、恩（十三元），都、圖、符（七虞），器、忌、志（四寘），謀、流、囚（十一尤），國、域、洫（十三職），臺、槐、胎（十灰），終、紅、空（一東），屬、欲、獄（二沃），陳、新、人（十一真），悠、秋、頭（十一尤），白、迹、陌（十一陌），雲、裙、聞（十二文）。

注釋：

吳梅村：明太倉人。名偉業，字駿公。崇禎進士。任少參事。明亡後退隱。康熙時，有司力迫入北京，任國子祭酒。著述多，尤長於詩。感喪亂，遂多悲涼之作。論者方之庾信。有《梅村集》、《綏寇紀略》、《太倉十子詩選》。

樊樊山：名增祥，字嘉父。號雲門。（道光二十六年－民國二十年，一八六四－一九三一）。光緒進士。江寧布政使。入民國任參政院參政。詩文清麗，才氣充沛。有詩集、文集、政書、判牘等。

錢萼孫：

圓圓曲：吳梅村著。

五七言古

白傅：白居易。

青州：禹貢九州已有青州。漢朝治臨淄。明清山東省有青州府。民國廢府，惟臨淄諸城一帶，仍以青州視之。

鄉曲：猶言鄉僻。曲，區旭切，ㄑㄩˋ，音趣，二沃。《莊子・胠篋》：「所以立宗廟、社稷，治邑、屋、州、閭、鄉、曲者，曷嘗不法聖人哉？」《韓非子・亡徵第十五》：「私門之官、用，馬府之世、絀，鄉曲之善、舉，官職之勞、廢。貴私行而賤公功者，可亡也。」《戰國策・秦策》：「陳軫去楚之秦。軫曰：故賣僕妾，不出里巷而取者，良僕妾也。出婦嫁於鄉曲者，善婦也。」

春申：上海也。戰國時，楚考烈王封黃歇為春申君。封地即今上海市。賈誼〈過秦論〉：「當此之時，齊有孟嘗，趙有平原，楚有春申，魏有信陵。」

掠鬢：掠，力藥切，ㄌㄩㄝˋ，音略十藥。掠子即篦。鬢，臂印切，ㄅㄧㄣˋ，音殯，十二震。掠鬢，整鬢也。

撩人：撩，離堯切，ㄌㄧㄠˊ，音遼，二蕭。挑弄也。撩人，挑弄男人。

顰：皮寅切，ㄆㄧㄣˊ，音蘋，十一真。同字異體為頻、嚬。攢眉蹙頞（頞，阿葛切，ㄜˋ，音遏，鼻梁也）。

傾客：傾，區營切，ㄑㄧㄥ，音情，八庚。傾客，使客人為之傾仍，為之心服。

伎：極蟻切，ㄐㄧˇ，音几，四紙。技藝。才能。女樂。

粥粥：之六切，ㄓㄨˋ，音祝，一屋。雞相呼之聲。韓愈〈琴操十首之八〉：「雉朝飛操、雉之飛，于朝日。羣雌孤雄，意氣橫出。當東而西，當啄而飛，隨飛隨啄，羣雌粥粥。嗟我雖人，曾不如彼雉雞。生身七十年，無一妾與妃。」

熠耀：熠，異立切，ㄧˋ，音邑，十四緝。鮮明貌。耀同燿通曜。戈妙切，ㄧㄠˋ，音要，十八嘯。光明貌。熠耀，光明。鮮明。再：螢火蟲也。《詩經‧豳風‧東山》：「町疃鹿場，熠耀宵行。」再：倉庚于飛，熠耀其羽。李白〈明堂賦〉：「若乃熠燿五色，張皇萬殊。人物禽獸，奇珍異模。」

諸城：原為山東省之一縣。今改為市。東連青島，南鄰日照。

李雲鶴：江青原來姓名。

盈盈秋水瞳含潤：盈盈，女貌輕盈。水清且淺亦為盈盈。瞳、徒紅切，ㄊㄨㄥˊ，音童，一東。眼珠。潤，孺韻切，ㄖㄨㄣˋ，音閏，十二震。滋也。益也。盈盈秋水瞳含潤、一雙眼珠，美如秋水，潤人心田。

靉靉：阿槩切，ㄞˋ，意愛，十一隊。雲盛貌。指頭髮茂密如雲。

黛：渡礙切，ㄉㄞˋ，音代，十一隊。畫眉黑色。

度曲：製曲。按曲行歌。

司馬袖：指〈琵琶行〉之作者，即江州司馬白居易。因〈琵琶行〉之結尾，爲：「座中泣下誰最多，江州司馬青衫溼。」

使君驄：驄，匆翁切，ㄘㄨㄥ，音叢，一東。青白色之駿馬。使君，刺史也。又凡奉使之官，亦稱使君。此處引陌上桑故事，羅敷婉拒使君之求，令使君之馬，亦爲之斷腸。

流徙萬騎逐征鼙：鼙，貧倪切，ㄆㄧ，音批，八齊。小鼓，騎兵所用。此處言許多人眾隨軍隊入川到重慶。

離鸞別燕：離開上海影劇界男女藝人。

黃浦：黃浦江，以代上海。

寶馬香車下隴西。隴西入陝蠶叢路：寶馬香車、演劇用之行頭道具，攜帶身旁也。蠶叢路，揚雄〈蜀王本紀〉：蜀王之先名蠶叢。故蠶叢路係指蜀民所築由川入陝道路。抗戰初期鐵路尚未修築。教育部組織戲劇巡迴教育隊，由流亡青年參加，自四川重慶出發經青海，甘肅，寧夏，入陝西。一路演戲勞軍。

佳人獨去尋奇遇：江青自往延安演劇勞軍。

榛莽：草木叢生。柳宗元始得西山宴游記：遂命僕過湘江，緣染溪，研榛莽焚茅筏，窮山之高而止。

垂眷顧：當時毛妻賀女士在俄治病，故江青演戲之第一日，即被毛一眼看中。

承歡密意蜂攢蕊，侍寢芳心緤戀叢：兩句描述生活。

韓馮：即韓憑。干寶《搜神記‧卷十一》：「宋康王舍人取妻何氏，美，康王奪之。憑怨。王囚之。論爲城旦。妻密遺憑書，繆其辭曰：其雨淫淫，河大水深，日出當心。既而王得其書，以示左右。左右莫解其意。臣蘇賀對曰：其雨汪淫，言愁且思也。河大水深，不得往來也。日出當心，心有死志也。俄而憑乃自殺。」

其妻乃陰腐其衣。王與之登臺，妻遂自投臺，左右攬之，衣不中手而死。遺書於帶曰：王利其生，妾利其死，願以屍骨賜憑合葬。王怒，弗聽，使里人埋之，冢相望也。王曰：爾夫婦相愛不已，若能使冢合，則吾弗阻也。宿昔之間，便有大梓木，生於二冢之端，旬日而大盈抱，屈體相就，根交於下，枝錯於上。又有鴛鴦，雌雄各一，恆棲樹上，晨夕不去，交頸悲鳴，音聲感人。宋人哀之，遂號其木曰相思樹。相思之名，起於此也。南人謂：此禽即韓憑夫婦之精魂。今睢陽有韓憑城。其歌謠至今猶存。（今指晉朝。）庾信〈鴛鴦賦〉：「俱棲梓樹，堪是韓馮。」

曹瞞銅雀：曹操於建安十五年造銅雀臺。後毀於兵燹。故址在今河北省南端臨漳縣之西。杜牧赤壁：東風不與周郎便，銅雀春深鎖二喬。

夫差館娃：吳王夫差築館娃宮，以貯西施。李嘉祐〈傷吳中〉：「館娃宮中春已歸，闔閭城頭鶯已飛。復見花開人已老，橫塘寂寞柳依依。」白居易〈靈巖寺〉：「館娃畔千年寺，水闊雲多客稀。聞說春來更惆悵，百花深處一僧歸。」

東昏：南齊廢帝蕭寶卷，字智藏。暴戾恣肆。即位後，謀誅大臣。後宮火後，築仙華、神仙、玉壽諸殿。窮極奢侈，荒淫無度。寵潘妃。在位三年。梁武帝蕭衍滅之。其八弟寶融即位，爲和帝。由宣德太后令，追封東昏侯。

換羽：更換輔佐之人。

移宮入故都：由延安先至河北省石家莊西北西柏坡，繼而移入北京城。

彤墀：墀，呈夷切，ㄔˊ，音馳，四支。天子宮殿前階之地。漆以紅色，故名。

紫禁：北京內城之內，更有小城，爲天子所居，名曰紫禁城。

西山、北海、雙龍闕：俱係北京名勝。闕，去月切，ㄑㄩㄝˋ，音蕨。原爲宮門前兩旁之樓，供瞭望用。引申爲皇帝所住之宮殿。

金輪：指武則天。佛經言轉輪王中，以金輪王爲最勝，故武則天自稱金輪聖神皇帝。此處指江青欲效武則天。

赤符：讖文也。後漢書卷一上、光武帝紀第一上：行至鄗，光武先在長安時，同舍生彊華自關中奉赤伏符，曰：劉秀發兵捕不道，四夷雲集龍鬬野，四七之際火爲主。

神器：來位也。老子《道德經・第二十九章》：「將欲取天下而爲之，吾見其不得已。天下神器不可爲也，不可執也。爲者敗之，執者失之。」

垂拱：垂衣拱手。言天子無爲而治。《書經第四卷・周書》武成最後一句：垂拱而天下治。再：武則天年號曰垂拱。

文革：文化大革命。

丹書：大戴禮武王踐祚。武王召尚父問曰：皇帝顓頊之道存乎。尚父曰：在丹書。《玉海》：「丹書、赤雀所銜丹書也。」再：賜與功臣之劵。《漢書・高惠高后孝文功臣表》：「申以丹書之信，重以白馬之盟。又以紅色其罪於簡牘也。」《左傳・二十三年》：「初，斐豹、隸也，著於丹書。」杜預注：「蓋犯罪沒爲官奴，以丹書其罪。」

倒橫流：倒流，逆流也。橫流，水不由水道而流。《孟子・滕文公上》：「當堯之時，天下猶未平，洪水潢流，氾濫於天下。草木暢茂，禽獸繁殖。五穀不登，禽獸偪人，獸蹄鳥跡之道，交於中國。倒橫流、倒流及橫流齊來，使民受災殃。」

典幘：三墳五典之謂。三墳：伏羲、神農、皇帝之書。五典：少昊、顓頊、高辛、堯、舜之籍。在此泛指古書。

一例：一律。一概。循例。同樣。

罹：呂知切，ㄌㄧˊ，音離，四支。遭受也。遭逢也。遭遇也。

秦火：紅衛兵焚書，比之秦火。

楚囚：楚國人被俘成囚犯也。引申爲受窘受壓迫者，或受監禁者之稱。《左傳・成公九年》：「晉侯觀于軍府，見鍾儀。問之曰：南冠而縶者，誰也。有司對曰：鄭人所獻楚囚也。」

血盈洫：洫，虛域切，ㄒㄩˋ，音侐，十三職。田間水道也。溝渠也。血盈洫，血滿渠也。血流成渠也。

夜臺：墓穴也。李白〈哭宣城善釀紀叟〉：「夜臺無曉日，沽酒與何人。」杜甫〈哭台州鄭司戶蘇少監〉：「夜臺當北斗，泉路窅東吳。」

西風：秋風也。許渾〈秋思〉：「琪樹西風枕簟秋，楚雲湘水憶同遊。」

秋槐：秋季之槐樹。王維〈菩提寺禁裴迪來相看說逆賊等凝碧池上作音樂供奉人等舉聲便一時淚下私成口號誦示裴迪〉：「萬戶傷心生野烟，百官何日再朝天。秋槐葉落空宮裏，凝碧池頭奏管弦。」唐汝詢曰：肅宗以此詩釋維，良亦知詩矣。風雷動：風爲巽卦☐，雷爲震卦☐，風雷☐☐益卦。《易經・益卦》：「象曰：風雷，益。君子以見善則遷，有過則改。再：烈風迅雷動，則聲大。又、風雷動，則勢盛。

額首：以手加額，以爲敬禮。如：額手稱慶。《宋史・卷三百三十六列傳第九十五司馬光》：「帝崩，赴闕臨，衛士望見皆以手加額曰：此司馬相公也。所至，民遮道聚觀，馬至不得行。」

執金吾：官名。秦置中尉，掌徼循京師。漢武帝更名幸金吾。應劭曰：吾者，禦也。掌執金革，以禦非常。師古曰：金吾、鳥名也。主辟不祥。天子出行，職主先導，以禦非常，故執此鳥之象，因以名官。

秦城獄：中華人民共和國在北京建造之監獄名。

南陌：南面之路。李白〈別中都明府兄〉：「東樓喜奉連枝會，南陌愁爲落葉分。」再：言爲長安市娼妓集中地。盧照鄰〈長安古意〉：「北堂夜夜人如月，南陌朝朝騎似雲。」

盞上雲：酒杯上之容貌。以雲代容。

紅裙：酒名。再：紅色之裙。韓愈〈醉贈張秘書〉：「不解文字飲，惟能醉紅裙。」白居易〈寄殷協律〉：「幾度聽雞歌白日，亦曾騎馬詠紅裙。」

秋娘：唱歌人。

暮雨銷魂曲：曲名。

漁郎曲前引

夫銜牋青鳥、舞鏡紅鸞、傾城名士、聚散無端、漂搖歲月、代謝滄桑、溯軼事之流傳、觸餘哀之愴惻、感時傷逝、發我長歌、於是乃有漁郎曲焉！

東渡詞曹鄉可比　詩壇崛起潭州李　花延年室一卷詩　居然騰貴洛陽紙

當年我亦避兵塵　同事薇垣結比鄰　從知書記翩翩俊　才調風流兩絕倫

一時詩酒連朝夕　門羅珠履三千客　于髯賈老共王孫　文采繽紛雲生席

江都曾目四通班　高要筠州與定山　更識女宗持玉尺　憐才也為駐朱顏

忽聞入作黃門吏　名重西清初快意　細數雞林一代賢　海內知名皆把臂

一官雖值亂離年　座滿詩仙與酒仙　明生笙歌江女院　春風書畫米家船

書生平步碧雲霄　玉局金吾未寂寥　汗簡咸推東壁府　蘭台寵錫侍中貂

斯人自負湘才子　書畫僅為餘事耳　藝事雖輸白石翁　風流卻邁王湘綺

退拿享盡人間樂　添香夜讀破蕭索　先有綺君後意蓮　又愛朝雲雙赤腳

綺君當日擅聲伎　秋娘絕唱傳湘桂　量珠迎上碧油車　攜到篷山又分袂

念家山破定風波　郎譜新詩妾厭歌　自古才人多薄倖　阿郎艷事奈何多

亦是今生後起緣　相邀不費買珠錢　春申早已知名姓　金屋新嬌字意蓮

眼前又喜祥鸞馭　心事恍如泥粘絮　錯將白屋作朱門　又隨范蠡扁舟去

誤盡鸞期與鳳期　紅愁紫黯總迷離　不圖料峭春寒夜　小婢無媒自入帷

嬌鬟墮枕釵橫鳳　凝眸引入高唐夢　銷魂幾度試溫存　春宵不覺晨雞弄

鶯兒原是小村姑　善解人頤俏念奴　綠屩侍兒晨沃盥　紅牙小妹夜摴蒱

二豎為災醫縮手　客路魂歸黃髮叟　莫云詞賦有何功　終勝芸芸白骨朽
般般軼事費疑猜　今日詩成惜此才　回首卅年眠食地　依稀殘夢上心來
閨中留得遺孀在　天地悠悠新曆改　但洗鉛華不洗愁　課女差能免凍餒
一梳殘月照迴廊　暗數流光只自傷　漠漠春蕪蕪不住　鸞膠新續有潛郎
漁郎長逝繼潛郎　一例黌宇翰墨場　猶是師門好桃李　登堂還拜舊師娘

韻律：

「明月笙歌江女院，春風書畫米家船」、「汗簡咸推東壁府、蘭台寵錫侍中貂」、「藝事雖輸白石翁，風流卻邁王湘綺」、「綠屬侍兒晨沃盥、紅牙小妹夜摴蒱」皆是對仗。

首句入韻。

韻腳：比、李、紙（四紙），塵、鄰、倫（十一真），夕、客、席（十一陌），班、山、顏（十五刪），吏、意、臂（四寘），年、仙、船（一先），霄、寥、貂（二蕭），子、耳、綺（四紙），樂、索、腳（十藥），伎（四寘，古通霽）、桂、袂（八霽）、波、歌、多（五歌）緣、錢、蓮（一先），馭、絮、去（六御），期、離、帷（四支），鳳、夢、弄（一送），姑、奴、蒲（七虞），手、叟、朽（二十五有），猜、才、來（十灰）在、改、餒（十賄），廊、傷、郎（七陽），郎、場、娘（七陽）。

注釋：

詞曹：官名。集文學之士，爲內廷供奉之官。高適〈送柴司戶忘劉卿判官之嶺外〉：「月卿臨幕府，星使出詞曹。」

潭州李：李漁叔。

洛陽紙：左思〈三都賦〉係構思十年而成者。張華稱善、皇甫謐作序，張載注魏都、劉達注吳蜀。於是豪貴競相傳寫，洛陽爲之紙貴。

薇垣：薇，無肥切，ㄨㄟˊ，音微，五微。蔬菜之一種。唐中書省又稱紫薇省。故後稱樞要爲薇省。明改元朝之中書省爲布政司。明清遂稱布政司爲薇垣。

書記：辦理文書，掌理記錄之官。

結比鄰：方師子丹與李漁叔俱任職中樞，皆居台北市臨沂街二十五巷五號。

于髯賈老共王孫：于佑任、賈景德、溥心畬。

于右任：（光緒五年—民國五十三年。一八七九—一九六四。）陝西涇陽人。清朝舉人。但言革命，逃上海。入復旦公學，創辦神州日報。入同盟會，繼辦民呼日報、民吁日報、民立報，爲黨人聯絡中心。民國成立，任交通部次長。討袁之役，因反對袁氏而民立報被迫停刊。護法之役，任陝西靖國軍總司令。北伐後，任國民政府委員，監察院長。歷三十四年。工詩。確立監察制度。倡導標準草書。著作有《右任詩存》，文存、墨存、《牧羊兒自述》。

賈景德：（光緒六年—民國四九年，一八八〇—一九六〇。）山西沁水人。光諸甲辰（光緒卅年，一九〇四。）進士。歷任銓叙部長，考試院副院長、行政院副院長，考試院長，總統府資政。工詩、著有《韜園詩集》、《韜園文集》。

溥儒：（光諸二十二年—民國五十二年，一八九六—一九六三）河北省宛平縣人。字心畬。恭親王奕訢之孫。北京法政大學畢業。德國柏林大學天文及生物學博士。返國後隱居北京西山十年。精研經史書畫。抗戰前任北京師範大學及藝術專科學校教授。謝絕溥儀邀請，堅拒日酋北京僞府重金禮聘。日本投降後，遴選爲滿族國民大會代表，惟不肯爲官。三十八年渡臺。受聘任國立師範大學美術系教授，並設班授徒。畫宗北派，有南張北溥之譽。書法則秀潤飄逸，風流瀟灑，而以行草爲最。當代人士無出其右。吟詩則出口錦鏽，與唐人佳作不相上下。有《四書經義集證》、《爾雅釋言經證》、《經籍擇言》、《寒玉堂千文》、《寒玉堂詩西山集》、《凝碧餘音詞附聯文》、《寒玉堂畫集》、《陶文考略》、《慈訓纂詁》等。

繽紛：盛貌。

雲生席：雲，酒氣也。席，酒席之位也。雲生席、酒席上瀰漫如雲之酒氣。

江都：江都詩人陳含光。

四通班：同一品之謂。梁寒操、彭醇士、陳定山、張默君四人。

高要、筠州、與定山：廣東高要人梁寒操、江西高安即筠州人彭醇士及陳定山。

梁寒操：（光緒二十六年—民國六十四年，一九〇〇—一九七五）廣東省高要縣人。字均默，又字筠默。廣東高等師範畢業。北伐時漢口政府交通部秘書。歷任中國國民黨中央執行委員。立法院委員兼秘書長中央政治委員。軍事委員會政治部，副部長。中央宣傳部長。國防最高委員會副秘書長、政府遷臺後任中國廣播公司董事長、總統府國策顧問。工詩書。有西行亂唱。餘散失。

彭醇士：（光諸二十年—民國六十五年，一八九六—一九七六）江西省筠州府、今高安市人。譜名康祺。南昌贛省中學畢業，北京中國大學商科畢業。正志中學教習、哈爾濱畜牧局局長。南昌教育圖書館館長。南昌私立心遠大學教授。廣東省政府秘書、淞滬警備書令部秘書長兼辦公廳主任、江西省政府參事、南昌行營秘書、立法委員。渡台後仍任立法委員、各大學國文系教授、系主任。有《南浮集》、《照氣集》。其他散佚。

陳定山：（光緒二十三年—民國七十八年，一八九七—一九八九）浙江省錢塘縣人。原名陳琪，字小蝶。早歲創辦家庭工業社，出品無敵牙粉。抗戰初期任上海市商會執行委員兼抗敵後援會副主任、被日軍逮捕、直到日本投降，方獲自由。改名定山。任杭州市修志館館長。渡台後，任中興大學、淡江大學中文系教授。通音律、工詩詞、曲、畫山水花卉及題畫，師法石濤。著《藍因記》、《蝶野畫談》、《定山草堂外集》、《武林思舊錄》、《定山先生書畫集》、《畫苑近聞》、《浦夏雜錄》、《湖上散記》等。

女宗：張默君（光緒十年—民國五十四年，一八八四—一九六五）湖南湘鄉人。清末入同盟會，參與辛亥蘇州光復之役。入民國創辦神州女學校。任江蘇省立第一女子師範學校校長。北伐後，歷任立法委員、中國國民黨監察委員，中央評議委員。第一屆高等考試典試委員、考試院考試委員。因在國民黨十二中全會提出積極復興海軍案，並獲通過，遂受海軍譽爲海軍之母。夫婿邵元冲於民國廿五年西安事變中殉難。張默君工詩及書法。著有《白華草堂詩》、《玉尺樓詩》、《正氣呼天集》、《楊靈集》、《綜合爲大凝堂集》、《玉渫山房墨瀋》、《中國古玉與歷代文化之嬗晉》、《中國文字源流與歷代書法之演進》。

持玉尺：張默君有玉尺樓詩。玉尺，代表考試委員，所謂玉尺量才也。顏真卿《李齊物神道碑》：「上嘗賜公玉尺一，詔曰：謂之尺度，可以裁成。卿實多能，故爲此賜。」李白〈上清寶鼎〉：「仙人持玉尺，度量多少才。」

黃門：宮門也。官署也。爲散騎之官。蓋李漁叔曾任副總統隨從秘書。

西清：清朝宮內之南書房也。

雞林：唐朝新羅國號雞林。後世以爲朝鮮之別號。在此借用，指台灣讀書人眾多。

江女院：韓翃家兄自山南罷歸獻詩敘事：朱荷江女院，青稻楚人田。佩文韻府引白居易詩：海仙樓塔晴方見，江女笙歌夜始吹。

米家船：宋朝米芾、米友仁父子，善山水。人物，自成一家。米芾歷知雍丘縣，漣水軍，太常博士，知無爲軍，禮部員外郎，知淮陽軍，年四十九卒。米友仁仕至兵部侍郎，敷文閣直學士，世號小米。

玉局：宋祠官有玉局觀提舉。蘇軾曾任此官。

金吾：見青娥曲之執金吾注。

汗簡：即汗青。古時以火炙簡，使之出汗，取其青易書，復不蠹也。

東壁：二十八宿中有壁宿，別名東壁。爲玄武七宿之一。《晉書・天文志》：「東壁二星，文主籍，天下圖書之府。」

蘭臺：漢朝藏祕書之宮觀。以御史中丞掌之。後置蘭臺令史，掌書奏。唐龍朔二年（高宗年號，西元六六二年）改秘書省爲蘭臺。又漢朝班固爲蘭臺令史，受詔《撰光武本紀》。故後世史官、御史秘書，皆稱蘭臺。

侍中貂：秦置侍中五人，往來殿內東廂奏事。漢以侍中爲加官，多至數十人，分掌乘輿服物，與中官俱止禁中，侍帝左右。魏晉侍中爲門下省之長官，領給事黃門侍郎，散騎常侍，給事中，諫議大夫等官。掌獻納、諫正及司進御之職。齊梁以侍中之功高者，稱侍中祭酒。隋改納言。唐武德四年復改爲侍中。開元改爲黃門監。天寶改左相，總判門下省事。元朝廢。杜甫諸將五首之四：迴首扶桑銅柱標，冥冥氛祲未全銷。越裳翡翠無消息，南海明珠久寂寥。殊錫曾爲大司馬，總戎皆稱侍中貂。炎風朔雪天王地，只在忠良翊聖朝。

白石：齊白石。（同治二年－民國四十六年，一八六三－一九五七）湖南湘潭人。字壬秋。咸豐癸丑（一八五三，咸豐三年）舉人。通諸經。主講四川尊敬書院、長沙思賢講舍、衡山船山書院。任江西高等學堂總教習、中華民國國史館館長。著述甚豐。有《湘綺樓全集》二十六種。

退食：退朝返家而食。《詩經・召南・羔羊》：「羔羊之皮，素絲五紽。退食自公，委蛇委蛇。羔羊之革，素絲五緎。委蛇委蛇，自公退食。羔羊之縫，素絲五總。委蛇委蛇，退食自公。」另一說：減膳爲退食。故退食指下班。

蕭索：冷落也。稀少也。

綺君：李漁叔由大陸攜來之妻劉綺君。

意蓮：離異後，續娶上海交際花胡意蓮。

朝雲：蘇軾有妾名朝雲。後世遂以朝雲代表妾。此處指意蓮去後與婢女鶯兒結合。

雙赤腳：蘇軾因妻妾朝雲爲天足，故稱伊爲雙赤腳。後世雙赤腳可指婢女、丫環、或妾。

量珠：喻厚賜或納妾。唐明皇以一斛珠賜梅妃。晉石崇以眞珠一斛買綠珠爲妾。

碧油車：公主之車也。《齊書．輿服志》：「公主車，用碧油幢。」

蓬山：仙山也。

念家山破：詞曲名。南唐李後主煜演舊曲念家山為念家山破。其聲焦殺、其名不祥。果然李煜嘗亡國之果。

定風波：詞牌名。本唐教坊曲名。古今詞譜：商調曲也。白香詞譜未收。

祥鸞馭：結婚。

泥粘絮：喻心事之亂，似粘絮之泥，粘住李漁叔。

白屋：白蓋之屋，以茅覆之。《漢書．吾丘壽王列傳》：「士或起白屋而致三公。」

朱門：豪富之家。郭璞《游仙詩》：「朱門何足榮，未若託蓬萊。」杜甫〈自京至奉光縣詠懷五百字〉：「朱門酒肉臭，路有凍死骨。」

鸞期：指結婚。

鳳期：指結婚。

高唐夢：劇曲名。明汪道昆撰。演楚王（襄王或懷王）出遊雲夢，駐蹕高唐，夢晤巫山神女事。

俏念奴：婦容美好曰俏。念奴，唐天寶中名倡之名。後世遂有念奴嬌詞。

綠屩：屩，吉躍切，ㄐㄧㄠˋ，音繳，十藥。麻履也。綠屩、綠色麻鞋。

沃盥：沃，烏酷切，ㄨㄛˋ，音鋈，二沃。澆水也。盥，古緩切，ㄍㄨㄢˇ，音管，十四旱。或古玩切，ㄍㄨㄢˋ，音貫，十五翰。洗也。《左傳・僖公二十三年》：「秦伯納女五人，懷嬴與焉。奉匜沃盥。楊伯峻注：奉、手持之也。匜，音移，古人洗手面之具，用以盛水。古人洗盥，一人持匜，灌水於洗盥者之手以洗之。下有槃，以盛盥訖之水。」《禮記・內則》云：「進盥，少者奉槃，長者奉水，請沃盥。奉水即奉匜，以水盛匜中也。此懷嬴匜以注水。注水曰沃。而重耳盥之。」馬宗璉補注以《儀禮・士昏禮》說此事。依〈士昏禮〉，新郎入室，新婦之從者曰媵，爲新郎沃盥。新郎之從者曰御，爲新婦沃盥。此秦穆公以文嬴妻文公，懷嬴爲媵，故爲文公沃盥。則此爲初婚時事。

紅牙小妹：紅牙，紅色之牙板。拍以節樂者也。小妹，小ㄚ頭。打紅牙板之小ㄚ頭。

摴蒱：摴，救魚切，ㄐㄩ，音裾，六魚。蒱，婆吾切，ㄆㄨˊ。音蒲，七虞。賭戲也。俗謂擲色曰摴蒱。又凡賭博之事，亦曰摴蒱。通摴蒱。此處指打牌。

二豎：病魔也。《左傳・成公十年》。「公（晉景公）疾病，求醫于秦。秦伯使醫緩爲之。未至，公夢疾爲二豎子，曰：彼，良醫也。懼傷我，焉逃之。」

芸芸：紛雜茂盛貌。眾多貌。老子《道德經‧第十六章》：「夫物芸芸，各復歸其根。」按：根，萬物之本源。

漠漠：無聲。

春蕪：男女之事荒廢。

鸞膠：《漢武外傳》：「西海獻鸞膠。武帝弦斷，以膠續之。帝大悅，名續弦膠。」後因以喻再娶。

潛郎：指潘重規。

一例黌宇：黌，戶盲切，ㄏㄥ，音横，八庚。學舍也。黌宇，學舍也。一例黌宇、皆國立某大學教授。

舊師娘：李漁叔之學生，亦潘重規之學生。故鶯兒再醮，仍係各學生之師娘。

五言絕句

遷　客

遷客辭家國　悠悠數十春　縱歸無舊識　仍是異鄉人

韻律：仄起。

平仄平平仄　平平仄仄平　平平平仄仄　平仄仄平平

韻腳：春，（十一真）。

注釋：

遷危：指遷到臺灣之人。白居〈易春去〉：「一從澤畔爲遷客，兩度江頭送暮春。」

李白〈鸚鵡洲〉：「遷客此時徒極自，長洲孤月向誰明。」

題西子圖

一自娥眉去　吳王得所歡　世知嘗膽苦　誰識捧心難

韻律：仄起。

仄仄平平仄　平平仄仄平　仄平平仄仄　仄仄仄平平

「世知嘗膽苦，誰識捧心難」爲對仗。

韻腳：歡、難（十四寒）。

注釋：

娥眉：代美人。

失　覺

痛極疑非痛　哀深轉不哀　無端哀痛事　件件上心來

韻律：仄起

仄仄平平仄　平平仄仄平　平平平仄仄　仄仄仄平平

「痛極疑非痛，哀深轉不哀」爲對仗。

韻腳：哀、來（十灰）。

注釋：

失覺：失去知覺。

題歸鴉圖

村外寒風急　江頭落日斜　故園何處是　默坐數歸鴉

韻律：仄起。

平仄平平仄　平平仄仄平　仄平平仄仄　仄仄仄平平

韻腳：斜、鴉（六麻）。

注釋：四句搭寫風景，兼寓故鄉之思。

紙　鳶

刁得東風力　居然展羽翰　飛騰雲上意　笑爾仰頭看

韻律：仄起。

平仄平平仄　平平仄仄平　平平平仄仄　仄仄仄平平

韻定：翰、看（十四寒）。按：翰、看，可平可仄。仄爲十四翰。

註釋：刁：特濤切，ㄊㄠ，音桃，四豪。忝也。沾光也。自謙之語。

羽翰：羽翼也。鮑照〈詠雙燕之二首〉：「雙燕戲雲崖，羽翰始差池。」

流螢

自有微明在　絲絲繞牖旁　莫慚腐草化　沒尚有餘光

韻律：仄起。

仄仄平平仄　平平仄仄平　仄平仄仄仄　仄仄仄平平

韻腳：旁、光（七陽）。

注釋：

微明：微弱之光。

牖：意又切，ㄧㄡˇ，音酉，二十五有，窗也。

題燈罩

卅載音書絕　流入苦憶家　懸知無見日　何必卜燈花

韻律：仄起。

仄仄平平仄　平平仄仄平　平平平仄仄　仄仄仄平平

韻腳：家、花（六麻）。

注釋：

卜燈花：燈心之餘燼結爲花形，曰燈花。陸賈曰：燈火花，得錢財。漢書藝文志有店燈花術，燈花轉而爲喜事之兆。

筆

失鵠心中凛　驚鴻腕下遊　健須功拜爵　投可覓封侯

韻律：仄起。

仄仄平平仄　平平仄仄平　仄平平仄仄　仄仄仄平平

韻腳：遊、侯（十一尤）。

注釋：

失鵠：鵠，胡沃切，ㄏㄨˋ，音滬，二沃，鴻也，或曰：天鵝也。失鵠、失去目標。

投：指班超投筆從戎。

墨

玉劑浮煙潤　金壺灑汁多　蟾蜍留滴暈　鸜鴿認痕拖

韻律：仄起。

仄仄平平仄　平平仄仄平　仄平平仄仄　平仄仄平平

「玉劑浮澤潤　金壺灑汁多」及「蟾蜍留潭暈，鸜鵒認痕拖」，皆是對仗。

韻腳：多、拖（五歌）。但潤（十二震）暈（十三問，古通震）亦成韻。

注釋：

蟾蜍：亦名蟾諸。俗名癩蝦蟆。

鸜鵒：鸜，權俱切，ㄑㄩˊ，音衢，七虞。鵒，余局切，ㄩˋ，音浴。亦作鴝鵒，俗名八哥、九官鳥，能學人語。

紙

蔡侯留妙製　楮國重先生　價貴三都賦　芳留萬卷名

韻律：平起。

仄平平仄仄　仄仄仄平平　仄仄平平仄　平平仄仄平

「蔡侯留妙製，楮國重先生」及「價貴三都賦，芳留萬卷名」，皆對仗。

韻腳：生、名（八庚）。

注釋：

蔡侯：東漢蔡倫發明造紙術。後世稱紙曰蔡侯。

楮國：楮，黜語切，ㄓㄨˇ，音煮，六語。桑科喬木，樹皮纖維爲造紙原料。唐朝書法家薛稷稱紙爲楮國公，封九錫、白州刺史。

硯

舊樣窊銅雀　新香瀋玉螺　耕憑毛穎力　功在楮生磨

韻律：仄起。

仄仄平平仄　**平平仄仄平**　**平平平仄仄**　**平仄仄平平**

「舊樣窊銅雀，新香瀋玉螺」及「耕憑毛穎力，功在楮生磨」，皆對仗。

韻腳：螺、磨（五歌）。

注釋：

窊：烏瓜切，ㄨㄚ，音哇，六麻。或作窳，窪也。低也。

銅雀：使用銅雀臺瓦以琢硯，甚工。相傳貯水不燥。世稱銅雀瓦硯。

瀋：尸飲切，ㄕㄣˇ，音審，二十六寢。《釋文》：「北工呼汁爲瀋。又置水於器爲瀋。」

玉螺：用玉製成之螺貝，作爲髮飾。

毛穎：筆也。韓愈有〈毛穎傳〉。

褚生：指褚遂良。

春

碧樹呼鳩早　江泥叱犢頻　鶯遷辭壘舊　燕舞護巢新

韻律：仄起

仄仄平平仄　平平仄仄平　平平平仄仄　仄仄仄平平

「碧樹呼鳩早，紅泥叱犢頻」及「鶯遷辭壘舊，燕舞護巢新」，皆對仗。

韻腳：頻、新（十一真）。

注釋：

紅泥：紅色之泥。

叱犢：出聲驅牛。陸游〈訪村老〉：「強健如翁舉世稀，夜深容我叩門扉。大兒叱犢星出，稚子捕魚乘月歸。」

夏

每當清晝永　不與小年殊　柳邊三弄笛　花下半攤書

韻律：本詩係古絕。

仄平平仄仄　仄仄仄平平　仄平平仄仄　平仄仄平平

「每當清晝永，不與小年殊」與「柳邊三弄笛，花下半攤書」，皆對仗。

韻腳：殊（七虞）書（六魚，古通虞）。

注釋：

清晝永：天氣明朗之白天爲時甚長。

小年：壽命短促爲小年。《莊子・逍遙遊》：「朝菌不知晦朔，蟪蛄不知春秋。此小年也。」再：整整一年似乎甚長，可謂小年。唐寅〈醉眠〉：「山靜似太古，日長如小年。」又一般風俗以夏曆臘月廿四日爲小年。

三弄笛：三弄，梅花三弄曲，爲笛曲。《世說新語・任誕》：「王子猷出都，尙在渚下，舊聞桓子野善吹笛，而不相識。遇桓於岸上過，王在船中。客有識之者，云：是桓子野。王便令人與相問云：聞君善吹笛，試爲我一奏。桓時已貴顯，素聞王名，即便回，下車，踞胡牀，爲作三調。弄畢便上車去。客主不交一言。」

王士禛〈秋柳〉：「莫聽臨風三弄笛，玉關哀怨總難論。」

秋

客心驚歲月　天氣換雲煙　去影催歸燕　殘聲送晚蟬

韻律：平起。

仄平平仄仄　平仄仄平平　仄仄平平仄　平平仄仄平

「客心驚歲月，天氣換雲煙」及「去影催歸燕，殘聲送晚蟬」皆成對仗。

韻腳：煙、蟬（一先）。

客心：客子之心。李白〈聽蜀僧濬彈琴〉：「客心洗流水，餘響入霜鐘，不覺碧山暮，秋雲暗幾重。杜甫〈登樓〉：「花近高樓傷客心，萬方多難此登臨。」

雲煙：雲也。雲霧也。

冬

銷寒圖九九　踏雪徑三三　凜冽郊迎北　溫和日愛南

韻律：平起。

平平平仄仄　仄仄仄平平　仄仄平平仄　平平仄仄平

「銷寒圖九九，踏雪徑三三」及「凜冽郊迎北，溫和日愛南」，皆對仗。

韻腳：三、南（十三覃）

注釋：

九九：時令之稱。自冬至翌日起數，歷八十一日，曰九九。《荊楚歲時記》：「九盡寒盡。」

三三：九十日。

梅

幾生修得到　昨夜夢初成　格奇塵外賞　笑索酒邊盟

韻律：本詩係古絕。

仄平平仄仄　仄仄仄平平　仄平平仄仄　仄仄仄平平

「格奇塵外賞，笑索酒邊盟」爲對仗。

韻腳：成、盟（八庚）

注釋：

幾生修得到：謝枋得〈武彝山中梅〉：「十年無夢得還家，獨立青峰也水涯，天地寂寥山雨歇，幾生修得到梅花。」

塵外：世外也。

蘭

九畹靈根刈　三湘夜谷妝　芬傳騷客佩　清滿謝公塘

韻律：仄起。

仄仄平平仄　平平仄仄平　平平平仄仄　平仄仄平平

「九畹靈根刈，三湘夜谷妝」及「芬傳騷客佩，清滿謝公塘」，俱爲對仗。

韻腳：妝、塘（七陽）。

注釋：

九畹：畹，委遠切，ㄨㄢˇ，音晚，十三阮。又迂絹切，ㄩㄢˋ，音怨，十四願。許慎《說文》爲三十畝，班固認爲二十畝，王逸注云：十二畝。《楚辭・離騷》：「余既滋蘭之九畹兮，又樹蕙之百畝。」

靈根：此處指蘭。

刈：原義爲割草、割麥、割稻。引申爲收穫。《楚辭・離騷》：「冀枝葉之峻茂兮，願竢時乎吾將刈。」

三湘：泛指湖南省。《太平寰宇記》以湘鄉、湘潭、湘陰爲三湘。王維〈漢江臨汎〉：「楚塞三湘接，荊門九派通。」

騷客佩：《楚辭・離騷》：「扈江離與辟芷兮，紉秋蘭以爲佩。」

菊

天外重陽節　籬邊三徑荒　淡容迎素月　傲骨妒繁霜

韻律：仄起。

平仄平平仄　平平平仄平　仄平平仄仄　仄仄仄平平

「天外重陽節，籬邊三徑荒」及「淡容迎素月，傲骨妒繁霜」，俱是對仗。

韻腳：荒、霜（七陽）。

注釋：

三徑荒：陶潛〈歸去來〉：「三徑就荒，松菊猶存。」後世遂稱隱士居所為三徑。

淡容：淺色之容貌。

素月：皓月也。皎月也。夏曆八月也。謝莊〈月賦〉：「白露曖空，素月流天。」阮籍〈詠懷〉：「混元生兩儀，四象運衡璣。曒日布炎精，素月垂景暉。」

傲骨：高傲不曲之風骨。

竹

佩搖金鎖碎　斑映玉琮琤　一簾篩月影　萬個瀉秋聲

韻律：本詩係古絕。

仄平平仄仄　平仄仄平平　仄平平仄仄　仄仄仄平平

「佩搖金鎖碎，斑映玉琮琤」及「一簾篩月影，萬個瀉秋聲」，俱係對仗。

韻腳：琤、聲（八庚）。

注釋：

金鎖碎，玉琮琤：〈韓愈孟郊城南聯句〉：「竹景金鎖碎（鎖或作瑣）。孟郊泉音玉琮琤。言竹影泉音似玉石相擊。」

一簾：一扇竹簾也。

琴

松石生幽契　風泉浣素襟　白雲齊入韻　古峽靜流音

韻律：仄起。

平仄平平仄　仄仄平平仄　仄平平仄仄　仄仄仄平平

「松石生幽契，風泉浣素襟」及「白雲齊入韻，古峽靜流音」俱係對仗。

韻腳：襟、音（十二侵）。

注釋：

幽契：自然界無形之約束。

浣：胡管切，ㄏㄨㄢˇ，音緩，十四旱。洗滌也。去垢也。

素襟：無文飾之衣襟。也引申爲本心或素心。戴叔倫〈撫州處士胡泛見送北回兩館至南昌縣界查溪蘭若別〉：「鋪山即遠道，查溪非故林。淒然誦新詩，落淚沾素襟。」陶潛〈乙巳歲三月爲建威參軍使都經錢溪〉：「伊余何爲者，勉勵從茲役，一形似有制，素襟不可易。」

棋

麈拂殘枰後　茶添對座時　雁行雙子落　鵠影一心馳

韻律：仄起。

平仄平平仄　仄仄平平仄　仄平平仄仄　仄仄仄平平

「麈拂殘枰後，茶添對座時」及「雁行雙子落，鵠影一心馳」，俱係對仗。

韻腳：時、馳（四支）。

注釋：

麈：之庾切，ㄓㄨˇ，音主，駝鹿。頭似鹿，腳似牛，尾似驢，背似駱駝，俗稱四不像。

麈尾可作拂麈。

枰：皮迎切，ㄆㄧㄥ，音平，八庚，棋局。韋曜〈博奕論〉：「然其所志，不出一枰之上。所務不過方罫之間。」

雁行：如雁並飛而進也。《詩經・鄭風・大叔于田》：「兩服上襄，兩驂雁行。」

鵠影：鵠，鳥名。或曰：天鵝也。鵠影，鵠飛天空之黑影。

書

鏤雪夫人格　書雲學士箋　幾行飛白暈　一幅硬黃研

韻律：仄起。

仄仄平平仄　平平仄仄平　仄平平仄仄　仄仄仄平平

「鏤雪夫人格，書雲學士箋」及「幾行飛白暈，一幅硬黃研」，皆係對仗。

韻腳：箋、研（一先）。

注釋：

鏤雪書雲：比喻寫字之技巧高超。

夫人學士：指衛鑠，字茂漪及其弟子王羲之。

飛白：書法之一種，東漢蔡邕所創。其筆勢飛舉而字畫中空。

暈：禹問切，ㄩㄣˋ，音運，十三問。日月旁之氣。燈火之外燄。光影色澤四周模糊處。

此處指字體之外圍似有旁氣。

硬黃：一種臨摹法帖用紙。唐人以黃柏染紙，曰硬黃紙，可辟蠹，質如漿，光澤瑩滑，見潛確類書。又一說，唐人鉤摹晉人法書，取紙置熱熨斗上，以黃蠟塗勻，令紙性變硬，瑩徹透明，以之影寫，纖毫畢現。見《紫桃軒雜綴》。

畫

摹成高士筆　寫出輞川詩　墨瀋淋漓在　雲圖摺疊宜

韻律：平起。

平平平仄仄　仄仄仄平平　仄仄平平仄　平平仄仄平

「摹成高士筆，寫出輞川詩」及「墨瀋淋漓在，雲圖摺疊宜」，俱係對仗。

淋漓二字爲雙聲。

韻腳：詩、宜（四支）。

注釋：

高士：品行高尚，不肯爲官之人。

輞川詩：王維有別墅在陝西省藍田縣南之輞川谷。其地風光甚佳，有勝景二十。王維繪之，且賦詩美之。

墨瀋：墨汁也。
淋漓：筆聲暢達。李商隱〈韓碑〉：「公退齋戒坐小閣，濡染大筆何淋漓。」
雲圖：顯雲為主之畫。

漁

舉網撈明月　移篷臥晚風　賣魚喧渡口　沽酒問橋東

韻律：仄起。
仄仄平平仄　平平仄仄平　仄平平仄仄　平仄仄平平
「舉網撈明月，移篷臥晚風」「賣魚喧渡口，沽酒問橋東」，俱係對仗。
韻腳：風、東（一東）。

注釋：
撈月：以網撈起月亮，喻無所得也。
沽酒：買酒或賣酒。此處指買酒。

樵

雨痕雙屐印　暮色半肩挑　歌聲傳谷口　歸路轉峰腰

韻律：本詩為古絕。

仄平平平仄　仄仄仄平平　平平平仄仄　平仄仄平平

「雨痕雙屐印，暮色半肩挑」「歌聲傳谷口，歸路轉峰腰」俱係對仗。

韻腳：挑、腰（二蕭）。

注釋：

雨痕：雨停後留下之痕跡。包何同〈舍弟佶班韋二員外秋苔對之成咏〉：「每看苔蘚色，如向簿書閑。幽思纏芳樹，高情寄遠山。雨痕連地綠，日色出林斑。卻笑興公賦，臨危滑石間。」

雙屐：一雙木屐。後周孟貫寄山中高逸人：「烟霞多放曠，吟嘯是尋常。猿共摘山果，僧鄰住石房。躡雲雙屐冷，採藥一身香。我憶相逢夜，松潭月色涼。」

暮色：晚色。李嘉〈祐送裴五歸京口〉：「君罷江西日，家貧爲一官。還歸五陵去，只向遠峰看。暮色催人別，秋風待雨寒。遙知到三徑，唯有菊花殘。」

歌聲：唱歌之聲。蘇頲〈奉和春日幸望春宮應制〉：「東望望春春可憐，更逢晴日柳含烟。宮中下見南山盡，城上平臨北斗懸。細草遍承回輦處，輕花微落奉觴前。宸游對此歡無極，鳥哢（或作弄）歌聲入管弦。」

谷口：山之出入口。王維〈酬虞部蘇員外過藍田別業不見留之作〉：「貧居依谷口，喬木帶荒村。石路枉回駕，山家誰候門。漁舟膠凍浦，獵火燒寒原。唯有白雲外，疏鐘聞夜猿。」

歸路：歸途也，歸徑也。歸道也。謝靈運〈永初三年七月十六日之郡初發都〉：「從來漸二紀，始得傍歸路。將窮山海迹，永絕賞心悟（或作晤）。」

峯腰：山腰也。峰脅也。峯腹也。

耕

秧歌千畝綠　篝影一燈紅　鋤雲山郭外　犁雨水村中

韻律：本詩為古絕。

平平平仄仄　平仄仄平平　平平平仄仄　平仄仄平平

「秧歌千畝綠，篝影一燈紅」「鋤雲山郭外，犁雨水村中」，俱系對仗。

韻腳：紅、中（一東）。

注釋：

秧歌：農村之一種踏歌。以數人裝扮各種人物，或踩高蹻，或不踩。或合唱，或應答。或加鑼鼓，或伴管弦。或演古事，或歌新編。

篝影：篝，歌謳切，ㄍㄡ，音鉤，十一尤，籠也。夜置燈於籠中，其影爲篝影。

鋤雲：鋤，牀魚切，ㄔㄨ，音初，六魚。魚鋤與犁除去田中雜草也。雲，耘之通叚。鋤耘，耕犁田地也。

山郭：山村也。杜甫〈秋興八首之三〉：「千家山郭靜朝暉，日日江樓坐翠微。信宿漁人還泛泛，清秋燕子故飛飛。匡衡抗疏功名簿，劉向傳經心事違。同學少年多不賤，五陵衣馬自輕肥。」杜牧〈江南春〉：「千里鶯啼綠映紅，水村山郭酒旗風。南朝四百八十寺，多少樓臺煙雨中。」

犁雨：雨中耕犁田地之。

水村：水濱之村莊。司空圖〈澗戶〉：「澗戶烟接水村，亂來歸得道仍存。數竿新竹當軒上，不羨侯家立戟門。」杜荀鶴〈投鄭先輩〉：「匣中長劍未酬恩，不過男兒不合論。悶向酒杯吞日月，閑將詩句問乾坤。寧辭馬足勞關路，肯為漁竿憶水村。兩鬢欲斑三百首，更教裝寫傍誰門。」

讀

奢心通蠹飽　銳意笑鷄廉　學海搜珊富　文林味蔗田

韻律：平起。

仄平平仄仄　仄仄仄平平　仄仄平平仄　平平仄仄平

「奢心通蠹飽，銳意笑鷄廉」、「學海搜珊富，文林味蔗田」，俱係對仗。

韻腳：廉、田（十四鹽）。

注釋：

奢心：好學過度，常心感不足也。

蠹飽：蠹，都故切，ㄉㄨˋ，音渡，七遇。蠹飽、飽讀死書而不知活用之意。自謙之語。

銳意：志向堅決也。銳志也。韋曜〈博奕論〉：「今世之人，多不務經術，好翫（或作習）博奕。廢事棄業，忘寢與食，窮日盡明，繼以脂燭。當其臨局交爭，雌雄未決，專精銳意，神迷體倦，人事曠而不修，賓旅闕而不接，雖有太牢之饌，韶夏之樂，不暇存也。」

鷄廉：喻小廉也。陸佃〈埤雅〉：雞跑而食之。每有所擇。故曰小廉如雞。桓寬《鹽鐵論・褒賢》：「觴酒豆肉，遷延相讓。辭小去大。雞廉貪狼。又：當牽體囂，非患儒之雞廉，患在位者之虎飽。」

學海：學問之淵藪。又博學之人亦稱學海。

搜珊：搜，求也。尋也。覓也。珊，珊瑚，喻高雅昂貴之物品。搜珊、尋求高尚雅緻之學問。

文林：文士之淵藪也。文壇也。文士聚集之場所。文學界也。詩文集也。

江

出沒千帆影　蒼茫九派流　潮痕生荻港　漁火認瓜州

韻律：仄起。

仄仄平平仄　平平仄仄平　平平平仄仄　仄仄仄平平

「出沒千帆影，蒼茫九派流」、「潮痕生荻港，漁火認瓜州」，皆係對仗。

韻腳：流、州（十一尤）。

注釋：

千帆：喻船多也。溫庭筠〈夢江南〉：「梳洗罷，獨倚望江樓。過盡千帆皆不是，斜暉脈脈水悠悠，腸斷白蘋洲。」借「帆」代「船」，是修辭借代。

蒼茫：曠遠迷濛之狀。李白〈關山月〉：「明月出天山，蒼茫雲海間。長風幾萬里，吹度玉門關。」王維〈山居即事〉：「寂寞掩柴扉，蒼茫對落暉。鶴巢松樹遍，人訪蓽門稀。綠竹含新粉，紅蓮落故衣。渡頭烟火起，處處采菱歸。」杜甫〈樂遊原〉最後兩句：「此身飲罷無歸處，獨立蒼茫自詠詩。」

九派：九條支流。謝靈運〈入彭蠡湖口〉：「三江事多往，九派理空存。」王維〈漢江臨汎〉：「楚塞三湘接，荊門九派通。江流天地外，山色有無中。郡色浮前浦，波瀾動遠空。襄陽好風日，留醉與山翁。」

潮痕：潮退後遺留之痕迹也。李嘉祐〈仲夏江陰官舍寄裴明府〉：「萬室邊江次，孤城對海安。朝霞晴作雨，溫氣晚生寒。苔色侵衣桁，潮痕上井欄。題詩招茂宰，思爾欲辭官。」荻港：荻，德歷切，ㄉㄧˊ，音狄，十二錫。荻港鎮爲長江輪船停泊之所，在安徽省繁昌縣西北。荻港河自銅陵市東北流來，經鎮側入江。

漁火：漁舟中之燈火。張繼〈楓橋夜泊〉：「月落烏啼霜滿天，江楓漁火對愁眠。」

瓜州：瓜州鎮在江蘇省紅都市南，儀徵市東，南臨長江，當運河口。其南岸爲京口。張祐〈題金陵渡〉：「金陵津渡小山樓，一宿行人自可愁。潮落夜江斜月裏，兩三星火是瓜州。」按：金陵津渡即京口渡。

湖

煙迷雲夢澤　晴望岳陽樓　落霞彭蠡雁　冷月洞庭舟

韻律：本詩為古絕。

平平平仄仄　平仄仄平平　仄平平仄仄　仄仄仄平平

「煙迷雲夢澤，晴望岳陽樓」、「落霞彭蠡雁，冷月洞庭舟」，俱係對仗。

韻腳：樓、舟（十一尤）。

注釋：

雲夢澤：春秋楚國江南爲夢澤，江北爲雲澤。總面積約九百里。後世淤塞。江北猶有諸多小湖。江南分爲洞庭、鄱陽二湖。孟浩然〈望洞庭湖贈張丞相〉：「氣蒸雲夢澤，波撼岳陽城。」

岳陽樓：在湖南省洞庭湖東岸，岳陽市洞庭北路西側。樓宇雄偉，曾毀於兵燹。今已修復。杜甫〈登岳陽樓〉：「昔聞洞庭水，今上岳陽樓。吳楚東南坼，乾坤日夜浮。」

彭蠡：即鄱陽湖。

落霞：彩霞自高空下落。王勃〈滕王閣序〉：「落霞與孤鶩齊飛，秋水共長天一色。」

冷月：清冷之月。蘇軾〈次韻劉景文路分上元〉：「華燈閎艱歲，冷月挂空府。三吳重時節，九陌自歌舞。」

河

牛渚天如接　龍門地孰經　年豐千里潤　世治幾時清

韻律：仄起。

平仄平平仄　平平仄仄平　平平平仄仄　仄仄仄平平

「常渚天如接，龍門地孰經」、「年豐千里潤，世治幾時清」，皆為對仗。

世治二字為疊韻。

韻腳：經（九青）清（八古通青）。

注釋：

牛渚：在安徽省當塗縣西北，臨長江。其東有李白墓。李白〈夜泊牛渚懷古〉：「牛渚西江夜，青天無片雲。登舟望秋月，空憶謝將軍。余亦能高詠，斯人不可聞，明朝挂帆去，楓葉落紛紛。」

龍門：地名。四川、廣東、山西、內蒙、湖南、河南、福建、甘肅、黑龍江、江西、各有之。惟黃河之龍門，指大禹導河積石，疏決粱山，成龍門口，口廣八十步。據傳說魚集龍門下，登者化龍。其地夾在山西省河津市與陝西省韓城市之間。龍門山則在河津市之北。

世治幾時清：王粲〈登樓賦〉：「惟日月之逾邁兮，俟河清其未極。」《文選》引《左傳》鄭子駟曰：周詩有之，俟河之清，人壽幾河。杜預曰：逸詩也。張銑（六臣之一）曰：黃河清則聖人出。粲苦天下反亂，故云日月逾邁，河清未極期也。

海

三山終古峙　一碧極天悠　出沒魚龍戲　蒼茫島嶼浮

韻律：平起。

平平平仄仄　仄仄仄平平　仄仄平平仄　平平仄仄平

「三山終古峙，一碧極天悠」、「出沒魚龍戲，蒼茫島嶼浮」，俱為對仗。

三山、一碧、蒼茫、皆疊韻。

韻腳：悠、浮（十一尤）。

注釋：

三山：三仙山也。指蓬萊、方丈、瀛洲。

終古：永遠也。莊子《大宗師》：「維斗得之，終古不忒。日月得之，終古不息。」（註：忒，改變方位）。

峙：直里切，ㄓˇ，音紙，四紙，立也。

一碧：一片碧藍。指海水之色。

極天：天之極處。《文心雕龍·夸飾》：「是以言峻，則崇高極天。論狹，則河不容舠。」杜甫〈秋興八首之七〉：「關塞極天惟鳥道，江湖滿地一漁翁。」

悠：以周切，ㄧㄡˊ，音幽，十一尤。長也。遠也。遙也。遐也。

出沒：隱現也。魏徵〈述懷〉：「鬱紆陟高岫，出沒望平原。古木鳴寒鳥，空山啼夜猨。」魚龍：魚與龍也。干寶〈晉紀總論〉：「是以感而應之，悅而歸之，如晨風之鬱北林，魚龍（或作龍魚）之趣淵澤也。」庾信〈哀江南賦〉：「草木之遇陽春，魚龍之逢雲（或作風）雨。」杜甫〈秦州雜詩〉：「水落魚龍夜，山空鳥鼠秋。」杜甫〈秋興八首之四〉：「魚龍寂寞秋江冷，故國平居有所思。」

湖上月

素娥展新貌　波心映素妝　清輝幾不識　疑是月成雙

韻律：本詩為古絕。

仄平仄平仄　平平仄仄平　平平仄仄仄　平仄仄平平

韻腳：妝、雙（七陽）。

注釋：

素娥：嫦娥也。明月色白，故曰素娥。韋莊〈夜景〉：「滿庭松桂雨餘天，宋玉秋聲韻蜀弦。烏兔不知多事世，星辰長似太平年。誰家一笛吹殘暑，何處雙砧搗暮烟。欲把傷心問明月，素娥無語淚娟娟。」

素妝：白色之粧束。淡粧也。

題何秉謨古畫乾隆題額

墨瀋淋漓在　臨摹不可知　畫從高士筆　題是帝王詩

韻律：仄起。

仄仄平平仄　平平仄仄平　仄平平仄仄　平仄仄平平

淋漓：爲雙聲。

「畫從高士筆，題是帝王詩」爲對仗。

韻腳：知、詩（四支）。

注釋：

墨瀋：墨汁也。

淋漓：寫字有元氣。筆勢有勁也。文氣暢達也。李商隱〈韓碑〉：「公退齋戒坐小閣，濡染大筆何淋漓。」

七言絕句

憶秦淮四首

（一）秦淮憶我少年遊　幾處笙歌水上樓
多少游鱗愛香餌　鈎魚巷口月如鈎

韻律：平起。

平平仄仄仄平平　仄仄平平仄仄平　平仄平平仄平仄　平平仄仄仄平平

第三句使用拗救法，應爲平仄平平平仄仄按香餌之香字不能改成仄聲，故平仄平平平仄仄在本詩作平仄平平平仄平仄。係以第五字之平聲作爲仄聲，而與第六字之平仄互換。

韻腳：遊、樓、鈎（十一尤）。

注釋：

秦淮：河名。穿經南京市東南。兩岸歌樓舞榭，河中畫舫遊艇，自古膾炙人口。杜牧〈泊秦淮〉：「煙籠寒水月籠沙，夜泊秦淮近酒家，商女不知亡國恨，隔江猶唱後庭花。」近人朱自清、俞平伯有〈槳聲燈影裏的秦淮河〉各一篇，描寫民國初年之秦淮河。

笙歌：合笙之歌也。王維〈奉和聖製十五夜然燈繼以酺宴應制〉：「上路笙歌滿，春城漏刻長。」

游鱗：游魚也。元稹〈酬樂天寄蘄州簟〉：「碾玉連心潤，編牙小片珍。霜凝青汗簡，冰透碧游鱗。」

（二）吳娘吳曲久當行　聽遍平康舊日坊
淒絕梨園諸子弟　琴聲淚影閱興亡

韻律：平起。

平平平仄仄平平　仄仄平平仄仄平　平仄平平平仄仄　平平仄仄仄平平

韻腳：行、坊、亡（七陽）。

注釋：

吳娘：吳地少女也。又曲詞名。白居易〈寄殷協律吳娘暮雨蕭蕭曲自注〉：「江南吳二娘曲詞云：暮雨蕭蕭郎不歸。」

當行：精於斯道。內行也。

平康坊：唐代長安歌妓萃集地。近北門，又稱北里。

梨園：唐玄宗選優伶男女數百，教于梨園。號皇帝梨園弟子。杜甫〈觀公孫大娘弟子舞劍器行〉：「梨園弟子散如煙，女樂餘姿映寒日。」白居易〈長恨歌〉：「梨園弟子白髮新，椒房阿監青娥老。」

（三）城南曲巷記烏衣　小築新巢待燕歸
叨得六朝煙水氣　也曾昕夕效雙飛

韻律：平起。

平平仄仄仄平平　仄仄平平仄仄平　平仄仄平平仄仄　仄平平仄仄平平

「昕夕」爲雙聲。

韻腳：衣、歸、飛（五微）。

注釋：

烏衣：南京市東南，近朱雀橋之曲巷。東晉王導謝安子弟居所在焉。劉禹錫〈烏衣巷〉：「朱雀橋邊野草花，烏衣巷口少陽斜。舊時王謝堂前燕，飛入尋常百姓家。」

昕夕：希殷切，ㄒㄧㄣ，音欣，十二文。朝也。昕夕，朝暮也、早晚也。

（四）玄武湖搖桂棹輕　採菱歌斷卅年聲
　　偶窺大貝湖邊月　無限登樓故國情

韻律：仄起。
平仄平平仄仄平　仄平平仄仄平平　仄平平仄平平仄　平仄平平仄仄平
韻腳：輕、聲、情（八庚）。

注釋：
玄武湖：即後湖。在南京市之北，紫金山之西。舊時面積大，宋以後淤成一池，明時予以濬築，較小於昔時。
桂棹：桂木所造之舟船。
採菱歌：樂府清商曲辭，爲江南弄之名。
大貝湖：在臺灣高雄縣。又名澄清湖。
登樓：王粲〈登樓賦〉。感懷身世，思念故鄉。「登茲樓以四望兮，聊暇（一作假）日以銷憂。」

知還

絕憐飛鳥無朝暮　覓食探花總不閒　最是羣鴉貪不厭　不臨日暮不知還

韻律：平起。

仄平平仄平平仄　仄仄平平仄仄平　仄仄平平平仄仄　仄平仄仄仄平平

首句不入韻。

韻腳：閒、還（十五刪）。

注釋：

探花：尋花也。看花也。觀花也。（此處不作進士第三位解）。

添壽

秦皇漢武帝荒唐　何事尋求不死方　我已親看人踏月　算來此壽已嫌長

韻律：平起。

平平仄仄仄平平　平仄平平仄仄平　仄仄平平平仄仄　仄平仄仄仄平平

注釋：

人踏月：指阿姆斯壯登陸月球事。

是非

昨縱知非今豈是　衆皆如此我何云　常聞腐朽能神化　却見飛煙作景雲

韻律：仄起。

仄仄平平平仄仄　仄平平仄仄平平　平平仄仄平平仄　仄仄平平仄仄平

首句不入韻

韻腳：云、雲（十二文）。

注釋：

飛煙：烏黑之煙。非指上等煙草。

景雲：瑞雲、慶雲。

滄桑

今日故鄉成異域　他年歸路是征途　還鄉願遂情偏怯　骨肉常疑尚有無

韻律：仄起。

平仄仄平平仄仄　平平平仄仄平平　平平仄仄平平仄　仄仄平平仄仄平

首句不入韻。

韻腳：途、無（七虞）。

注釋：

情偏怯：李頻〈渡漢江〉：「嶺外音書絕，終冬復歷春。近鄉情更怯，不敢問來人。」（或認此詩係宋之問所作）

睡起

一覺醒來還是我　回頭莫悔已輸棋　蹉跎二萬三千日　此後光陰惜寸時

韻律：仄起。

仄仄仄平平仄仄　平平仄仄仄平平　平平仄仄平平仄　仄仄平平仄仄平

首句不入韻。

韻腳：棋、時（四支）。

注釋：

二萬三千日：作者此詩作於七十歲。

李漁叔兄與余同僚，比鄰而居垂二十年，一朝溘逝，能不哀傷，因哭之以詩。

（一）鵷班僚采比鄰居　夕笑朝談廿載餘
已悵往時歡會少　便成永別恨何如

韻律：平起。

平平平仄仄平平　仄仄平平仄仄平　仄仄仄平平仄仄　平平仄仄仄平平

韻腳：居、餘、如（六魚）。

注釋：

溘逝：溘，克盍切，ㄎㄜˋ，音榼，十五合。奄忽也。驟然也。江淹〈恨賦〉：「朝露溘至，握手何言。」〈離騷〉：「寧溘死以流亡兮！余不忍爲此態也。」溘逝，紀昀〈漢學師承記〉：「遽聞溘逝，深爲軫惜。」

鵷班：朝班也：鵷、於袁切，ㄩㄢ，音原，十三元。鳳屬之鳥。飛行有秩序。朝官之行列甚整齊，故曰鵷班。

僚采：僚，力小切，ㄌㄧㄠˇ，音遼。二蕭。官也。采，倉宰切，ㄘㄞˇ，音采。十賄。又倉代切，ㄘㄞˋ，音菜，十一隊。官也。州牧也。僚采，同僚之官吏。僚友也。僚列也。僚伴也。僚朋也。僚儔也。

（二）錦帆何事到瀛洲　竟把殊鄉作首丘
寂寞空齋風月夜　夢魂相遇話時憂

韻律：平起。

仄平平仄仄平平　仄仄平平仄仄平　仄仄平平平仄仄　仄平平仄仄平平

韻腳：洲、丘、憂（十一尤）。

注釋：

錦帆：錦製之帆。錦帆之船。敬稱對方所乘之船，亦稱錦帆。杜甫〈送王十五判官扶侍黔中得開字〉：「大家（ㄍㄨ）東征逐子回，風生洲渚錦帆開。青青竹筍迎船出，白日江魚入饌來。離別不堪無限意，艱危深仗濟時才。黔陽信使應稀少，莫怪頻頻勸酒杯。」李商隱〈隋宮〉：「紫泉宮殿鎖煙霞，欲取蕪城作帝家。玉璽不緣歸日角，錦帆應是到天涯。於今腐草無螢火，終古垂楊有暮鴉。地下若逢陳後主，豈宜重問後庭花。」

瀛洲：指臺灣。

殊鄉：殊，市朱切，ㄕㄨ，音殳，七虞，不同也，異也。殊鄉、異鄉也。

首丘：《禮記・檀弓上》：「大公封於營丘，比及五世，皆友葬於周。君子曰：樂樂其所自生，禮不忘其本。古之人有言曰：狐死正丘首，仁也。」王夢鷗註：「正丘首，正是當。丘是狐穴所在。首（ㄕㄡˋ）是首向之。」今譯：狐狸死了，牠的頭一定正好對準狐穴所在的方向。這也是愛心的表現。

空齋：齋，可安居靜修之屋舍，如書齋。空齋、空屋。空舍。空室。岑參〈高宮谷口贈鄭鄂〉：「谷口來相訪，空齋不見君。澗花然暮雨，潭樹暖春雲。門徑稀人迹，簷峯下鹿羣。衣裳與枕席，山靄碧氛氳。」韋應物〈寒食寄京師諸弟〉：「雨中禁火空齋冷，江上流鶯獨坐聽。把酒看花想諸弟，杜陵寒食草青青。」羅隱〈城西作〉：「從軍無一事，終日掩空齋。道薄交游少，少疏進取乖。野禽鳴聒耳，庭草綠侵階。幸自同樗櫟，何妨愜所懷。」

（三）論詩風雨每連床　舊事悽涼付九蒼

只恨奚囊無賸稿　廣陵散絕痛琴亡。

韻律：平起。

仄平平仄仄平平　仄仄平平仄仄平　仄仄平平平仄仄　仄平仄仄仄平平

韻腳：床、蒼、亡（七陽）。

注釋：

連床：並床也，幷榻也。

九蒼：天爲蒼色。九蒼、九天也。九重天也。九霄也。天之最高處。

奚囊：書囊也。唐李賀每旦出，騎弱馬，從小奚奴。背古錦囊。得句即投其中。

賸稿：殘餘未佚之稿。

廣陵散：已失傳之琴曲名。三國魏稽康彈之。聲調絕美。康爲司馬昭所害。臨刑，索琴彈之。曰：廣陵散於今絕矣。《夢溪筆談‧卷五樂律一》：「盧氏雜說、韓皐謂稽康琴曲有廣陵散者，以王陵毌邱儉輩皆自廣陵敗散。言魏散亡自廣陵始，故名其曲曰廣陵。以予考之，散自是曲名，如操弄摻淡序引之類。」

（四）社結春人步輦過　幾年零落九原多
料裀一代高吟侶　泉路相期恐未訛

韻律：仄起。

仄仄平平仄仄平　仄平平仄仄平平　平平仄仄平平仄　平仄平平仄仄平

零落爲雙聲。

韻腳：過、多、訛（五歌）。

注釋：

春人：詩社名，創立於民國四十一年元月二十日。最盛時社友超越二百人。

步輦：人力車也。乘車也。

零落：草木凋枯也。〈離騷〉：「惟草木之零落兮，恐美人之遲暮。又人死也。陸機樂府門有車馬客行：借問邦族間，惻愴論存亡。親友多零落，舊齒皆凋喪。」

九原：墓地也。春秋晉之鄉大夫墓在九原。後世因稱墳爲九原。

青溪雜詩十九首並引

近讀《中外雜誌》載〈蘇曼殊東居雜詩十九首〉一詩思潮起伏頓思往事乃效顰焉詩中事亦托故耳　棄井盦主於丙寅重九後一夕而成。

（一）綏卸霞裳怯怯羞　依依斜月下簾鈎
夜闌寂靜情誰訴　悄向天街問女牛

韻律：仄起。

仄仄平平仄仄平　平平平仄仄平平　仄平仄仄平平仄　仄仄平平仄仄平

第三句孤平

「寂靜」、「女牛」雙聲。

韻腳：羞、鈎、牛（十一尤）。

注釋：

青溪：青色之溪流。又水名。有數處。惟詩人所指，係南京市東北，洩玄武湖水入秦淮河之曲溪。原有九曲，長數十里。今多堙。猶存一曲。

中外雜誌：月刊名。

蘇曼殊：廣東中山縣人。民前二十八年—民國七年。一八八四—一九一八。名玄瑛，字子穀。詩文畫俱善。通英法日梵文。曾任教師，爲報社譯稿。與章太炎、柳亞子等善。南社詩人。著有〈玉梨魂〉、〈斷鴻零雁記〉、〈碎簪記〉等，載《蘇曼殊全集》內。

丙寅：民國七十五年，一九八六。

霞裳：服飾之有采色者曰霞。霞裳、美麗之下裳。彩衣。花裙。

依依：思戀貌。柔貌。《詩經・小雅・鹿鳴之什・采薇》：「昔我往矣，楊柳依依。今我來思，雨雪霏霏。」

夜闌：闌，盡也。晚也。夜闌，夜深也。
天街：二星名。在畢星與昴星之間。此處泛指天河。
女牛：織女、牛郎，皆星宿也。

（二）東序鐘聲度暝樓　素娥已識廣寒秋
相逢莫問膠庠事　學朽黃童共一流

韻律：仄起。

平仄平平仄仄平　仄平仄仄仄平平　平平仄仄平平仄　仄仄平平仄仄平

第二句第二字孤平

學朽爲雙聲。

韻腳：樓、秋、流（十一尤）。

注釋：

東序：夏代之太學，在王宮之東。《禮記・第五王制》：「有虞氏養國老於上庠，養庶老於下庠。夏后氏養國老於東序，養庶老於西序。」王夢鷗註：「國老是國子師，庶老是造士師。庠、序、學，鄭玄說是四代同實而異名的學校。」本詩東序指大學。蓋作者居處離國立師範大學甚近也。禮記注疏之疏：熊氏云：「國老、卿大夫致仕者。庶老、士也。」

暝樓：暝，忙經切，ㄇㄧㄥˊ，音明，九青，暮也，或忙命切，ㄇㄧㄥˋ，音命二十五徑，夜也。暝樓、暮樓、夜樓。

素娥：月中嫦娥。

廣寒：月中宮殿也。

廣寒秋：詞牌名，又名〈折桂令〉或〈天香第一枝〉，或〈蟾宮引〉。

膠庠：周代謂學校為膠庠。《禮記・第五王制》：「周人養國老於東膠，養庶老於虞庠。」虞庠在國之西郊。

學朽：腐儒也。

黃童：幼童也。

（三）才人不櫛亦名流　翰墨緣曾竟日留
　　說到年華驚逝水　無言獨自撥空篌

韻律：平起。

平平仄仄仄平平　仄仄平平仄仄平　仄仄平平平仄仄　平平仄仄仄平平

韻腳：流、留、篌（十一尤）。

注釋：

櫛：阻瑟切，ㄐㄧㄝˋ，音節，四質。梳頭髮。不櫛、不梳洗也。

翰墨：翰，長而堅硬之鳥羽。翰墨，筆墨也。泛指文章、書法。

年華：年齡。年紀。光陰。

逝水：流逝之水。逝去之時間。逝去之事物。逝川也。

空篌：即箜篌、坎侯。樂器名。古詩爲焦仲卿妻作：「十五彈箜篌，十五詠詩書。」

（四）慧根秀色幾生修　析理談禪語未休

記否去年初接座　題籤印石至今留。

韻律：平起。

仄平仄仄仄平平　仄仄平平仄仄平　仄仄仄平平仄仄　平平仄仄仄平平

第一句有孤平

談禪爲疊韻。

韻腳：修、休、留（十一尤）。

注釋：

慧根：佛家語。觀達真理爲慧。由慧生一切功德以至成道，爲根。慧能生道，故曰：

慧根。

析理：分根道理。

接座：會面。初接座、初會面。

題籤：籤，七廉切，ㄑㄧㄢ，音謙，十四鹽，記識也。題籤者、在書或在畫上題詞或題字。

（五）相契忘年莫浪遊　窺簾竊笑看梳頭

明珠未可無端贈　恐引眉心宛轉愁

韻律：仄起。

平仄平平仄仄平　平平仄仄仄平平　平平仄仄平平仄　仄仄平平仄仄平

「宛轉」爲疊韻。

韻腳：遊、頭、愁（十一尤）。

注釋：

相契：相得也。彼此契合也。

浪遊：漫遊也。杜牧〈見穆三十宅中庭梅榴花謝〉：「矜紅掩素似多才，不待櫻桃不逐梅。春到未曾逢宴賞，雨餘爭解免低徊。巧窮南國千般豔，趁得東風二月開。堪恨王孫浪遊去，落英狼籍始歸來。」

窺簾：隔簾窺視也。李商隱〈無題四首之三〉：「賈氏窺簾韓掾少，宓妃留枕魏王才。」

竊笑：暗中譏笑。

梳頭：梳髮也。

明珠：寶珠也。

（六）芸窗聽夜鐘沉　自理金徽素女琴
忽把弦停佇冷月　鏡臺斜倚照冰心

韻律：平起。

平平仄仄仄平平　仄仄平平仄仄平　仄仄平平平仄仄　平平仄仄仄平平

韻腳：沉、琴、心（十二侵）。

注釋：

芸窗：書齋也。書屋也。

金徽素女琴：元稹〈小胡茄引〉：（小字注：桂府王推官出蜀匠雷氏金徽琴，請姜宣彈。）雷氏金徽琴，王君寶重輕千金。孟浩然〈贈道士參寥〉：「蜀琴久不弄，玉匣細塵生。絲脆絃將斷，金徽色尚榮。知音徒自惜，聾俗本相輕。不遇鍾期聽，誰知鸞鳳聲。」素女：《史記・孝武本紀第十二》：「或曰、泰帝（註太昊也正義：泰帝謂太昊伏羲氏）使素女鼓五十弦瑟。悲。帝禁不止。故破期瑟爲二十五弦。張衡思玄賦：素女撫弦而餘音兮，太容吟曰念哉。」

佇：直呂切，ㄓㄨˇ，音苧。六語。停也。站立也。盼也。等候也。

冷月：冷清清之月。蘇軾〈次韻劉景文路分上元〉：「華燈閟艱歲，冷月挂空府。三吳重時節，九陌自歌舞。」

鏡臺：立鏡之臺也。鏡奩之大者，兼儲粧飾品，上可架鏡，故名鏡臺。庾信〈鏡賦〉：「鏡臺銀帶，本出魏宮。能横卻月，巧挂迴風。龍垂匣外，鳳倚花中。鏡乃照膽照心，難逢難值。鏤五色之盤龍，刻千年之古字。山雞看而獨舞，海鳥見而孤鳴。臨水則池中月出，照日則壁上菱生。」

（七）素手金釵撥冷灰　心隨天竺進香來
不知暗祝觀何事　合掌紅蓮尚未開

韻律：仄起。

仄仄平平仄仄平　平平平仄仄平平　仄平仄仄平平仄　仄仄平平仄仄平

第三句孤平。

韻腳：灰、來、開（十灰）。

注釋：

紅蓮：紅色之蓮花。王維〈山居即事〉：「寂寞掩柴扉，蒼茫對落暉。鶴巢松樹遍，人訪幣華門稀。綠竹含新粉，紅蓮落故衣。渡頭烟火起。處處採菱歸。」李商隱〈偶成轉韻七十二句贈四同舍〉：「青袍白簡風流極，碧沼紅蓮傾倒開。」

（八）玉壺漏盡曉氤氳　寶鴨香清帶宿薰
怪是未明雙鵲噪　於人何事報殷勤

韻律：平起。

仄平仄仄仄平平　仄仄平平仄仄平　仄仄仄平平仄仄　平平平仄仄平平

氤氳、殷勤，係疊韻。

韻腳：氳、薰、勤（十二文）。

注釋：

氤氳：氣盛貌。芳香氣。正字通：氤氳、元氣交密之狀。

寶鴨：香爐也。

（九）碧沼溫泉水自流　陽明山後記前遊
　似憐十五盈盈女　誰信人間有莫愁

韻律：仄起。

仄仄平平仄仄平　平平平仄仄平平　仄平仄仄平平仄　平仄平平仄仄平
第三句孤平

韻腳：流、遊、愁（十一尤）。

注釋：

碧沼：綠沼也。司空曙〈晦日益州北池陪宴〉：「臨泛從公日，仙舟翠幕張。七橋通碧沼，雙樹接花塘。玉燭收寒氣，金波隱夕光。野聞歌管思，水靜綺羅香。」

盈盈女：美麗之女子。體態輕巧之女子。不得志之女子。《古詩十九首》之二：「盈盈樓上女，皎皎當窗牖。」

莫愁：南朝梁及唐朝各有一女子名莫愁。梁爲洛陽女兒。唐爲郢州石城女子。

（十）紈扇輕裾到處宜　凌風更見瘦腰肢
　都緣鐵網搜珊慣　每出迴廊步故遲

韻律：仄起。

平仄平平仄仄平　平平仄仄仄平平　平平仄仄平平仄　仄仄平平仄仄平

韻腳：宜、肢、遲（四支）。

注釋：

紈扇：紈，胡官切，ㄨㄢˊ，音完，十四寒。素也。生平也。絹精白者曰素。紈扇係以輕細之絹製成者。團扇也。

裾：九魚切，ㄐㄩ，音居，六魚。前後襟。

搜珊：搜，攬也。搜珊，搜尋高雅之學問。見前註。

（十一）倚馬雕龍覺負伊　凝神對坐解經時
辨訛正誤明如燭　伏女傳經事可師

韻律：仄起。

平仄平平仄仄平　平平仄仄仄平平　仄平仄仄平平仄　仄仄平平仄仄平

第三句孤平。

韻腳：伊、時、師（四支）。

注釋：

倚馬：指文才敏捷。

寄雕龍：喻善變也。文章長於辯論，亦曰雕龍。《史記・孟子荀卿列傳第十四》：「騶衍睹有國者益淫侈，不能尙德若大雅整之於身，施及黎庶矣。乃深觀陰陽消息，而作怪迂之變，終始大聖之篇，十餘萬言。……騶奭者，齊諸騶子，亦頗采騶衍之術以紀文。……故齊人頌曰：談天衍，雕龍奭。」

伏女傳經：漢文帝求能治尙書者，知前爲秦博士之儒生，濟南人伏勝，已九十餘，老不能行，遂命晁錯往受之。伏生老，言不可曉，乃使其女羲娥傳言教錯，得二十八篇。

（十二）曾觀錦繡大文章　更見雍容絕俗粧
何事不歸仙闕去　故教塵世羡珪璋

韻律：平起。

平平仄仄仄平平　仄仄平平仄仄平　平仄仄平平仄仄　仄平平平仄平平

「雍容」爲疊韻。

韻腳：章、粧、璋（七陽）。

注釋：

雍容：從容不迫，氣派大方之狀。

仙闕：闕、去月切，ㄑㄩㄝˋ，音紺，六月。原義爲宮門兩旁之二臺。後指宮門，又稱宮殿爲闕。仙闕，仙人所居之宮殿。

珪璋：貴重之玉器，喻人品。珪，上圓下方之玉。半珪爲璋。

（十三）書架玲瓏見墨痕　碧紗銀燭照詩魂
　　自嗟此地非吾土　烽火衰年淚滿樽

韻律：仄起。

平仄平平仄仄平　仄平平仄仄平平　仄平仄仄平平仄　平仄平平仄仄平

玲瓏，爲雙聲。

韻腳：痕、魂、樽（十三元）。

注釋：

玲瓏：玉聲。器物精巧貌。人聰明美好貌。

碧紗：綠色之紗幔。李白〈烏夜啼〉：「黃雲城南烏欲棲，歸飛啞啞枝上啼。機中織錦秦川女，碧紗如烟隔窗語。停梭悵然憶遠人，獨宿孤房淚如雨。」（孤房一作空堂）

銀燭：明燭也。陳子昂〈春夜別友人〉：「銀燭吐青烟，金樽對綺筵。離堂想琴瑟，別路繞山川。明月隱高樹，長河沒曉天，悠悠洛陽道，此會在何年。」賈至早朝大明宮呈兩省僚友：「銀燭朝（一作熏）天紫陌長，禁城春色曉蒼蒼。千條弱柳垂青瑣。百囀流鶯繞建章。劍佩聲隨玉墀步，衣冠身惹御爐香。共沐恩波鳳池上，朝朝染翰侍君王。」

詩魂：詩情也。清、張問〈陶醉後口占〉：「錦衣玉帶雪中眠，醉後詩魂欲上天。」

（十四）閒雲流水便相依　不管人間是與非
江上翠娥遺佩去　重來詞客弔斜暉

韻律：平起。

平平平仄仄平平　仄仄平平仄仄平　平仄仄平平仄仄　平平平仄仄平平

韻腳：依、非、暉（五微）。

注釋：

閒雲：浮雲也。王勃〈滕王閣序〉：「閒雲潭影日悠悠，物換星移幾度秋。」

翠娥：指鄭交，甫遇江上美娥遺佩，忽然佩自不見之故事。翠娥，美少女也。唐、劉言史上巳日陪襄陽李尙書宴光風亭：「碧池萍嫩柳垂波，綺席絲鏞舞翠娥。

為報會稽亭上客，永和應不勝元和。」

（十五）喜未衰頹老眼明　霏霏薄霧尚能行
雙溪舊路渾如昨　崔護重來似隔生

韻律：仄起。

仄仄平平仄仄平　平平仄仄仄平平　平平仄仄平平仄　平仄平平仄仄平

韻腳：明、行、生（八庚）。

注釋：

霏霏：指雨絲、雪花、霧氣紛飛貌。《詩經・小雅・鹿鳴之什・采薇》：「今我來思，雨雪霏霏。」

雙溪：臺灣臺北縣（即今新北市）東隅地名。

崔護：唐，博陵人。清明，遊都城南，見桃花繞宅。叩門求飲。有美女以杯水至。來歲清明，再往尋之。門已鎖扃。遂題詩左扉去：「去年今日此門中，人面桃花相映紅，人面不知何處去，桃花依舊笑春風。」數日復往。聞哭聲。叩門問之，有老父出曰：君殺我女，崔入哭之。女復甦，遂妻之。

（十六）寥寥惘惘意如何　往事依稀緲若波

浮世本來多聚散　一生惆悵此時多

韻律：平起。

平平仄仄仄平平　仄仄平平仄仄平　平仄仄平平仄仄　仄平平仄仄平平

「依稀」爲疊韻。「惆悵」爲雙聲。

韻腳：何、波、多（五歌）。

注釋：

寥寥：寂寞也，空虛也。深也。盧照鄰〈長安古意〉：「寂寂寥寥揚子居，年年歲歲一牀書。」左思〈詠史〉：「寥寥空宇中，所講在玄虛。」

惘惘：文網切，ㄨㄤˇ，音網，二十二養。芒昧也。失志也。

（十七）更無消息夢空勞　徒玩珍藏五色毫

猛憶浮生驚歲晚　閒庭起看月輪高

韻律：平起。

仄平平仄仄平平　平仄平平仄仄平　仄仄平平平仄仄　平平仄仄仄平平

「消息」爲雙聲。

韻腳：勞、毫、高（四豪）。

注釋：

五色毫：五色毛筆。方干再〈題路支使南亭〉：「行處避松兼礙石，即須門徑落斜開。愛邀舊友看魚釣，貪聽新禽駐酒杯。樹影不隨明月去，溪聲常送落花來。睡時分得江淹夢，五色毫端弄逸才。」

閒庭：空庭也。

（十八）裁紅暈碧記詩成　許我塗鴉滿壁橫
一幅條屏聯一付　書雲鏤雪總關情

韻律：平起。

平平仄仄仄平平　仄仄平平仄仄平　仄仄平平平仄仄　平平仄仄仄平平

韻腳：成、横、情（八庚）。

注釋：

裁紅暈碧：書法也。

書雲鏤雪：見書註。

（十九）再訪青溪路覺遙　暝煙疏雨過朱橋
人將碧草新晴去　魂對青山暮雨消

韻律：仄起。

仄仄平平仄仄平　平平平仄仄平平　平平仄仄平平仄　平仄平平仄仄平

第三、四句「人將碧草新晴去，魂對青山暮雨消」是對仗。

韻腳：遙、橋、消（二蕭）。

注釋：

青溪：見〈青溪雜詩十九首〉之一註。

暝煙：暗煙也。有時比喻戰亂。

疏雨：疏降之雨。岑參〈西掖省即事〉：「西掖重雲開曙輝（一作暉），北山疏雨點朝衣。千門柳色連（一作開）青鎖（一作瑣），三殿花香入紫微。平明端笏陪鴛（一作鵷）列，薄莫垂鞭信馬歸。官拙自悲頭白盡，不如巖下偃（一作掩）荊扉。」

朱橋：紅色之橋。

林靜博士于歸花燭詞

（一）飛瓊身本住瓊樓　偶謫人間字莫愁

誓與姮娥常作伴　等閑未許下簾鈎

韻律：平起。

平平平仄仄平平　仄仄平平仄仄平　仄仄平平平仄仄　仄平仄仄仄平平

韻腳：樓、愁、鈎（十一尤）。

注釋：

林靜：周林靜，台北市私立文化大學哲學系教授。

飛瓊：許飛瓊，西王母之侍女。

瓊樓：月中之宮殿。仙人之宮殿。帝王之宮殿。顯宦之樓宇。沈佺期〈幸梨園亭觀打球應制〉：「今春芳苑游，接武上瓊樓。宛轉縈香騎，飄颻拂畫球。俯身迎未落，回轡逐傍流。只爲看花鳥，時時誤失籌。」李白〈少年子〉：「青雲少年子，挾彈章臺左。鞍馬四邊開，突如流星過。金丸落飛鳥，夜入瓊樓卧。夷齊是何人，獨守西山餓。」

姮娥：姮，胡登切，ㄏㄥ，音恆，十蒸。嫦娥，原名姮娥。月也。漢文帝名恒，漢朝人因避諱。遂改姮爲嫦。

簾鈎：捲簾之鈎也。杜甫〈落日〉：「落日在簾鈎，溪邊春事幽。芳菲緣岸圃，樵爨倚灘舟。啅雀爭枝墜，飛蟲滿院游。濁醪誰造汝，一酌散千愁。盧仝樓上女兒曲：誰家女兒樓上頭，指揮婢子挂簾鈎。林花撩亂心之愁。卷卻羅袖彈箜篌。」

（二）晚妝纔罷晚風迎　月下窺園信有情
不櫛文姬稱進士　被郎著眼認分明

韻律：平起。

仄平平仄仄平平　仄仄平平仄仄平　仄仄平平平仄仄　仄平仄仄仄平平

韻腳：迎、情、明（八庚）。

注釋：

不櫛進士：櫛，雞恐切，ㄐㄧㄝˋ，音節，四質，梳頭髮也。不櫛進士、謂女子之嫻於文學者。

文姬：東漢蔡琰之字。

（三）枉費冰人說蔦蘿　仙姝方寸是銀河
一逢白石姜詞客　便唱摽梅吉士歌

韻律：仄起。

仄仄平平仄仄平　平平平仄仄平平　仄平仄仄平平仄　仄仄平平仄仄平

韻腳：蘿、河、歌（五歌）。

注釋：

冰人：媒人，婚姻介紹人。

蔦蘿：親戚關係曰蔦蘿。《詩經・桑扈之什・頍弁》：「有頍者弁，實維伊何。爾酒既旨，爾殽既嘉。豈伊異人，兄弟匪他。蔦與女蘿，施于松柏。……有頍者弁，實維何斯。爾酒既旨，爾殽既時，豈伊異人，兄弟俱來。蔦與女蘿，施于松上。」朱熹《詩集傳》：「此亦燕兄弟親戚之詩。」

方寸：心也。

白石姜詞客：姜夔，宋朝詩人，居所與白石洞天為鄰，因號白石道人。

摽梅吉士歌：《詩經・召南・摽有梅》：「摽有梅，其實七兮。求我庶子，迨其吉兮。摽有梅，其實三兮。求我庶士，迨其今兮。摽有梅，頃筐塈之。求我庶士，迨其謂之。」

（四）笑持斑管自催粧　不待簫聲引鳳凰

自我崔盧好奩贈　十三經壓女兒箱

韻律：平起。

仄平平仄仄平平　仄仄平平仄仄平　仄仄平平仄仄仄　仄平平仄仄平平

韻腳：粧、凰、箱（七陽）。

注釋：

斑管：孫光憲〈北夢瑣言〉：「梁元帝為湘東王時，筆有三品。忠孝全者，用金管書之。德行精粹者，用銀管書之。文章贍麗者，用斑竹管書之。」

簫聲引鳳凰：秦穆公時，有蕭史者，善吹簫。穆公有女，名弄玉，好之。結為夫婦居數十年。吹似鳳聲。鳳任來止其屋。公為作鳳臺，使居之。一旦，俱隨鳳皇飛去。

崔盧：崔氏盧氏為六朝及唐之望族。北朝崔悅盧諶二人俱善書。崔法衛瓘，盧法鍾繇，且皆習索靖之草。時以崔盧並稱。

十三經：《周易》、《尚書》、《毛詩》、《周禮》、《儀禮》、《禮記》、《左傳》、《公羊傳》、《穀梁傳》、《論語》、《孟子》、《爾雅》、《孝經》。宋程顥、程頤、朱熹出，始定十三經之名。

女兒箱：王士禛〈秋柳〉：「浦裏青荷中婦鏡，江干黃竹女兒箱。」清，金榮漁洋山人精華錄箋注：「古樂府黃竹子歌、江干黃竹子、堪作女兒箱。一船使兩槳，得娘還故鄉。」

（五）玉郎風貌最清華　捲幔丰神似曉霞
笑看香蘭吟醉草　一重春護一重花

韻律：平起。

仄平平仄仄平平　仄仄平平仄仄平　仄仄平平平仄仄　仄平平仄仄平平

「曉霞」係雙聲。

韻腳：華、霞、花（六麻）。

注釋：

玉郎：男子之美稱。再：妻謂夫也。又道書中有玉郎，爲仙官之一。李商隱〈重過聖女祠〉：「玉郎會此通至籍，憶向天階問紫芝。」馮浩《玉谿生詩集箋注》：「登真隱訣、三清九宮並有僚屬，其高總稱曰道君，次真人，真公，真卿，其中有御史，玉郎諸小號官謂甚多。」

風貌：風釆容貌也。陳壽《三國志・魏志廿八》、鍾會傳注（在評前）、《博物記》曰：「初。王粲與族兄凱，俱避地荆州。劉表欲以女妻粲，而嫌其形陋而用率。以凱有風貌，乃以妻凱。凱生業。業即劉表外孫也。」

清華：文采不俗也。清貴之士也。景物宜人也。此處指男子神態清雅高貴。

捲幔：幔，莫米切，ㄇㄢˋ，音縵，十五翰。帳也。幕也。捲幔、捲起簾幕也。王維勒借岐王九成宮避暑應教：膈牕雲霧生衣上卷幔山泉入鏡中。李白〈瑩禪師房觀山海圖〉：「丹崖森在目，清晝疑卷幔。」

丰神：男子儀表也。

曉霞：朝霞也。喻面貌紅潤。李商隱〈壬申七夕〉：「已駕七香車，心心待曉霞。風輕惟響珮，月薄不嫣花。桂嫩傳香遠，榆高送影斜。成都過卜肆，曾妒識靈槎。」

（六）暫辭東序舊班行　合卺初嘗翠羽觴
忙煞左芬一枝筆　半修經史半修妝

韻律：平起。

仄平平仄仄平平　仄仄平平仄仄平　平仄仄平仄平仄　仄平平仄仄平平

第三句有單拗救。

韻腳：行、觴、妝（七陽）。

注釋：

東序：見青溪雜詩十九首注。

班行：同列也，同列之位次也。職位也。

合巹：巹，几隱切，ㄐㄧㄣˇ，音緊，古代婚禮儀式之一。一瓠剖成兩瓢，即巹。新郎新娘各執一瓢，斟酒對飲，稱爲合巹。今俗稱交杯酒。

翠羽觴：觴，式羊切，ㄕㄤ，音商，七陽。酒杯也。翠羽觴，綠色而有翡翠羽毛光彩之酒杯。或曰：翠羽，酒名。

左芬：西晉左思之妹，亦工詩。喻林靜。

敬悼丁公似庵鄉丈 二十詠

似公仙去，倏近期年，每思綴文悼念，借遣私懷，奈握管興嗟，益增苦緒，臨楮惻惻，終未成篇。頃朋輩爲公籌印紀念集，來函索稿，自愧於文，無能爲役，惟自抗戰迄今，獲交似公，垂四十餘載，師友相親，過從無間，誼敦意篤，筆所難宣，況公豐功載德，學究天人，堂堂偉業，不待贅言。茲就所知往績，謹賦輓詩二十首，詩成，猶不禁沈吟惘惘也。

七言絕句

（一）牙旗虎帳戍衡陽　曾醉江樓典鷫鸘
回首初逢烽火地　班荊道故總難忘。

韻律：平起。

平平仄仄仄平平　平仄平平仄仄平　平仄平平平仄仄　平平仄仄仄平平

韻腳：陽、鸘、忘（七陽）

注釋：

丁似庵：（光緒二十年—民國七十七年，一八九四—一九八八）丁治磐，字似庵。江蘇省東海縣人。幼入塾，長習武。江蘇陸軍講武堂、陸軍軍官教育團、陸軍大學第十二期畢業。曾參加北伐、抗戰諸役。抗戰後期任中國遠征軍第四方面軍副司令。勝利後，任第二綏靖區副司令兼青島警備司令。翌年遷第十一綏靖區司令兼青島市長。三十七年調江蘇省政府主席兼江蘇綏靖總司令。三十八年遷台，任國策顧問。治軍之餘、綜博群籍。晚年更專治國學。精研詩、古文、書法。創立中華學術研究院詩學研究所。

牙旗：將帥之大旗也。旗竿上飾以象牙，故名。張衡〈東京賦〉：「戈矛若林，牙旗繽紛。」

鷫鸘：鷫，息逐切，ㄙㄨˋ，音素，一屋。鸘，色莊切，ㄕㄨㄤ，音霜，七陽。同鷞。雁屬。似雁而長頸綠羽。皮可爲裘。此處作鷫鸘裘解。鷫鸘又爲劇曲名。

班荊道故：班布也。荊，灌木名。班荊道故、朋友相遇，敘舊也。《左傳・襄公二十六年》：「伍舉奔鄭，將遂奔晉，聲子將如晉，遇之於鄭郊，班荊相與食。而言復故。聲子曰，子行也。吾必復子。」楊伯峻注：「班荊、扯草而鋪於地，聊以代席，藉以爲坐。布今俗作佈，即今鋪字。故、事也。返回楚國之事也。」

（二）**戰雲慘淡晝淒迷　一夕衡湘陷鼓鼙**
猶記高吟青玉案　臨喪應唱白銅鞮

韻律：平起。

仄平仄仄仄平平　仄仄平平仄仄平　平仄平平平仄仄　平平仄仄仄平平

「淒迷」爲雙聲。

韻腳：迷、鼙、鞮（八齊）。

注釋：

淒迷：景物悽涼。心情悵惘。迷惘。迷濛難辨。

鼓鼙：同鼓鞞。鼙，部迷切，ㄆㄧˊ，音皮，八齊。小鼓也。鼓鼙，軍樂器，作戰使用，以指揮軍事。劉長卿〈送李判官之潤州行營〉：「萬里辭家事鼓鼙，金陵驛站楚雲西。」

青玉案：詞調名。張衡《四愁詩》：「四思曰：我所思兮在鴈門，欲往從之雪紛紛。側身北望涕霑巾。美人贈我錦繡段，何以報之青玉案。路遠莫致倚增歎，何爲懷憂心煩惋。」張衡詩中所指之玉案據《昭明文選六臣注》：楚漢春秋：淮陰侯曰：臣去項歸漢。漢王賜臣玉案之食。良（劉良）曰：玉案，美器，可以致食。白香詞譜有青玉案。謝朝徵箋：案同碗、盛酒之具也。

白銅鞮：鞮，都奚切，ㄉㄧ，音低。八齊。再：特異切，ㄊㄧ，音題，八齊。革履也。又係蹄之叚借，故銅鞮指馬也。再：白銅鞮、歌曲名。即白銅蹄、踏銅蹄。李白〈襄陽曲〉：「襄陽行樂處，歌舞白銅鞮。江城回淥水，花月使人迷。」又李白〈襄陽歌〉：「落日欲沒峴山西，行客辭歸花下迷。襄陽小兒齊拍手，攔街爭唱白銅鞮。傍人借問笑何事，笑殺山公（或作翁）醉似泥。」

（三）玉勒雕鞍金錯刀　當年亦是五陵豪

可憐七尺嶙峋骨　箠轡何辭報國勞

韻律：仄起。

仄仄平平平仄平　平平仄仄仄平平　仄平仄仄平平仄　平仄平平仄仄平

「嶙峋」為疊韻。

韻腳：刀、豪、勞（四豪）。

注釋：

玉勒：玉飾之馬銜。庾信〈三月三日華林園馬射賦〉：「控玉勒而搖星，跨金鞍而動月。」

倪璠注：搖星，挾矢也。動月，張弓也。王維〈洛陽女兒行〉：「洛陽女兒對門居，纔可顏容十五餘。良人玉勒乘驄馬，侍女金盤膾鯉魚。」

金錯刀：刀名。張衡《四愁詩》：「一思曰：我所思兮在太山，欲往從之梁父艱。側身東望涕沾翰。美人贈我金錯刀，何以報之英瓊瑤。路遠莫致倚逍遙，何為懷憂心煩勞。」向（呂向）曰：「美人、君也。古者諸侯王佩刀，以金錯鏤其環。」

金錯：以黃金象嵌文字花式等物。曰金錯。

五陵：漢帝之五陵，謂長陵、安陵、陽陵、茂陵、平陵，皆在長安。李白〈少年行之二（一作小放歌行）〉：「五陵年少金市東，銀鞍白馬度春風。落花踏盡遊何處，笑入胡姬酒肆中。白居易琵琶行：五陵年少爭纏頭，一曲紅綃不知數。」

嶙峋：嶙，力珍切，ㄌㄧㄣˊ，音鄰，十一真。峋、相倫切，ㄒㄩㄣˊ，音巡，十一真。嶙峋，山石重疊貌。消瘦露骨貌。

箠轡：箠，遲爲切，ㄔㄨㄟˊ，音垂，四支。或之累切，ㄓㄨㄟˇ，音[illegible]。四紙。馬鞭也。轡，兵媚切，ㄅㄧ，音祕。婆宜切，ㄆㄧ，音屁，四寘。御馬索也。箠轡，御馬之具。引申爲鞭策。

（四）躍馬曾馳薊北天　青絲絡首玉為鞭
即今笙鶴依稀見　多在吳山楚水邊

韻律：仄起。

仄仄平平仄仄平　平平仄仄仄平平　仄平平仄平平仄　平仄平平仄仄平

「依稀」爲疊韻。

韻腳：天、鞭、邊（一天）。

注釋：

薊：吉詣切，ㄐㄧˋ，音計，八霽。州名。古薊州地域遼濶，自山海關迄居庸關一帶屬之。戰國燕地。秦為漁陽郡。今薊縣僅為天津市最北之小縣。薊北為今河北省北部，亦即天津市、北京市以北一帶地區。

青絲：青色之絲。杜甫〈青絲〉：「青絲白馬誰家子，粗豪且逐風塵起。不聞漢主放妃嬪，近靜潼關掃蜂蟻。殿前兵關破汝時，十月即為虀粉期。未如面縛歸金闕，萬一皇恩下玉墀。」李賀〈莫愁曲〉：「青絲繫五馬，黃金絡雙牛。白魚駕蓬船。夜作十里游。」蘇軾〈次韻孔文仲推官見贈〉：「金鞍冒翠錦，玉勒垂青絲。旁觀信美矣，自揣良厭之。」陌上桑：「何用識夫婿，白馬從驪駒。青絲繫馬尾，黃金絡馬頭。腰中鹿盧劍，可値千萬餘。」

笙鶴：仙鶴名。宋之問〈緱山廟〉：「王子賓仙去，飄飆笙鶴飛。徒聞滄海變，不見白雲歸。天路何其遠，晴明涵萬象。仙翁何時還，綠水空蕩漾。涼哉草木腓，白露沾人衣。猶醉空山裏，時聞笙鶴飛。」杜甫〈玉臺觀五律〉：「浩劫因王造，平臺訪古遊。彩雲蕭史駐，文字魯恭留。宮闕通羣帝，乾坤到十州。人傳有笙鶴，時過北山頭。」劉禹錫〈酬令狐相公見寄〉：「羣玉山頭住四年，每聞笙鶴看諸仙。何時得把浮丘袖（或作袂），白日將升第九天。」

吳山：吳地之山。白居易〈長相思〉：「汴水流，泗水流，流到瓜州古渡頭。吳山點點愁。思悠悠，恨悠悠，恨到歸時方始休，月明人倚樓。」

楚水：楚地之河川。劉長卿〈登餘干古縣城〉：「孤城上與白雲齊，萬古荒涼楚水西。官舍已空秋草綠，女牆猶在夜烏啼，平江渺渺來人遠，落日亭亭向客低。沙鳥不知陵谷變，朝飛暮去戈陽溪。」

（五）受命京江開府時　東南半壁已垂危
猶提淮海三千士　重整堂堂海外師

韻律：仄起。

仄仄平平平仄平　平平仄仄仄平平　平平平仄平平仄　平仄平平仄仄平

韻腳：時、危、師（四支）。

注釋：

京江：長汕至京口後，別名京江，即揚子江。

淮海：淮水至海一帶地方。郭璞〈游仙詩〉：「六龍安可頓，運流有代謝。時變感人思，已秋復願夏。淮海變微禽，吾生獨不化。雖欲騰丹谿，雲螭非我駕。愧無魯陽德，迴日向三舍。臨川勵年邁，撫心獨悲吒。」

（六）韜略能教儒術賅　如公誠是逸羣才
即論風雅人無敵　益信馮唐事可哀

韻律：仄起。

平仄平平平仄平　平平平仄仄平平　仄平平仄平平仄　仄仄平平仄仄平

韻腳：賅、才、哀（十灰）。

注釋：

賅：古哀切，ㄍㄞ，音該，十灰，兼也。詳備也。如：言簡意賅。

逸羣：超羣也。《三國志‧蜀志‧諸葛亮傳》：「臣壽等言……亮少有逸羣之才、英霸之器，身長八尺，容貌甚偉，時人異焉。」

風雅：原意出自《詩經》〈國風與小雅、大雅〉，引申爲詩文詞賦，並風流儒雅。梁〈昭明太子選序〉：「詩者，蓋志之所之也。情動於中而行於言。關雎麟趾正始之道著，桑間濮上亡國之音表。故風雅之道，粲然可觀。」孟浩然〈陪盧明府泛舟迴峴山作〉：「百里行春返，清流逸興多。鷁舟隨雁泊，江火共星羅。已救田家旱，仍憂俗化訛。文章推後輩，風雅激頹波。高岸迷陵谷，新聲滿棹歌。猶憐不調者，白首未登科。」王維〈送張舍人佐江州同薛據十韻〉：「清範何風流，高文有風雅。忽佐江上州，當自潯陽下。」

馮唐：漢安陵人。文帝時，匈奴爲邊患。帝問於唐。唐對曰：魏尙有功，反受罰。帝遂赦尙。武帝時，舉賢良。時唐已九十餘，不復爲官。

韻律：平起。

（七）卅年浮海聚萍踪　雅集題襟每處逢
一自奎星歸碧落　鷄林齊慟失文宗

仄平平仄仄平平　仄仄平平仄仄平　仄仄平平平仄仄　平平平仄仄平平

韻腳：踪、逢、宗（二冬）

注釋：

聚萍踪：萍浮於水面，行踪無定。聚萍踪，聚集流居臺灣，行踪未定之詩人。

雅集：風雅之集會。雅會也。

題襟：唐溫庭筠、段成式、余知古爲詩唱和，有漢上題襟集十卷。後世爲詩唱和，亦稱題襟。

奎星：二十八宿之一，主文運。此處喻詩文領袖。

鷄林：古國名。新羅於漢明帝永平八年（公元六十五年）以雞林爲國號。唐代新羅，以劉仁軌爲雞林道行軍大總管。平後，以新羅王爲雞林州大都督，置都督府。

文宗：著作爲世人所重之文人。

（八）**煙雲脫腕走龍蛇　遺墨於今屬大家**
東海書名超北海　萬人爭取壁籠紗

韻律：平起。

平平仄仄仄平平　平仄平平仄仄平　平仄平平平仄仄　仄平平仄仄平平

韻腳：蛇、家、紗（六麻）。

注釋：

煙雲：即雲煙。喻寫字繪畫有飛動之勢。杜甫〈飲中八仙歌〉：「張旭三杯草聖傳，脫帽露頂王公前，揮毫落紙如雲煙。」

脫腕：寫字，尤其大楷，不用腕而旋上臂也。

東海：丁治磬爲東海縣人，故號丁東海。

北海：唐李邕號北海。因玄宗時任北海太守之故。善書。有李北海集。

壁籠紗：唐王播少孤貧。客揚州木蘭院，隨僧齋食。僧厭之。僧飯後敲鐘，播不得食，遂題詩於壁云：上堂已了各西東，慚愧闍黎飯後鐘。離院多年後，出鎮揚州，訪院，見舊作已碧紗籠之矣。乃續題詩曰：「三十年來塵撲面，而今始得碧紗籠。」

韻律：平起。

（九）**鴻篇虎觀蓄胸間　健筆堪凌玉筍班**
青眼多情偏及我　遺篇愧付不才刪

平平仄仄仄平平　仄仄平平仄仄平　仄仄平平平仄仄　平平仄仄仄平平
韻腳：間、班、刪（十五刪）。

注釋：

鴻篇：大著作也。

虎觀：虎眎也。虎視也。雄視也。

玉筍班：謂人才眾多，如筍並立。《唐書・李宗閔傳》：「典貢舉。所取多名士，若唐冲、薛庠、袁都等。世謂之玉筍班。」

（十）**竟夕閒齋敍隱衷　書燈明滅抖橫空**
為余揮淚論憂樂　省識前生是范公

韻律：仄起。

仄仄平平仄仄平　平平平仄仄平平　平平平仄平平仄　仄仄平平仄仄平

韻腳：衷、空、公（一東）。

注釋：

閒齋：丁治磬書房之名。范公：范仲淹。〈岳陽樓記〉有名言曰：「先天下之憂而憂，後天下之樂而樂。」

（十一）公從天際乘黃鶴　我向江南泣白雲
縱使神仙歸極樂　也應有夢惜離羣

韻律：平起。

平平平仄平平仄　仄仄平平仄仄平　仄仄平平平仄仄　仄平仄仄仄平平

首句不入韻。

韻腳：雲、羣（十二文）。

注釋：

乘黃鶴：乘黃鶴升天。離塵世也。崔顥〈黃鶴樓〉：「昔人已乘黃鶴去，此地空餘黃鶴樓。黃鶴一去不復返，白雲千載空悠悠。」

（十二）瀛洲凝望郁洲遙　含淚無言賦大招

冷硯脩毫今宛在　匣中零落九靈簫

韻律：平起。

平平平仄仄平平　平仄平平仄仄平　仄仄平平平仄仄　仄平平仄仄平平

「零落」爲雙聲。

韻腳：遙、招、簫（二簫）。

注釋：

郁洲：在江蘇省灌雲縣東北海中。劉宋時，僑置青冀二州於此。東晉時，孫恩自廣陵浮海而北，劉裕躡之於郁洲。惟灌雲縣東北，今地圖無此洲。

大招：《楚辭》篇名。屈原作。或曰景差作。

冷硯：冰冷之硯。

脩毫：長毛也。指毛筆。

九靈簫：仙人所吹之簫。真誥：小方諸仙人，多吹九靈簫。聞四十里。簫有三十孔。簫長二三尺。九簫同唱。百獸抃舞。鳳凰數十，來和簫聲。抃（皮變切，音變，十七霰。鼓掌也。拍手也，表示極端快樂，故歡而兩手相擊也。）

（十三）一夜凋傷古柏林　最憐一病是書淫

不知何物堪公殉　一卷離騷幾尺琴

韻律：仄起。

仄仄平平仄仄平　仄平仄仄仄平平　仄平平仄平平仄　仄仄平平仄仄平

韻腳：林、淫、琴（十二侵）。

注釋：

凋傷：半傷為凋。傷者，創也。杜甫〈秋興八首之一〉：「玉露凋傷楓樹林，巫山巫峽氣蕭森。」

古柏林：地名。有二。一在陝西省延安市境內。一在陝西省神木縣西南。

書淫：有嗜書癖之人。沈迷典籍者。《晉書・皇甫謐傳》：「謐耽玩典籍，忘寢與食。時人謂之淫書。」

（十四）恨餘試展文通賦　愁絕新從卦象占
不信文章憎命達　已教名壽獨公兼

韻律：平起。

仄平仄仄平平仄　平仄平平仄仄平　仄仄平平仄仄仄　仄平平仄仄平平

首句不入韻。

韻腳：占、兼（十四鹽）。

注釋：

文通賦：清朝馬建忠著文通。明朝朱荃宰撰《文通》三十卷。〈文通賦〉，丁治磬著。媲美陸機〈文賦〉。

（十五）獵獵悲風捲素旓　千人執紼送寒郊
九泉知有吟朋在　祇是人間已絕交

韻律：仄起。

仄仄平平仄仄平　平平仄仄仄平平　仄平平仄平平仄　仄仄平平仄仄平

韻腳：旓、郊、交（三肴）。

注釋：

獵獵：風聲。鮑照〈上潯陽還都道中〉：「鱗鱗夕雲起，獵獵晚風遒。騰沙鬱黃霧，翻浪揚白鷗。」（鱗鱗、雲貌。遒、急也。）

素旓：素、白色。旓、所交切，ㄕㄠ，音梢，三肴。旓旗之旒也。旒，力求切，ㄌㄧㄡ，音留，十一尤，旓旗之垂者。

執紼：紼、分勿切，ㄈㄨ，音弗，五物，引棺索也。執紼、原義爲送喪者挽引棺索以助力。後謂送喪爲執紼。

（十六）仙翁忽逐紼衣還　渺渺丹梯不可攀
拭淚看天翹首望　幾時重得謫人間

韻律：平起。

平平仄仄仄平平　仄仄平平仄仄平　仄仄平平平仄仄　仄平平仄仄平平

韻腳：還、攀、間（十五刪）。

注釋：

紼衣：麻衣也。

丹梯：赤色之梯。喻爲入仙之道。謝朓〈敬亭山〉：「緣源殊未極，歸徑窅如迷。要欲追奇趣，即此陵丹梯。」（李善注、丹梯、謂山也）謝朓〈登山曲〉：「天明開秀崿（崖也），瀾光媚碧隄。風遶飄鶯亂，雲行芳樹低。暮春春服美，游駕臨丹梯。升嶠（尖而高之山爲嶠）既小魯，登巒且悵齊。王孫尚游衍（游衍、放縱也。自恣也。）蕙草正萋萋（茂也）。」

拭淚：泣而以巾揩去淚水也。多用於報喪訃書。

（十七）江海於今休息兵　青山埋骨不埋名

雲中風貌猶飄逸　風雨如聞畫角聲

韻律：仄起。

平仄平平平仄平　平平平仄仄平平　平平平仄平平仄　平仄平平仄仄平

「休息」爲雙聲。

韻腳：兵、名、聲（八庚）。

注釋：

畫角聲：軍樂之樂曲，爲畫角三弄。初弄曰、爲君難，爲臣亦難，難又難。次弄曰、創業難，守成難，難又難。三弄曰、起家難，保家難，難又難。此曲爲曹植撰。惟畫角據樂錄云，係始於黃帝。

（十八）酬知卦劍眞吾事　感舊焚琴信足嗟

千疊愁懷宣不盡　靈幡相望是天涯

韻律：平起。

平平仄仄平平仄　仄仄平平仄仄平　平仄平平平仄仄　平平平仄仄平平

首句不入韻。

韻腳：嗟、涯（六麻）。

注釋：

挂劍：吳季扎掛劍於徐君丘墓，以酬故人。
焚琴：殺風景之事，以焚琴煮鶴喻之。
靈旛：旛、孚袁切，ㄈㄢ，音翻，十三元。靈旛、出殯時孝子手持之旛。旛者、長形下垂之旗。

（十九）將星同為覆靈軺　遺策堪為豹略標
相對公卿萬行淚　那堪風雨更瀟瀟

韻律：平起。

仄平平仄仄平平　平仄平平仄仄平　平仄平平仄平仄　仄平平仄仄平平
第三句應爲仄仄平平平仄仄，現因單拗救成　平仄平平仄平仄。
韻腳：軺、標、瀟（二蕭）。

注釋：

靈軺：軺，移樵切，ㄧㄠ，音腰，二蕭。馬車也。輕車也。小車也。靈軺、柩車也。
豹略標：豹略係六韜之一，因以爲統兵者之名號。庾信〈從駕觀講武〉：「樹寒條更直，山枯菊轉芳。豹略推全勝，龍韜揖所長。豹略標、統兵者之目標。統帥之模範。」

風雨瀟瀟：《詩經・鄭風・風雨》：「風雨瀟瀟，雞鳴膠膠。」瀟瀟，暴風雨之聲。

（二十）晨星無幾寧堪落　流水於今不復彈
　　太息至人歸閬苑　此生等作去來觀

韻律：平起。

平平平仄平平仄　平仄平平仄仄平　仄仄仄平平仄仄　仄平仄仄仄平平

首句不入韻。

韻腳：彈、觀（十四寒）。

注釋：

晨星：喻稀少也。

流水：流水高山為高妙之樂曲。喻知己難遇也。

閬苑：閬、來宕切，ㄌㄤˋ，音浪，二十三漾。門高也。閬苑：仙人居所也。《集仙錄》：「西王母所居宮闕在閬風之苑，有城千里，玉樓十二。」李商隱〈九成宮〉：「十二層城閬苑西，平時避暑拂虹霓。雲隨夏后雙龍尾，風逐周王八馬蹄。」又李商隱〈碧城三首〉：「碧城十二曲闌干，犀辟塵埃玉辟寒。閬苑有書多附鶴，女牀無樹不棲鸞。」

有贈七章

習如詞史與易安居士同鄉向余索詩率成

（一）汝是琅玡李易安　新詞采采出毫端
靈機運處參禪旨　應遣勞人合掌看

韻律：仄起。

仄仄平平仄仄平　平平仄仄仄平平　平平仄仄平平仄　平仄平平仄仄平

「參禪」爲疊韻。

韻腳：安、端、看（十四寒）。

注釋：

習如詞史：陳兆珍，號習如。文化大學中文系畢業。世界新聞專科學校講師。今升格爲世新大學教授。

琅玡：秦置琅琊郡，轄今兗州東境，並沂、青、莒、萊、膠諸州。漢琅琊郡、有縣五十一。琅玡又作琅琊，亦作琅邪。

李易安：李清照。（一〇八四—一一四一。）號易安居士。宋琅琊（今濟南市）人。湖州太守趙明誠之妻。著有《漱玉詞》。其醉花陰詞，爲趙明誠雜以趙著另十五闋以示陸德夫。德夫曰：只有莫道不銷魂，簾卷西風，人比黃花瘦三句絕佳。正是易安所作。金人入主中原，與明誠避地金陵，明誠瘧死。遂改寓臨安。孤苦伶仃，以至於終。其詞分三階段：熱情、離愁、淒苦。易安精通音律，擅長鍊句，以真情感鑄婉約之句，以高境界鍊清新之語，迄今女詞人無出其右者。

采采：眾多也。美麗也。《詩經・曹風・蜉蝣》：「蜉蝣整翼，采采衣服。」詩經・秦風・蒹葭」：「蒹葭采采，白露未已。」

靈機：突發之意念。

參禪旨：研究禪學要旨。

勞人：艱辛命苦之人。《詩經・小雅・小旻之什・巷伯》：「驕人好好，勞人草草。蒼天，蒼天，視彼驕人，矜此勞人。」

（二）風懷未可訴潛藏　覓句清宵故故長
晨展衰顏問明鏡　為誰添上幾莖霜

韻律：平起。

平平仄仄仄平平　仄仄平平仄仄平　平仄平平仄平仄　平平平仄仄平平

第三句有單拗救。應爲仄仄平平平仄仄，今改成　平仄平平仄平仄。

韻腳：藏、長、霜（七陽）。

注釋：

風懷：風雅之心。文雅之內在美。文雅之胸懷。

潛藏：潛伏藏匿也。賢人隱居也。《周易・乾・文言》（象傳意）：「潛龍勿用，陽氣潛藏。」

清宵：清靜之夜也。

故故：屢屢也。杜甫〈月三首之三〉：「萬里瞿唐月，春來六上弦。時時開暗室，故故滿青天。爽合風襟靜，高當淚臉懸。南飛有烏鵲，夜久落江邊。」

幾莖霜：幾根白髮。

（三）閑庭芳草伴幽居　尚覺勞生味有餘

安得素心人入座　一燈對誦夜窗書

韻律：平起。

平平平仄仄平平　仄仄平平仄仄平　平仄仄平平仄仄　仄平仄仄仄平平

韻腳：居、餘、書（六魚）。

注釋：

閑庭：空庭也。李頎〈題盧五舊居〉：「物在人亡無見期，閑庭繫馬不勝悲。窗前綠竹生空地，門外青山如舊時。」

幽居：隱居也。《禮記・儒行第四十一》：「儒有博學而不窮，篤行而不倦，幽居而不淫，上通而不困。」

勞生：勞碌辛苦之生涯。

素心人：心地純潔之人。

（四）靜坐虛齋聽雨聲　瀟瀟飄瓦夢難成

抛書猛憶雲鬟影　欲領青燈一點情

韻律：仄起。

仄仄平平平仄平　平平平仄仄平平　平平仄仄平平仄　仄仄平平仄仄平

韻腳：聲、成、情（八庚）。

注釋：

虛齋：空虛安靜之房屋。

瀟瀟：見敬悼丁公似庵鄉丈二十詠，風雨瀟瀟注。

飄瓦：房頂落下之瓦。喻天災也。

雲鬟：雲鬢也。杜甫〈月夜〉：「香霧雲鬟溼，清輝玉臂寒。」

青燈：油燈也。油燈發色青故也。

（五）盈盈秋水寫丰神　省識悲歡汝最眞
記取華岡花似舊　年年更換少年人

韻律：平起。

平平平仄仄平平　仄仄平平仄仄平　仄仄平平平仄仄　平平平仄仄平平

韻腳：神、眞、人（十一真）。

注釋：

盈盈：美好也，水清淺也。《古詩十九首》：「盈盈一水間，脈脈不得語。」又：「盈盈樓上女，皎皎當窗牖。」

丰神：美好之儀態。

省識：了解也。明瞭也。

華岡：文化大學地址。

（六）老去江郎感歲華　書殘彩筆不成家
何當取盡懷中字　綴作青詞供紫霞

韻律：仄起。

仄仄平平仄仄平　平平仄仄仄平平　平平仄仄平平仄　仄仄平平仄仄平

「江郎」爲疊韻。

韻腳：華、家、霞（六麻）。

注釋：

江郎：江淹也。

何當：何日也。李商隱〈夜雨寄北〉：「何當共剪西窗燭，卻話巴山夜雨時。」再：何妨也。孟浩然〈秋登蘭山寄張五〉：「何當載酒來，共醉重陽節。」又：安得也。杜甫〈秋雨歎三首之二〉：「去馬來牛不復辨，濁涇清渭何當分。」又：何況也。蘇軾〈無題〉：「仰首看紅日，紅日走如箭。年光與時景，頃刻忽衰變。何當血肉身，安得常強健。」又：應當也。杜甫〈畫鷹〉：「何當擊凡鳥，毛血灑平蕪。」

青詞：文體之一種。道教醮壇禱詞採用之。宋人文集常用之。源自道教太清宮用青籐紙書朱字，故謂之青詞。

紫霞：神仙居所。李白古風五十九首之二十九：至人洞玄象，高舉凌紫霞。仲尼欲浮海，吾祖之流沙。

（七）隱几攢眉作底思　平生辜負幾蛾眉
要知絳燭心將燼　莫遣殭蠶再吐絲

韻律：仄起。

仄仄平平仄仄平　平平平仄仄平平　平平仄仄平平仄　仄仄平平仄仄平

「辜負」爲疊韻。

韻腳：思、眉、絲（四支）。

注釋：

隱几：倚几也。憑几也。《孟子．公孫丑下》：「孟子去齊，宿於晝。有爲王留行者，坐而言。不應，隱几而卧。」《莊子．齊物論》：「南郭子綦隱几而坐，仰天而噓，荅焉似喪其耦。」

攢眉：心有不快，蹙眉不舒也。

底思：何思也。

蛾眉：蠶蛾之觸鬚，曲而長，似人眉。故蛾眉喻美人。

絳燭：紅燭。

殭蠶：尚未吐絲即先死之蠶。

嘉有先尊翁楞莊先生百花卷題詩囑跋

（一）齊山人與繆夫人　未抵楞翁畫有神

況集前朝揮翰手　題襟一卷最堪珍

韻律：平起。

平平平仄仄平平　仄仄平平仄仄平　仄仄平平平仄仄　平平仄仄仄平平

韻腳：人、神、珍（十一真）。

注釋：

嘉有：李猷，字嘉有。（民國三年—八五年，一九一四—一九九六）江蘇常熟人。虞山國學專校畢業。爲詩家楊雲史之傳人。曾受章太炎、陳石遺、金松岑、張鴻等親炙。入交通銀行服務四十年，自基層迄秘書處副處長。抵台後，歷任淡江大學中文系教授、國史館纂修、國家考試典試委員、中華學術院詩學研究所副所長、所長。著有《近代詩介》、《紅竝樓詩話》、《紅竝樓詩集》、《紅竝樓文存》、《龍磵詩話》等。

齊山人與繆夫人：原詩注云：「樊樊山都門即事詩，有珍重前期兩畫手，齊山人與繆夫人句。」

題襟：唐溫庭筠、段成式、余知古爲詩倡和，有溪上題襟集十卷。後世集前人之詩，亦曰題襟集。

（二）縑緗原應貯名山　太息篇殘寇焰間
天感孝思憐令子　遂教合浦得珠還

韻律：平起。

平平平仄仄平平　仄仄平平仄仄平　平仄仄平平仄仄　平平仄仄仄平平

「篇殘」「天念」皆爲疊韻。

韻腳：山、間、還（十五刪）。

注釋：

縑湘：即縑緗。淺黃之薄絹，可裝裱書畫。

合浦珠還：喻物品失而復得也。《後漢書・循吏孟嘗傳》：「孟嘗遷合浦太守，革易前敝。曾未喻歲，去珠復還。」

題王雲五先生遺簡

岫廬乃是舊居亭　入幕曾邀眼最青　今日重看揮翰手　更從墨瀋見儀型

韻律：平起。

平平仄仄仄平平　仄仄平平仄仄平　平仄平平平仄仄　平平仄仄仄平平

「舊居」爲雙聲。

韻腳：亭、青、型（九青）。

注釋：

岫廬：王雲五之字。

居亭：寄居處所之主人。

揮翰手：運筆作書之人。

墨瀋：墨汁也。

儀型：典型之儀表。儀表之典型。

思凡、裸舞、遊行鬧劇層出詩以諷之

（一）曲譜思凡事莫論　綺羅金粉本銷魂
雲鬟玉臂丁香乳　誰識摩迦出佛門

韻律：仄起。

仄仄平平仄仄平　仄平平仄仄平平　平平仄仄平平仄　仄仄平平仄仄平

韻腳：論、魂、門（十三元）。

注釋：

思凡：出家人羨慕一般社會。而想還俗。

綺羅：細陵也。羅爲綺屬。故綺羅爲高貴美麗絲織品之總稱。又綺羅爲美服之代稱。更指身著美服之人，爲綺羅之輩。

金粉：原意爲黃金之粉屑。引申爲黃色之花粉，更引申爲繁華綺麗之意，甚至爲美人之稱。

丁香：桃金孃科喬木，其花蕾爲芳香調味藥，又可蒸餾丁香油。

摩迦：摩迦陀係唐朝時之印度國名。

（二）龍戰玄黃近百年　幾多頃國委荒煙
　　何妨展示玲瓏體　一樣飛升到議員

韻律：仄起。

平仄平平仄仄平　仄平仄仄仄平平　平平仄仄平平仄　仄仄平平仄仄平

「玲瓏」爲雙聲。

韻腳：年、煙、員（一先）。

注釋：

龍戰玄黃：《周易・坤卦・上六》：「龍戰于野，其血玄黃。」指天下爭戰，亦即神州大陸兵連禍結也。

傾國：喻美女也。李白〈清平調〉：「名花傾國兩相歡，常得君王帶笑看。」白居易〈長恨歌〉：「漢皇重色思傾國，御宇多年求不得。」

荒煙：不見人煙之荒野。

（三）後主詞哀豔亦諧　暗窺羅襪蹈瑤階
　　乃贏異代譏輕薄　祇道柔荑曳繡鞋

韻律：仄起。

仄仄平平仄仄平　仄平平仄仄平平　仄平仄仄平平仄　仄仄平平仄仄平

韻腳：諧、階、鞋（九佳）。

注釋：

羅襪蹈瑤階，柔荑曳繡鞋：《南唐書》：「後主繼室周后，昭惠之母弟也。警敏有才思，神彩端靜。昭惠感疾，后常出入臥內，而昭惠未之知也。一日。因立帳前。」

昭惠驚曰：妹在此耶。后幼未識嫌疑，即以實告曰：既數日矣。昭惠惡之，返臥不復顧。昭惠殂，后未勝禮服，待年宮中。後主樂府詞，有剗襪步香階，手提金縷鞋之類，多傳於外，至納后乃成禮而已。李煜〈菩薩蠻〉：「花明月黯飛輕霧，今宵好向郎邊去。剗襪步香階，手提金縷鞋。畫堂南畔見，一向偎人顫，奴爲出來難，教君恣意憐。」

柔荑：喻女子之手。朱熹《詩集傳》：「茅之始生，曰：荑。言柔而白也。」《詩經・衛風・碩人》：「手如柔荑，膚如凝脂。」

（四）街頭喧囂一行行　皓首黃童鬧殿堂

如此澆風如此世　人間已見兆非祥

韻律：平起。

平平平仄仄平平　仄仄平平仄仄平　仄仄平平平仄仄　平平仄仄仄平平

囂讀仄聲，在其他處讀平聲。

韻脚：行、堂、祥（七陽）。

注釋：

皓首：白髮之老年人。

黃童：黃口小兒。

澆風：澆、古堯切，ㄐㄧㄠ，音驕，二蕭。輕薄也。澆風、輕薄之風俗。

旅美雜詠

七十六年九月四日乘華航飛美

此遊乃補缺前遊　揮手雲濤展倦眸　小別國門應有記　瀛洲朝發暮加州

韻律：平起。

仄平仄仄仄平平　仄仄平平仄仄平　仄仄仄平平仄仄　平平平仄仄平平

韻腳：遊、眸、州（十一尤）。

注釋：

揮手：舉手以揮，表示惜別。李白〈送友人〉：「浮雲游子意，落日數人情，揮手自茲去，蕭蕭班馬鳴。」

雲濤：雲之形狀如波濤起伏也。孟浩然〈宿天臺桐柏觀〉最後四句：「紛吾遠游意，學此長生道。日夕望三山，雲濤空浩浩。」

倦眸：眸、莫浮切，ㄇㄡˊ，音謀，十一尤。目瞳子也。修辭學可部分代全體。故此處以眸代目。倦眸者，倦目也。

機上有成

也效乘鸞上九霄　此生曾得幾逍遙　欲探彼美桃花色　七八童心尚未消

韻律：仄起。

仄仄平平仄仄平　仄平平仄仄平平　仄平仄仄平平仄　仄仄平平仄仄平

「逍遙」爲疊韻。

韻腳：霄、遙、消（二蕭）。

注釋：

乘鸞：駕鸞也。騎鸞也。

九霄：天之極高處。杜甫〈春宿左省〉：「星臨萬戶動，月傍九霄多。不寢聽金鑰，因風想玉珂。」

逍遙：悠然自得，無拘無束也。〈離騷〉：「飲余馬於咸池兮，總余轡乎扶桑。折若木以拂日兮，聊逍遙以相羊。又：欲遠集而無所止兮，聊浮遊以逍遙。及少康之未家兮，留有虞之二姚。」

桃花色：面容美艷正如桃花也。

七八：七十八歲。作者為民前二年生，七十六年正逢七十八歲。

機艙空姐 二首

（一）為遣征人不寂寥　曳雲撥霧總含嬌
憐他置酒殷勤甚　嫋嫋娉娉鬥楚腰

韻律：仄起。

平仄平平仄仄平　仄平仄仄仄平平　平平仄仄平平仄　仄仄平平仄仄平

「殷勤」為疊韻。

韻腳：寥、嬌、腰（二蕭）。

注釋：

曳雲撥霧：曳，以制切，一ˋ，音異，八霽，引也。撥、北末切，ㄅㄛ，音鉢，七曷。除也。治也。

嫋嫋娉娉：嫋，奴鳥切，ㄋㄧㄠˇ，音鳥，十七篠。或日灼切，ㄖㄨㄛˋ，音弱，十藥。弱也，柔美也。娉，彼耕切，ㄆㄧㄥˊ，音萍，美好貌。嫋嫋娉娉，苗條柔弱嬌美也。

楚腰：美人細腰也。《韓非子・二柄下》：「故越王好勇，而民多輕死。楚靈王好細腰，而國中多餓人。」杜牧〈遣懷〉：「落魄江湖載酒行，楚腰纖細掌中輕。十年一覺揚州夢，贏得青樓薄倖名。」劉方〈平采英曲〉：「落日晴江裏，荊歌艷楚腰。采蓮從小慣，十五即乘潮。楊炎贈元載歌妓：雪面淡眉天上女，鳳簫鸞翅欲飛去。玉山翹翠步無塵，楚腰如柳不勝春。」

（二）楚楚堪憐更錦衣　征魂應逐麗人飛
香山老未風懷減　樊素當前欲載歸

韻律：仄起。

仄仄平平仄仄平　平平仄仄仄平平　平平仄仄平平仄　仄仄平平仄仄平

韻腳：衣、飛、歸（五微）。

注釋：

楚楚：纖弱貌。鮮明貌。《詩經・曹風・蜉蝣》：「蜉蝣之羽，衣裳楚楚。心之憂矣，於我歸處。」

香山：白居易致仕後，與香山僧往來，自稱香山居士。

風懷：風雅之胸懷。風雅之心懷。

樊素：白居易侍姬。善歌。白居易詩曰：「櫻桃樊素口，楊柳小蠻腰。」

抵金山攜妻女及婿外甥孫女歡聚於金門橋畔

謫居人海久沉浮　鴻爪關山處處留　垂老妻兒歡會處　大洋西岸正新秋

韻律：平起。

平平平仄仄平平　平仄平平仄仄平　平仄仄平平仄仄　仄平平仄仄平平

韻腳：浮、留、秋（十一尤）。

注釋：

謫居：貶官後之住所。白居易〈琵琶行〉：「我從去年辭帝京，謫栖卧病潯陽城。」

鴻爪：經過之痕跡。蘇軾〈和子由澠池懷舊〉：「人生到處知何似，應似飛鴻踏雪泥。泥上偶然留指爪，鴻飛那復計東西。」

關山：關與山。徐陵關山月：關山三五夜，客子憶秦川。思婦高樓上，當牕應未眠。星旗映疎勒，雲陣上祁連。戰氣今如此，從軍復幾年。王勃〈滕王閣序〉：「關山難越，誰悲失路之人。萍水相逢，盡是他鄉之客。」

金山羊城餐室，巧逢陳大夫廣煜夫婦

始信天涯若比鄰　天涯果遇比鄰人　莫輕晤對惟彈指　聚散無憑若有神

韻律：仄起。

仄仄平平仄仄平　平平仄仄仄平平　仄平仄仄平平仄　仄仄平平仄仄平

韻腳：鄰、人、神（十一真）。

注釋：

天涯若比鄰：王勃〈送杜少府之任蜀州〉：「城闕輔三秦，風煙望五津。與君離別意，同是宦游人。海內存知己，天涯若比鄰。無為在歧路，兒女共霑巾。」

晤對：會面也。謝靈運〈酬從弟惠連五首之二〉：「心胸既云披，意得咸在斯。凌澗尋我室，散帙問所之。夕慮曉月流，朝夕曛日馳。晤對無厭歇，聚散成分離。」

彈指：喻時間之短暫。翻譯名義集：二十瞬為一彈指。

詠金門大橋

金門海上望通衢　幾見長橋亘碧虛　欲問美邦黃石老　可曾贈與子房書

韻律：平起。

平平仄仄仄平平　仄仄平平仄仄平　仄仄仄平平仄仄　平平仄仄仄平平

韻腳：衢、虛、書（六魚）。

注釋：

金門：舊金山金門橋之簡稱。

通衢：八達四通之大道。班昭〈東征賦〉：「且從眾而就列兮，聽天命之所歸。遵通衢之大道兮，求捷徑欲從誰。陸機贈尚書郎顧彥先二首之二：朝游游層城，夕息旋直廬。迅雷中宵激，驚電光夜舒。玄雲拖朱閣，振風薄綺疏。豐注溢脩霤，潢潦浸階除。停陰結不解。停陰結不解，通衢化為渠。沈稼湮梁潁，流民泝荆徐。春言懷桑梓，無乃將為魚。」李商隱〈正月十五夜聞京有燈恨不得觀〉：「月色燈光滿帝都，香車寶輦隘通衢。身閑不睹中興盛，羞逐鄉人賽紫姑。」

碧虛：青空也。杜甫〈秋野五首之一〉：「秋野日疏（一作荒）蕪，寒江動碧虛。繫舟蠻井絡，卜宅楚村墟。棗熟從人打，葵荒欲自鋤。盤飧老夫食，分減及溪魚。」元稹〈冬夜懷李侍御王太祝段丞〉：「泛覽星粲粲，輕河悠碧虛。

纖雲不成葉，脈脈風絲舒。」溫庭筠〈水仙謠〉：「水客夜騎紅鯉魚，赤鸞雙鶴蓬瀛書。輕塵不起雨新霽，萬里孤光含碧虛。」

雷諾賭宮觀秀 二首

（一）崔巍壯麗廣無垠　銅雀阿房未可倫
千萬遊人凝醉眼　爭看結隊上空人

韻律：平起。

平平仄仄仄平平　平仄平平仄仄平　平仄平平平仄仄　平平仄仄仄平平

「崔巍」爲疊韻。

韻腳：垠、倫、人（十一真）。

注釋：

雷諾：Reno。爲美國第二賭城。其賭宮建築宏麗。商旅遊客雲集。

崔巍：高峻貌。

銅雀：即銅雀臺。曹操於建安十五年築。故址在今河北省臨漳縣西南。臺上有屋一百二十間，高沖雲漢。特鑄大銅雀於樓顛，舒翼奮尾，勢若飛動。後毀於戰火。

阿房：阿房宮在陝西省長安縣。秦惠文王始築未成。始皇，廣之。規模宏大。據三輔黃圖，東西三百餘里，有閣道通驪山。據《史記》，先作前殿阿房，東西五百步，南北五十丈，上可坐萬人，下可建五丈旗。周馳爲閣道，自殿下直抵南山。項羽焚之，其火三月不絕。杜牧有〈阿房宮賦〉，追述梗概。

（二）**醉人豈止上空身　修腿蠻腰更絕倫**
最是聲光新佈景　幻山幻水總成真。

韻律：平起。

仄平仄仄仄平平　平仄平平仄仄平　仄仄平平平仄仄　仄平仄仄仄平平

韻腳：身、倫、真（十一真）。

注釋：

修腿：長腿。

夜宿左營旅次不寐有寄

（一）客館宵深夢不成　偶聽破寂守宮聲
自嗟老馬猶堪駕　仍似征鴻逐遠程

韻律：仄起。

仄仄平平仄仄平　仄平仄仄仄平平　仄平仄仄平平仄　平仄平平仄仄平

「征鴻」爲疊韻。

韻腳：成、聲、程（八度）。

注釋：

守宮：即壁虎。腳上有吸盤，故可行於牆或天花板。

老馬：練達者自謙之詞。《韓非子・說林上》：「管仲隰朋從於桓公而伐孤竹。春往冬反，迷惑失道。管仲曰：老馬之智可用也，乃放老馬而隨之，遂得道行。」

征鴻：飛鴻也。鴻，天鵝也。

（二）九曲橋如廿四樓　不聞低唱不聞簫
詞人畢竟多情甚　心念歸途續舊邀

韻律：仄起。

仄仄平平仄仄平　仄平平仄仄平平　平平仄仄平平仄　平仄平平仄仄平

韻腳：橋、簫、邀（二蕭）。

注釋：

九曲橋：高雄大貝湖，亦稱澄清湖。湖面有九曲橋。

廿四橋：杜牧〈寄揚州韓綽判官〉：「青山隱隱水迢迢，秋盡江南草未凋，二十四橋明月夜，玉人何處教吹簫。」

東坡蝶戀花詞、有「花褪殘紅青杏小」句、綴成四絕句有贈

（一）多情笑我惜殘英　垂老風懷愛晚晴
莫歎芳華隨逝水　敢云綺歲亦傾城

韻律：平起。

平平仄仄仄平平　平仄平平仄仄平　仄仄平平平仄仄　仄平仄仄仄平平

「傾城」為疊韻。

韻腳：英、晴、城（八庚）。

注釋：

蝶戀花詞：又名黃金縷、一籮金、鵲踏枝、鳳棲梧、卷珠簾、魚水同歡、明月生南浦。東坡〈蝶戀花〉詞云：「花褪殘紅青杏小。燕子飛時，綠水人家繞。枝上柳綿吹又少。天涯何處無芳草。架上鞦韆牆外道。牆外行人，牆裏佳人笑。笑漸

不聞聲漸杳。」

風懷：風雅之心。文雅之內在美。文雅之胸懷。

綺歲：少年時也。綺年也。

（二）飛花曲譜滿庭芳　金縷金樽總擅場
猶記繁華金谷暖　抱枝怕作燕泥香

韻律：平起。

平平仄仄仄平平　仄平平平仄仄平　平仄平平平仄仄　仄平仄仄仄平平

韻腳：芳、場、香（七陽）。

注釋：

滿庭芳：詞調名。取柳宗元〈贈江華長老〉：「老僧道機熟，默語心皆寂。去歲別春陵，沿流此投迹。室空無侍者，巾屨唯挂壁。一飯不願餘，跏趺便終夕。風窗疏竹響，露井寒松滴。偶地即安居，滿庭芳草積。」又〈吳融廢宅〉：「風飄碧瓦雨摧垣，卻有鄰人爲鎖門。幾樹好花閑白晝，滿庭芳草易黃昏。放魚池涸蛙爭聚，棲燕梁空雀自喧。不獨淒涼眼前事，咸陽一火便成（一作變寒）原。」

金縷：金色之絲也。柳條也。

金樽：同金罇。金製酒杯也。謝靈運〈石門新營所住四面高山迴溪瀨茂林脩竹〉：「美人遊不還，佳期何繇敦。芳塵凝瑤席，清醑滿金樽。」江淹〈望荊山〉：「玉柱空掩露，金樽坐含霜。一聞苦寒奏，再使豔歌傷。」李白〈把酒問月〉：「唯願當歌對酒時，月光長照金樽裏。」

擅場：、時戰切，ㄕㄢˋ，音繕，十七霰。專也。據有也。擅場、專擅一場也。壓倒全場也。在某專長方面，超越常人。

金谷：谷名。園名。河南省洛陽市西北，有谷名金谷，亦稱金谷澗。晉朝石崇在此造園，名金谷園。

抱枝：抱住樹枝也。

燕泥香：燕子所啣之築巢用泥土，有芬芳之氣味。

（三）遲暮偏為我所憐　綠雲紅雨足留連

頽鬢轉覺饒風韻　棠睡偷窺分外妍

韻律：仄起。

仄仄平平仄仄平　仄平平仄仄平平　平平仄仄平平仄　平仄平平仄仄平

「留連」爲雙聲。

韻腳：憐、連、妍（一先）。

注釋：

遲暮：以日暮喻人之衰老。〈離騷〉：「惟草木之零若兮，恐美人之遲暮。」

綠雲：綠色之雲。李白〈鳳臺曲〉：「嘗聞秦帝女，傳得鳳凰聲。是日逢仙子，當時別有情。人吹彩簫去，天借綠雲迎。曲在身不返，空餘弄玉石。」再：綠雲，亦形容美人髮濃密，且色似深綠。杜牧〈阿房宮賦〉：「綠雲擾擾，梳曉鬟也。」又：綠雲，狀綠葉茂盛也。白居易〈雲居寺孤桐〉：「一株青玉立，千葉綠雲委。亭亭五丈餘，高意猶未已。」

紅雨：紅色之雨。再，桃花散落如紅雨或紅花落下如雨。李賀〈將進酒〉：「皓齒歌，細腰舞。況是青春日將暮，桃花亂落如紅雨。」又落在紅花上之雨。孟郊〈同年春宴〉（一作讌）：「視聽改舊趣，物象含新姿。紅雨花上滴，綠烟柳際垂。」

頹鬟：衰老女子之代稱。

風韻：風度韻致也。風采也。

棠睡：海棠春睡之簡稱。

（四）休嫌花塢夕陽遲　反映飛茵似染脂
　最是春殘臨日暮　教人好譜戀花詞

韻律：平起。

平平平仄仄平平　仄仄平平仄仄平　仄仄平平平仄仄　平平仄仄仄平平

韻腳：遲、脂、詞（四支）。

注釋：

花塢：花壇也。梁武帝〈子夜四時歌春歌第四首〉：「花塢蝶雙飛，柳堤鳥百舌。不見佳人來，徒勞心斷絕。」曹松〈滕王閣春日晚眺〉：「凌春帝子閣，偶眺日移西。浪勢平花塢，帆陰上柳堤。凝嵐藏宿翼，疊鼓碎歸蹄。只此長吟詠，因高思不迷。」

飛茵：茵，伊真切，ㄧㄣ，音因，十一真。草皮。褥席。飛茵，高處之草坪。

戀花詞：即蝶戀花。

游仙詞壬子正月初六日國大開幕作

（一）又設蟠桃會衆仙　雲絪霞縟敝華筵
羣仙大飽胡麻飯　可惜人間活命錢

韻律：仄起。

仄仄平平仄仄平　平平仄仄仄平平　平平仄仄平平仄　仄仄平平仄仄平

「雲絪」爲雙聲。

韻腳：仙、筵、錢（一先）。

注釋：

壬子：民國六十一年（一九七二）。

蟠桃：《淵鑑類函・卷三百九十九十洲記》曰：「東海有山，名度索山。有大桃樹，屈盤數千里，曰蟠桃。風神榜演義有西王母設蟠桃宴而弼馬溫大鬧天宮小說。」

雲絪：絪，伊真切，ㄧㄣ，通茵，音因，褥席也。雲絪，質輕如雲之褥席。繡有雲圖之褥席。

霞縟：儒蜀切，ㄖㄨˋ，音辱，二沃。通褥。霞縟、炫麗五色之席。

胡麻：芝麻也。尤指黑芝麻。

（二）乘鸞馭鳳各翩翩　齊向西池結勝緣
　　但解瑤階奉王母　不知下界是何年

韻律：平起。

平平仄仄仄平平　仄仄平平仄仄平　仄仄平平仄平仄　仄平仄仄仄平平

第三句仄仄平平平仄仄作仄仄平平仄平仄爲單拗救。

韻腳：翩、緣、年（一先）。

注釋：

翩翩：文采風流茂，指風度。再：鳥飛輕巧狀。

西池：西王母之瑤池。

瑤階：玉階也。崔顥〈七夕〉：「長安城中月如練，家家此夜持針線。仙裙玉佩空自知，天上人間不相見。長信深陰夜轉幽。瑤階金閣數螢流。班姬此夕愁無限，河漢三更看斗牛。」

（三）瓊漿狂飲已成顛　醉擲金甌碎大千
　　再畫河山新樣本　恐非滄海也非田

韻律：平起。

平平平仄仄平平　仄仄平平仄仄平　仄仄平平平仄仄　仄平平仄仄平平

韻腳：顚、千、田（一先）。

注釋：

金甌：金質深碗。黃金色之深碗。喻江山。

（四）上清縹緲翠鑪煙　樂奏仙班聽邈綿
天闕塵寰憂樂異　瀛臺花發正啼鵑

韻律：平起。

仄平仄仄仄平平　仄仄平平仄仄平　平仄平平平仄仄　平平平仄仄平平

「縹緲」爲疊韻。「邈綿」爲雙聲。

韻腳：煙、綿、鵑（一先）。

注釋：

上清：道家三清之一。指天也。與玉清、太清相配。再：宮殿名。在四川省灌縣之山上。又江西省貴溪縣龍虎山上，有寺曰上清宮。

翠鑪煙：青色之鑪煙也。楊衡〈宿陟岵寺雲律師院〉：「玉爐揚翠煙，金經開縹帙。

肆陳堅固學，破我夢幻質。」

邈綿：邈，莫角切，ㄇㄠ，音貌，音眊，三覺，遠也。邈綿，猶邈遐，遠貌。

天闕：天門也。斗宿也。帝王之居也。岳飛〈滿江紅〉：「待從頭，收拾舊山河，朝天闕。」

瀛臺：在北京西苑太液池中。三面臨水，有林壑之致。中有朔鑾殿、涵光殿、香扆殿、迎薰亭。慈禧太后曾幽光緒皇帝於此。

鵑：圭懸切，ㄐㄩㄢ，音涓，一先。杜鵑也。

（五）北斗南山壽正長　世人休願與偕亡
請看四海千夫指　始信仙家不死方

韻律：仄起。

仄仄平平仄仄平　仄平仄仄仄平平　仄平仄仄平平仄　仄仄平平仄仄平

韻腳：長、亡、方（七陽）。

（六）滄海麻姑髮染霜　鷄皮猶自鬥眉黃
流光終使風華減　斜載星冠學窈娘

韻律：仄起。

平仄平平仄仄平　平平平仄仄平平　平平仄仄平平仄　平仄平平仄仄平

「鷄平」爲疊韻。

韻腳：霜、黃、娘（七陽）。

注釋：

眉黃：即黃眉。老人也。《佩文韻府・四支黃眉》：「東方朔外傳，朔逢老母採桑于海濱，有黃眉翁曰：此昔爲吾妻。吾卻食吞氣，已九千餘歲。又婦人化粧，亦曰黃眉。《隋書・五行志》：「朝士不得佩綬，婦人墨粧黃眉。」

星冠：道士之冠。戴叔倫〈漢宮人入道〉：「蕭蕭白髮出宮門，羽服星冠道意存。霄漢九重辭鳳闕，雲山何處訪桃源。瑤池醉月勞仙夢，玉輦乘春卻帝恩。回首吹簫天上伴，上陽花落共誰言。」

窈娘：窈，伊鳥切，ㄧㄠˇ，音杳，十七篠。通杳亦通窅。遠也。深也。靜也。善心也。幽玄也。窈娘，唐武后時，左司郎中喬知之，有美婢曰窈娘。知之爲之不婚。旋爲武承嗣所奪也，知之爲詩以達窈娘。窈娘得詩，赴井死。承嗣遂陷吉知之，族誅。窅娘：五代南唐李後主宮嬪。纖麗善舞，且以帛繞腳，使纖曲，乃著素襪，作回旋舞，現淩雲態。

（七）五雲樓閣是仙鄉　翠蓋霓旌祓不祥
方士真人俱敗道　偷將靈藥飽縑囊

韻律：平起。

仄平平仄仄平平　仄仄平平仄仄平　平仄平平平仄仄　平平平仄仄平平

「仙鄉」爲雙聲。

韻腳：鄉、祥、囊（七陽）。

注釋：

五雲樓閣：青赤黃白黑五色之雲，狀祥瑞也。白居易〈長恨歌〉：「樓閣玲瓏五雲起，黃中綽約多仙子。」

翠蓋：以翠鳥羽毛爲飾之傘也。綠色之傘也。李白〈東武吟〉：「君王賜顏色，聲價淩煙虹。乘輿擁翠蓋，扈從金城東。顧况樂府：暖谷春光至，宸游近甸榮。雲隨天仗轉，風入御帘輕。輕蓋浮佳氣，朱樓倚太輕。朝臣冠劍退，宮女管弦迎。」

霓旌：儀仗之一種。或作蜺旌。杜甫〈哀江頭〉：「憶惜霓旌下南苑，苑中景物生顏色。」

祓：敷勿切，ㄈㄨ，音傅，五物，除也。

方士：明曉道術之士。

真人：道教指修行得道之人。佛家對阿羅漢或佛之尊稱。

敗道：修道失敗也。《冷齋夜話》：「彭淵材迂闊好怪。常畜兩鶴。客至：指以誇曰：此仙禽也。凡禽卵生，而此胎生。語未卒，鶴輒兩展脛伏地。忽誕一卵。淵材嗟咨曰：鶴亦敗道。」

縑囊：縑，堅嫌切，ㄐㄧㄢ，音兼，十四鹽。絲絹而其色微黃，細緻而不漏水。縑囊，以絹作成之囊。

（八）仙家十事九荒唐　乘勢應順宅八荒
日化青蚨千百萬　買他同日詠霓裳

韻律：平起。

平平仄仄仄平平　仄仄平平仄仄平　仄仄平平平仄仄　仄平平仄仄平平

韻腳：唐、荒、裳（七陽）。

注釋：

八荒：八方也。荒、荒遠之地也。賈誼〈過秦論〉：「秦孝公據殽函之固、擁雍州之地。君臣固守。以窺周室，有席卷天下，包舉宇內，囊括四海之意，并吞八荒之心。」

青蚨：錢也《搜神記・卷十三》：「南方有蟲，名敦於，一名則蠋，又名青蚨，形似蟬而稍大，味辛美，可食。生子必依草葉，大如蠶子。取其子，母即飛來，不以遠近。雖潛取其子，母必知處。以母血塗錢八十一文，以子血塗錢八十一文。每市物，或先用母錢，或先用子錢，皆復飛歸，輪轉無已。故淮南子術以之還錢，名曰青蚨。」

霓裳：虹霓以爲裳。《楚辭・九歌・東君》：「青雲衣兮白霓裳，舉長矢兮射天狼。」又：「霓裳羽衣曲。」白居易〈長恨歌〉：「漁陽鼙鼓動地來，驚破霓裳羽衣曲。」

五言律附排律

夏蟲（擬杜甫）

昔說還鄉好　今聞去國多　後生小兒女　未識舊山河
徒道秦關險　空傳漢闕峨　語冰知臘近　豈奈夏蟲何

韻律：仄起。

仄仄平平仄　平平仄仄平　仄平仄平仄　仄仄仄平平
仄仄平平仄　平平仄仄平　仄平平仄仄　仄仄仄平平

頷聯上句仄平仄平仄為單拗救。

首聯「昔說還鄉好，今聞去國多」為對仗。頷聯、腹聯、固為對仗，而頷聯且為流水對。

注釋：

韻腳：多、河、峨、何（五歌）。

秦關：函谷關及潼關。

漢闕：漢代之宮殿。

語冰：比喻智小之人，不足以講大道理。《莊子・秋水》：「北海若曰：井鼃不可以語於海者，拘於虛也。夏蟲不可以語於冰者篤於時也。」

余參與陳與公機要工作，垂十餘年，辭公逝世，朝野同悲，余哭之以詩。

（一）公去豈無憾　蒼生喚奈何　至公宜引謗　矯枉勇為過

論定傷棺蓋　才遺孰網羅　八荒哀慟滿　野哭是謳歌

韻律：仄起。

平仄仄平仄　平平仄仄平　仄平平仄仄　平仄仄平平

平仄平平仄　平平仄仄平　仄平平仄仄　平仄仄平平

頷聯、腹聯，兩兩對仗。

韻腳：何、過、羅、歌（五歌）。

注釋：

陳辭公：陳誠，字辭修。（民前一五—民國五四，一八九七—一九六四）保定軍官學校畢業。歷經東征、北伐、抗戰，曾任遠征軍司令，集團軍司令，軍政部長，參謀總長，湖北省政府主席、臺灣省政府主席，行政院長，副總統。在臺灣施行三七五減租、耕者有其田、土地放領，農民遂脫貧而小康。

至公：極公平且無私心也。

引謗：自己承担毀謗之言論。

矯枉：糾正而過度，即矯枉過度。

（二）小吏依仁宇　曾親謦欬頻　至言從此絕　往事記猶新
　　凜凜存千載　堂堂渺百春　傷心諸葛死　弔伐正須人

韻律：仄起。

仄仄平平仄　平平仄仄平　仄平平仄仄　仄仄仄平平
仄仄平平仄　平平仄仄平　平平平仄仄　仄仄仄平平

韻腳：頻、新、春、人（十一真）。

注釋：

謦欬：謦，棄挺切，ㄑㄧㄥˇ，音請，廿四迥，輕咳也。欬，苦蓋切，ㄎㄞˋ，音漑，十一隊。再，苦俄切，ㄎㄜˊ，音頦，十灰。重咳也。謦欬，喻言笑也。

凜凜：力錦切，ㄌㄧㄣˇ，音廩，二十六寑，原意爲寒。引申爲嚴肅令人敬畏貌。

渺：亡沼切，ㄇㄧㄠˇ，音渺，十七條。原意爲大水。引申爲微小，遙遠。蘇軾〈赤壁賦〉「：況吾與子，漁樵於江渚之上，侶魚蝦而友麋鹿。駕一葉之扁舟，舉匏樽以相屬。寄蜉蝣於天地，渺滄海之一粟。」

渺百春：遠至百年。即百歲流芳。

（三）世失陳誠伯　如聞大廈傾　兆民欽節概　元首念精誠

靈旐翻風色　山鵑泣雨聲　寒潮嗚鹿耳　遺恨未收京

韻律：仄起。

仄仄平平仄　平平仄仄平　仄平平仄仄　平仄仄平平

平仄平平仄　平平仄仄平　平平平仄仄　平仄仄平平

「陳誠」爲雙聲。「精誠」爲疊韻。

韻腳：傾、誠、聲、京（八庚）。

注釋：

陳誠伯：臺人呼辭公。

節概：志節氣概也。左思〈吳都賦〉：「徒以江湖嶮陂，物產殷充。繞霤未足言其固，鄭白不足語其豐。士有陷堅之銳，俗有節概之風。睚眦則挺劍，暗烏則彎弓。

靈旐：旐，治小切，ㄓㄠˇ，音爪，十七篠，旗名，長八尺，黑色，喪柩之旌也。靈旐、引柩審也。

風色：天氣也。盧照鄰〈至陳倉曉晴望京邑〉：「澗流漂素沫，巖景靄朱光。今朝好風色，延瞰極天莊。」再：景色也。風景也。風光也。何遜暮〈秋答朱記室〉：「寒潭見底清風色極爽淨。」又，風神、顏色也。韓偓〈江行〉：「浪蹙青山江北岸，雲含黑雨日西邊。舟人偶語憂風色，行客無聊罷晝眠。」又：形容變化也。看形勢變化以定進退，曰：看風色。

山鵑：鵑、圭淵切，ㄐㄩㄢ，音涓，一先。杜鵑也。山鵑，山中之杜鵑也。

鹿耳：鹿耳門，在臺南市之西。鄭成功光復臺灣，由此登陸。

王雲五先生任行政院副院長時，余擔任副院長閱卷工作，茲聞溘逝，作岫廬老人挽詞三章

（一）夫子人中哲　巍巍自不羣　由來欽大智　何獨慕高文
北斗騰時譽　西清著令聞　幾番作霖雨　都是出山雲

韻律：仄起。

平仄平平仄　平平仄仄平　平平平仄仄　平仄仄平平

仄仄平平仄　平平仄仄平　仄平仄平仄　平仄仄平平

尾聯出句「幾番作霖雨」仄平仄平仄係單拗救。

韻腳：羣、文、聞、雲（十二支）。

注釋：

王雲五：號岫廬（光緒十四年—民國六十八年，一八八八—一九七九）苦學自修有成。歷任教育部專門教育司第一科科長、教育部主任秘書兼專門教育司司長、上海商務印書館編譯所所長、商務印書館總經理、經濟部長、國民政府委員、財政部長、行政院設計委員會委員、行政院副院長、商務印書館董事長。印四庫全書影本、四部叢刊初續編、人人文庫、二十四史百納本等。發明四角號碼檢字法。

溘逝：忽然死去。溘，口荅切，ㄎㄜˋ，音克，十五合，奄忽也。楚辭九章惜往日：寧溘死而流亡兮，恐禍殃之有再。

巍巍：高大也。巍、烏韋切，ㄨㄟˊ，音危，五微。《論語・泰伯》：「巍巍乎，舜禹之有天下也，而不與焉。」又：「大哉，堯之爲君也。巍巍乎，唯天下爲大，唯堯則之。」

欽：氣金切，ㄑㄧㄣ，音琴，十二侵。敬也。佩服也。

高文：見識高超之論文。

北斗：景仰之喻。

西清：清朝宮廷內南書房之稱。

霖雨：恩澤之謂。喻濟世澤民也。賈島〈北岳廟〉：「天地有五岳，恒岳居其北。岩巒疊萬重，詭怪浩難測。人來不敢入，祠宇白日黑。有時起霖雨，一灑天地德。神兮安在哉，永康我王國。」

出山：出任也。

（二）在昔依仁宇　曾分幕府司　驥行逢伯樂　琴響遇鍾期

賞識邀青眼　趨承感白眉　公門舊桃李　心喪為傾葵

韻律：仄起。

仄仄平平仄　平平仄仄平　仄平平仄仄　平仄仄平平

仄仄平平仄　平平仄仄平　平平仄平仄　平仄仄平平

「幕府」「伯樂」皆為疊韻。

韻腳：司、期、眉、葵（四支）。

注釋：

仁宇：仁德所庇也。又、仁者之美稱。

幕府：舊時指將軍官署。軍隊出征在駐地搭帳幕作指揮所，故稱幕府。

驥：几利切，ㄐㄧˋ，音冀，四寘。千里馬也。喻才能出眾之人。

伯樂：秦穆公時人。姓孫名陽，善相馬。韓愈〈雜說四〉：「世有伯樂，然後有千里馬。千里馬常有，而伯樂不常有。故雖有名馬，祇辱於奴隸人之手，駢死於槽櫪之間，不以千里稱之。」

鍾期：春秋時楚人鍾子期也。俞伯牙乘舟過馬鞍山下，鼓琴。志在高山流水。鍾子期聽而知之，使琴之微音特亮。伯牙欽佩之餘，結為至友（一說為兄弟）。翌年，伯牙再訪馬鞍山，驚聞鍾子期已故。乃破琴絕絃，終身不復鼓琴，謂世再無知音者。

青眼：正目而視，現出青眼。晉阮籍能為青眼白眼。稽喜來弔，籍作白眼令喜不悅。喜弟稽康，携酒琴往訪，籍乃作青眼。杜甫〈短歌行贈王郎司直〉：「仲宣樓頭春色深，青眼高歌望吾子。眼中之人吾老矣。」王維〈贈韋穆十八〉：「與君青眼客，共有白雲心。不向東山去，日（一作自）令春草深。」

白眉：三國蜀漢馬良，宣城人，字季常，眉中有白毛。渠兄弟五人，以良之才最爲傑出。宣城鄉里諺曰：「馬氏五常，白眉最良。後世遂稱才能出眾者爲白眉。」

公門：官府也。君主上朝之門也。《論語・鄉黨第十》：「入公門鞠躬如也。如不容。」

桃李：喻門生也。喻所薦之賢士也。阮籍〈詠懷〉：「嘉樹下成蹊，東園桃與李。」

傾葵：向日癸也。喻德高望重受人景仰之人。

（三）客館新生路　衡門夙所諳　研經空有室　老學僅存庵
杖履懷周史　平章服汝南　西州為慟哭　將不祇羊曇

韻律：仄起。

仄仄平平仄　平平仄仄平　平平平仄仄　仄仄仄平平
仄仄平平仄　平平仄仄平　平平平仄仄　平仄仄平平

韻腳：諳、庵、南、曇（十三覃）。

注釋：

新生路：王雲五寓居台北市新生南路三段。

衡門：橫木爲門，表示簡陋也。引申爲高士之居。《詩經・陳風・衡門》：「衡門之下，可以棲遲。泌之洋洋，可以樂饑。」杜甫〈東兗月夜〉：「抱病漂萍老，防邊舊穀兗。春農親異俗，歲月在衡門。」

研經室：清朝阮元之室。

老學庵：南宋陸游之庵。庵或作菴。

杖履：拐杖或手杖及履也。引申爲對尊長之敬稱。李商隱〈贈華陽宋真人兼寄清都劉先生〉：「淪謫千年別帝宸，至今猶識蕊珠人。但驚茅許多玄分，不記劉盧是世親。玉檢賜書迷鳳篆，金華歸駕冷龍鱗。不因杖履逢周史，徐甲何曾有此身。」

周史：周代之歷史。周代之史官。

平章：平，均也。章，明也。原意爲辨別而章明之。在唐宋二代爲宰相之職。因貞觀八年，僕射李靖以疾辭位。詔疾小瘳，三兩日一至中書門下平章事。平章事之名由此始。中葉以後，凡非侍中、中書令而居宰相識者率加同中書門下平章事或平章軍國重事。宋承唐制，以同平章事爲宰相之職。

汝南：指汝南月旦，喻評論人物。東漢汝南人許劭與從兄靖俱有高名，好共評論鄉黨人物。每月輒更換品題。故汝南俗有月旦評。

西州：《清一統志》：「西州城在上元縣西。晉揚州刺史治所。太元十年謝安還都（台華樓：上元縣在今南京市內，清朝屬江寧府）。入西州門。安卒後，其甥羊曇，不由西州路。嘗大醉，不覺至西州門。悲傷慟哭而去。」

羊曇：東晉謝安之甥。《晉書．七十九》：「安卒後，輟樂經年，行不由西州路。嘗因大醉，不覺至州門。左右白曰：此西州門。曇悲感不已，以馬策叩扉，誦曹子建詩曰：生存華屋處，零落歸山丘，慟哭而去。」

余友謝文凱君，工詩，為人落拓不羈，雖具長才，未為世用。乃至窮愁牢落，終以服藥過量而歿，余挽之以詩。

（一）濁世佳公子　篇章有逸才　述懷和淚寫　寓意費心裁
覓醉緣無奈　長貧大可哀　遺詩餘恨在　展卷苦低徊

韻律：仄起。

仄仄平平仄　平平仄仄平　仄平平仄仄　仄仄仄平平

仄仄平平仄　平平仄仄平　平平平仄仄　仄仄仄平平

「寓意」爲雙聲。

韻腳：才、裁、哀、徊（十灰）。

注釋：

謝文凱：謝介石與王香嬋之子。抵台後閉戶讀書，年四十餘卒。

落拓：豪放也。

不羈：不拘小節。

牢落：寥落。寂寞。

低徊：徘徊也。

（二）曾入蒼虬室　追陪鄭海藏　師承足風雅　流派及同光

到海情難鑄　藏山願儻償　窮愁不釋卷　好學是君長

韻律：仄起。

平仄平平仄　平平仄仄平　平平仄平仄　平仄仄平平

仄仄平平仄　平平仄仄平　平平仄仄仄　仄仄仄平平

「儻償」爲疊韻。

韻腳：藏、光、償、長（七陽）。

注釋：

蒼虬：（光緒四年—民國三十八年，一八七八—一九四九）陳蒼虬，名曾壽，字仁先。湖北省水縣（今蘄春市）人，光緒二十九年（癸卯）進士。屢遷刑部主事、員外郎、郎中、廣東道監察御史、學部右侍郎，民國時隱居。民國卅八年（己丑歲）七月九日卒於上海。著有蒼虬閣集（詩集）。

鄭海藏：鄭赴胥。

同光：同治光緒。

到海：到達海島台灣。

藏山：在山中居住。將作品置放山中，以俟適當時機公諸於世。

儻償：儻，他朗切，ㄊㄤˇ，音躺，二十二養。倘若也。償，辰羊切，ㄔㄤ，音常，七陽，報也，還也。復也。儻償，假若能如願也。若志可酬也。

（三）世不宜君住　終聞與世辭　灰殘寧用溺　玉碎已嫌遲
頴絕多能事　時乖故不為　諸將傷逝淚　無語望風垂

韻律：仄起。

仄仄平平仄　平平仄仄平　平平平仄仄　仄仄仄平平
仄仄平平仄　平平仄仄平　平平平仄仄　平仄仄平平

「傷逝」爲雙聲。

韻腳：辭、遲、爲、垂（四支）。

注釋：

灰殘：灰殨也。灰泯也。灰滅也。灰燼也。死也。

溺：奴歷切，ㄋㄧˋ，音逆，十二錫。沉沒也。陷落入水。淹死於水也。陷於艱困也。沉湎於事物也。漬也。再，ㄋㄧㄠˋ，同尿，小便也。

潁絕：潁同穎。餘頃切，ㄧㄣˇ，音隱，二十三梗，聰慧也。潁絕，聰慧異常也。

儲將：儲通諸。儲將、諸將也。

人日有成

溟蟒天遺島　櫻花報早春　年時仍是客　節日又逢人
逃死談何易　沉哀淚是眞　年年舒倦眼　空待海揚塵

韻律：仄起。

仄仄平平仄　平平仄仄平　平平平仄仄　仄仄仄平平
平仄平平仄　平平仄仄平　平平平仄仄　平仄仄平平

韻腳：春、人、眞、塵（十一真）。

「溟蟒」爲雙聲。

注釋：

人日：正月七日。高適〈人日寄杜二拾遺〉：「人日題詩寄草堂，遙憐故人思故鄉。柳條弄色不忍見，梅花滿枝空斷腸。」

溟蟒：溟，莫經切，ㄇㄧㄥˊ，音冥，九青。再，莫迥切，ㄇㄧㄥˇ，音皿，二十四迥。溟蟒，廣大無際。同溟漭。

揚塵：喻變遷也。《神仙傳》：「麻姑謂王方平曰：接待（一作侍）以來，已見東海三爲桑田。向到蓬萊水淺，淺於往者會時略半也，豈將復還爲陵陸乎。方平笑曰：聖人：皆言海中行復揚塵也。麻姑山仙壇記亦作敘說。」

人日詩壽泉和韻再疊奉酬

作息如旋磨　悠悠春復春　頗難歸納我　垂老類何人

疏酒憐多病　論詩惡失眞　逢辰有生意　恐亦屬流塵

韻律：仄起。

仄仄平平仄　平平平仄仄　平平平仄仄　平仄仄平平

平仄平平仄　平平仄仄平　平平仄平仄　仄仄仄平平

尾聯起句「逢辰有生意」爲平平仄平仄，屬單拗救。

韻腳：春、人、眞、塵（十一真）。

注釋：

壽泉：廖井丹。

作息：〈擊壤歌〉：「日出而作，日入而息，鑿井而飲，耕田而食，帝力於我何有哉？」

旋磨：轉磨也。

疏酒：疏、稀少也。疏酒、少飲酒也。

逢辰：逢其時也。陳師道〈九日〉：「登高懷遠心如在，向老逢辰意有加。」

流塵：飛塵也。遊塵也。李商隱〈回中牡丹爲雨所敗二首之三〉：「萬里重陰非舊圃，一年生意屬流塵。」

空說

空說庭幃在　難承菽水歡　生兒何所用　撫己豈能安
向晚哀殘照　橫流更倒瀾　悠悠鄉縣夢　遙繫白雲端

韻律：仄起。

平仄平平仄　平平仄仄平　平平平仄仄　仄仄仄平平
仄仄平平仄　平平仄仄平　平平平仄仄　仄仄仄平平

韻腳：歡、安、瀾、端（十四寒）。

注釋：

庭幃：張於庭院之布幔也。李嶠〈四月奉教作〉：「潤浮梅雨夕，涼散麥風餘。葉暗庭幃滿，花殘院錦疏。」

菽水歡：菽，式竹切，ㄕㄨˊ，音叔，一屋，大豆也。豆與水，謂疏薄之飲食。菽水歡，謂雖貧寒而猶盡心事其親也。《禮記・檀弓下》：「子路曰：傷哉貧也。生無以為養，死無以為禮也。孔子曰：啜菽飲水盡其歡，斯之謂孝。斂首足形，還葬而無椁，稱其財，斯之謂禮。」

橫流：水行不由（故道）也。《孟子・滕文公上》：「當堯之時，天下猶未平，洪水橫流，氾濫於天下，草木暢茂，禽獸繁殖，五穀不登，禽獸偪人，獸蹄鳥跡之道，交於中國，堯獨憂之，舉舜而敷治焉。」

倒瀾：逆波也。

悠悠：盪搖不規則也。遠也。神志恍惚也。

鄉縣夢：懷鄉之夢也。

椰影

窗外搖椰影　罡風特地吹　忽驚初墮葉　竟別所生枝

皮骨悲行役　劬勞動遠思　蓬山無過雁　消息阻天池

韻律：仄起。

平仄平平仄　平平仄仄平　仄平平仄仄　仄仄仄平平

平仄平平仄　平平仄仄平　平平平仄仄　平仄仄平平

「消息」爲雙聲。

韻腳：吹、枝、思、池（四支）。

注釋：

罡風：罡、哥康切，ㄍㄤ，音剛，七陽。天罡，北斗星之別名。罡風、北風也。

行役：役、營異切，ㄧˋ，音異，十一陌。从殳从彳，本義爲執殳巡行。引申爲戍守也。勞役也。徭役也。行役、跋涉服役也。《詩經・魏風・陟岵》：「父曰：嗟，予子行役，夙夜無已。上慎旃哉，猶來無止。再：母曰：予季行役，夙夜無寐，上慎旃哉，猶來無棄。」又：「兄曰：嗟，予弟行役，夙夜必偕，上慎旃哉，猶來無死。」

劬勞：劬、其俱切，ㄑㄩˊ，音渠，勞也。屢也。數也。劬勞，辛苦，病苦。《詩經・邶風・凱風》：「棘心夭夭，母氏劬勞。」《詩經・小雅・彤弓之什・鴻雁》：「之子于征，劬勞于野。」《詩經・小雅・小旻之什・蓼莪》：「哀哀父母，生我劬勞。」

蓬山：蓬萊山也。《史記・卷二十八封禪書》：「自威宣燕昭，使人入海求蓬萊方丈瀛洲。此三神山者，其傳在勃海中。去人不遠。患且至，則船風引而去。蓋嘗有至者，諸僊人及不死之藥皆在焉。其物禽獸盡白，而黃金銀爲宮闕。史記卷一百十八淮南衡山列傳：臣見海中大神，言曰：汝西皇之使邪。臣答曰：然。汝何求。曰：願請延年益壽藥。神曰：汝秦王之禮薄，得觀而不得取。即從臣東南至蓬萊山，見芝城宮闕。有使者，銅色而龍形，光上照天。於是臣再拜問曰：宜何資以獻。海神曰：以令名男子，若指女，與百工之事，即得之矣。秦皇帝大說，遣振男女三千人，資之五穀種種百工而行。徐福得平原廣澤，止王不來。」《山海經・海內北經》：「蓬萊山在海中。」注：「上有仙人，宮室皆以金黃爲之。鳥獸盡白，望之如雲在渤海中也。」李商隱〈無題〉：「蓬山此去無多路，青鳥殷勤爲探看。」再：李商隱〈無題〉：「劉郎已恨蓬山遠，更隔蓬山一萬重。」

過雁：飛過之雁。喻書信也。杜甫〈酬韋韶州見寄〉：「養拙江湖外，朝廷記憶疏。深慚長者轍，重得故人書。白髮絲難理，新詩錦不如。雖無南過雁，看取北來魚。」

天池：臺灣海峽及渤海、東海、南海。

張公曉峯先生挽章

（一）夫子垂青眼　慚居一席賓　方期趨步武　那料絕音塵

遺扎書猶勁　題顏墨尚新　文星嗟頓隕　秋露冷荒闉

韻律：仄起。

平仄平平仄　平平仄仄平　平平平仄仄　仄仄仄平平
平仄平平仄　平平仄仄平　平平平仄仄　平仄仄平平

「步武」「音塵」皆爲疊韻。

韻腳：賓、塵、新、闉（十一真）。

注釋：

張曉峯：張其昀（光緒二十七年—民國七十四年，一九〇一—一九八五）浙江省人南京高等師範學校（中央大學前身）史地系畢業。上海商務印書館，編譯所、編輯高初中地理教科書。國立浙江大學地理系教授系主任、院長、教育部長、中國文化研究所長，革命實踐研究院長。創辦中國文化大學。設立國立科學館、國立藝術館、國立中央圖書館。著作宏富。文章醒目，爲喚醒國魂、獎勵學人。發揚文化，爲一代文宗。

遺扎書猶勁題顏墨尚新：方子丹先生《詩學通論》係張曉峯先生賜題卷首。

青眼：見本書王雲五先生……

席賓：席上之貴賓。喻儒者道德學問高超受尊崇也。

步武：六尺爲步，三尺爲武。謂追隨其後而學之。

音塵：音容也。消息也。音信也。謝莊〈月賦〉：「歌曰：美人邁兮音塵闕，隔千里兮共明月。臨風歎兮將烏（一作焉）歇，川路長兮不可越。」白居易〈憶微之〉：「與君何日出屯蒙，魚戀江湖鳥厭籠。分手各抛滄海畔，折腰俱老綠衫中。三年隔闊音塵斷，兩地飄雲氣味同。又被新年勸相憶。柳條黃軟欲春風。」

題顏：題耑也。書面題字也。卷首題字也。方師自注：「拙者詩學通論，先生賜題卷首。」

文星：文曲星也。主文運者。即文昌。杜甫〈衡州送李大夫七丈（勉）赴廣州〉：「府鉞下青冥，樓船過洞庭。北風隨爽氣，南斗避文星。日月籠中鳥，乾坤水上萍。王孫丈人行，垂老見飄零。」

闉：於真切，ㄧㄣ，音陰，十一真。曲城也。門外之城也。

（二）大義先生館

樓高近斗南　研經空有室　老學僅存庵

鳳義眞無二　鴻名不朽三　西州今日淚　到處是羊曇

韻律：仄起。

仄仄平平仄　平平仄仄平　平平平仄仄　仄仄仄平平
仄仄平平仄　平平仄仄平　平平平仄仄　仄仄仄平平

韻腳：南、庵、三、曇（十三覃）。

注釋：

大義館：文化大學之建築。張曉峯書室在館之七樓。

斗南：相星在北斗星以南。世因以斗南爲宰相之代辭。

研經室：阮元之室。

老學庵：陸游之庵。

鳳德：至德也。《論語・微子》：「楚狂接輿歌而過孔子。曰：鳳兮，鳳兮，何德之衰。往者不可諫，來者猶可追。」

不朽三：《左傳・襄公二十四年》：「穆叔曰：以豹所聞，此之謂世祿，非不朽也。魯有先大夫曰臧文仲，既沒，其言立，其是之謂平。豹聞之。太上有立德，其次有立功，其次有立言。雖久不廢，此之謂三不朽。」

西州：見王雲五先生挽詞三章。

羊曇：見王雲五先生挽詞三章。

周棄子兄，乃棄井禽中之吟友也，因哭之以詩

（一）朝野知名士　聲華勝達官　誰云千載遇　何補一生寒
縷縷蠶絲盡　籧籧蝶夢闌　一瞑歸閬苑　等作去來觀

韻律：仄起。

平仄平平仄　平平仄仄平　平平平仄仄　平仄仄平平
仄仄平平仄　平平仄仄平　仄平平仄仄　仄仄仄平平

韻腳：官、寒、闌、觀（十四寒）。

注釋：

周棄子：（民國七年—民國七十五年，一九一一—一九八四）：周學藩字棄子。別名藥盧、未埋庵。湖北省大冶縣人，湖北省立國學專修學校畢業。歷任黃梅、阜寧、清江縣政府科祕、江蘇第九區專員公署視察。湖北省第四區專員公署秘書、蒙藏委員會秘書、社會部、四川省政府、貴州省政府秘書、主任秘書、革命實踐研究院秘書、總統府參議、第一銀行秘書。著有《周棄子先生集》、

《未埋庵短書》。

聲華：名聲也。名譽也。聲譽也。

達官：顯赫通達之官也。杜甫〈哀王孫〉：「長安城頭頭白烏，夜飛延秋門上呼。又向人家啄大屋。屋底達官走避胡。」

籧籧蝶夢：籧、權俱切，ㄑㄩ，音渠，六魚。自得貌。僵直貌。僵臥貌。《莊子．齊物論》：「昔者莊周夢爲胡蝶，栩栩然胡蝶也。自喻適志與。不知周也。俄然覺，則籧籧然周也。不知周之夢爲胡蝶與，胡蝶之夢爲周與。周與胡蝶必有分矣。此之爲物化。」

闌：晚也。盡也。

一瞑：一眠也。眠爲今字，瞑係古字。

閬苑：仙人所居。

（二）卅載同樞府　交深識性情　雄談凌辯士　逸度陋耆卿
　　不合甘辭祿　茲遊便隔生　未埋奩稿在　什襲抵連城

韻律：仄起。

仄仄平平仄　平平仄仄平　平平平仄仄　仄仄仄平平

仄仄平平仄　平平仄仄平　仄平平仄仄　仄仄仄平平

「性情」爲疊韻，「耆卿」爲雙聲。

韻腳：情、卿、生、城（八度）。

注釋：

樞府：樞密院之別稱。

逸度：超然脫俗之風度。

耆卿：宋朝詞人柳永。字耆卿。

辭祿：辭官。

茲遊：此遊也。蘇軾〈六月二十日夜渡海〉：「參橫斗轉欲三更，苦雨終風也解晴。雲散月明誰點綴，天容海色本澄清。空餘魯叟乘桴意，粗識軒轅奏樂聲。九死南荒吾不恨，茲遊奇絕冠平生。」

隔生：香名。隔生香也。范成大〈續長恨歌七首之二〉：「紫薇金屋閉春陽，石竹山花卻自芳。莫道故情無覓處，領巾猶有隔生香。」

奩稿：周棄子之稿。

什襲：十重也。重疊裝裹也。猶珍藏、愛藏。

連城：數城也。曹丕〈與鍾大理書〉：「猥以蒙鄙之姿，得覩希世之寶。不煩一介之使，不損連城之價。既有秦昭章臺之觀，而無藺生詭奪之誑。」

頌林氏花園之美

（一）甲第連亭榭　名園傍板橋　奇花連曲徑　喬木倚重霄
勝友芸齋集　吟朋藥圃邀　誰云城市近　塵外足逍遙。

韻律：仄起。

仄仄平平仄　平平仄仄平　平平平仄仄　平仄仄平平
仄仄平平仄　平平仄仄平　平平平仄仄　平仄仄平平

「逍遙」為疊韻。

韻腳：橋、霄、邀、遙（二蕭）。

注釋：

甲第：大宅也。廣宅也。

亭榭：榭，希夜切，音謝，ㄒㄧㄝˋ，二十二禡。有屋有木而無室之臺。亭榭，亭臺也。

重霄：天之高處。王勃〈滕王閣序〉：「層臺聳翠，上出重霄。飛閣翔（一作流）

丹，下臨無地。」阮籍〈詠懷之七十〉：「苟非嬰網罟，何必萬里畿。翔（一作飄）風拂重霄，慶雲招所晞。」

芸齋：芸，香草名。齋，學舍也。燕居之室也。芸齋爲林氏花園內之建築物。

藥圃：栽培藥草之園圃。王維〈濟州過趙叟家宴〉：「深巷斜暉靜，閑門高柳疏。荷鋤修藥圃，散帙曝衣書。」

塵外：世外也。亦作塵表。孟浩然〈晚泊潯陽望香爐峯〉：「嘗讀遠公傳，永懷塵外蹤。」

（二）堂構當年勝　漂搖已不支　瓦松生壞壁　枯蓼塞華池
管領員司散　興衰草木知　宰官能葺補　花萼又紛披

韻律：仄起。

平仄平平仄　平平仄仄平　仄平平仄仄　平仄仄平平
仄仄平平仄　平平仄仄平　仄平平仄仄　平仄仄平平

「漂搖」爲疊韻。

韻腳：支、池、知、披（四支）。

注釋：

堂構：殿堂之結構。陸機〈歎逝賦〉：「悼堂構之隤（或作頹）瘁，愍（或作慜）城闕之丘荒。」

漂搖：動盪不安貌。《詩經・豳風・鴟鴞》：「予羽譙譙，予尾翛翛。予室翹翹，風雨所漂搖，予維音嘵嘵。」

瓦松：即瓦花、向天草、昨葉何草。產于屋簷下、磚縫中，如松子成層，故名。

蓼：盧烏切，ㄌㄧㄠˇ，音瞭，十七篠。蓼科有辛香味。或力竹切，音鹿，一屋。高大貌。《詩經・小雅・白華之什・蓼蕭》：「蓼彼蕭斯，雲露湑兮。再：蓼彼蕭斯，零露瀼瀼。」又：「蓼彼蕭斯，零露泥泥。又蓼彼蕭斯，零露濃濃。」

華池：長滿芳草之池塘。

管領：管轄統領也。白居易〈早春晚歸〉：「還如南國饒溝水，不似西京足路塵。金谷風光依舊在，無人管領石家春。」

員司：員工也。

宰官：官也。又一般通稱縣官曰宰官。

葺補：葺，即集切，ㄐㄧˋ，音輯，十四緝。茨也。茅頂屋也。修補也。葺補、修補也。

紛披：花開散亂貌。杜甫〈九日寄岑參〉：「維南有崇山，恐與川浸溜。是節（一作時）東籬菊，紛披爲誰秀。」

（三）樹是林公種　園從勝國開　庭深容偃桂　閣敞恰當梅
地得寰中勢　賓迎海外來　最撩遊客興　屐齒踏蒼苔

韻律：仄起。

仄仄平平仄　平平仄仄平　平平平仄仄　仄仄仄平平
仄仄平平仄　平平仄仄平　仄平平仄仄　仄仄仄平平

韻腳：開、梅、來、苔（十灰）。

注釋：

勝國：亡國也。已亡之國也。

偃桂：偃，隱安切，ㄧㄢˇ，音鄢，十三阮。偃桂庭爲林家花園內之庭名。

當梅：當梅閣爲林家花園中之閣名。

寰中：天下也。

撩：落蕭切，ㄌㄧㄠˊ，音聊，二蕭，招惹也。逗也。挑弄也。引動也。

蒼苔：青苔也。青色苔蘚也。杜甫〈醉時歌〉：「先生早賦歸去來，石田茅屋荒蒼苔。儒術於我何有哉，孔丘（一作父）盜跖俱塵埃。」

（四）日暖花生霧　春深柳放綿　頻登臨水閣　不費買山錢
　　畫棟邀明月　珠簾捲暮煙　此間風物美　常占四時天

韻律：仄起。

仄仄平平仄　平平仄仄平　平平平仄仄　仄仄仄平平
仄仄平平仄　平平仄仄平　仄平平仄仄　平仄仄平平
韻腳：綿、錢、煙、天（一先）。

注釋：

臨水閣：閣名。
畫棟：飾以彩色之棟。王勃〈滕王閣序〉：「畫棟朝飛南浦雲。」
珠簾：貫珠之簾。王勃〈滕王閣序〉：「珠簾暮捲西山雨。」李白〈怨情〉：「美人捲珠簾，深坐蹙（一作顰）蛾眉。但見淚痕濕，不知心恨誰。」
占天：見天文而占吉凶也，以察知天意也，以占知天道也。

哭思寧阮毅成先生

（一）天心本仁厚　胡欠憖斯人　不朽千秋筆　難延百歲身

耆英今日盡　篇簡異時珍　徒賦招魂些　臨喪益損神

韻律：平起。

平平仄平仄　平仄仄平平　仄仄平平仄　平平仄仄平

平平平仄仄　平仄仄平平　平仄平平仄　平平仄仄平

首句天心本仁厚平平仄平仄爲拗救。

篇簡爲疊韻。

韻腳：人、身、珍、神（十一真）。

注釋：

阮毅成：民前六年—民國七十七年，一九〇五—一九八八。浙江省餘姚縣人。留法習法律。創設中央政治學校法律系。國立政治大學法律系。歷任制憲國民大會代表，浙江省民政廳長，中央日報社長，農工企業公司總經理，董事長，中國國民黨政策會副秘書長，國家安全會議副秘書長，光復大陸設計委員會委員，中山學術文化基金會總幹事。並兼任國立政治大學及東吳大學法律系教授。

憖：同憗。魚覲切，ㄧㄣˋ，音印，十二震。缺也，傷也。

耆英：六十曰耆。老而賢，謂之耆英。
招魂些：《楚辭‧招魂》之句尾用些字。

（二）八面才無敵　三生數忽終　由來欽俊彥　何獨慕文風
懋績錢江著　賢聲驥也空　自聞凋謝耗　寂寞幾衰翁

韻律：仄起。
仄仄平平仄　平平仄仄平　平平平仄仄　平仄仄平平
仄仄平平仄　平平仄仄平　仄平平仄仄　仄仄仄平平
韻腳：：終、風、空、翁（一東）。

注釋：
俊彥：俊，才智過人者。彥，美士也。俊彥，才智出眾之美士。
文風：讀書人寫文章之風氣。某地讀書風氣特盛以致中舉得功名者眾，謂文風優。
安：經天緯地曰文。
懋績：殊功也。懋，莫候切，ㄇㄠˋ，音茂，二十六宥。勉也。茂也。美也。盛大也。
錢江：浙江省有錢塘江，故稱浙江爲錢江。
驥也：驥，千里馬也。驥野。良馬馳騁之郊野。

衰翁：衰弱之老翁。

（三）載酒題襟會　常邀半座迎　相看惟覺老　永訣不勝驚

今獻詩三疊　聊當奠兩楹　重泉靈尚爽　知有淚同頃

韻律：仄起。

仄仄平平仄　平平仄仄平　平平平仄仄　仄仄仄平平

平仄平平仄　平平仄仄平　平平平仄仄　平仄仄平平

「尙爽」爲雙聲。

韻腳：迎、驚、楹、頃（八庚）。

注釋：

題襟：唐朝溫庭筠、段成式、余知古等爲詩唱和，有漢上題襟集十卷。後世稱詩會爲題襟會。

奠兩楹：孔子夢坐奠於兩楹之間。楹，廳堂之柱。兩楹之間，正堂也。奠，祭獻也。唐玄宗經鄒魯祭孔子而歎之：「今看兩楹奠，當與夢時同。」

重泉：原指水極深處。引申爲地下。哀輓死者常用之。江淹《雜體詩三十首之十一・潘黃門岳》：美人歸重泉，悽愴無終畢。

爽：清亮也。舒適也。

戊辰中秋遇雨

佳節罹風雨　停杯罷放歌　雲埋蟾窟魄　霰沒桂宮柯
暮景酣娛少　深居涉獵多　本來無勝賞　不必盼嫦娥

韻律：仄起。

平仄平平仄　平平仄仄平　平平平仄仄　仄仄仄平平
仄仄平平仄　平平仄仄平　平平平仄仄　仄仄仄平平

「佳節」「勝賞」「不必」皆雙聲。

韻腳：歌、柯、多、娥（五歌）。

注釋：

戊辰：民國七十七年，一九八八。

蟾窟魄：月亮也。

桂宮柯：月亮也。

題何秉謨君家藏故宮古字軸

捧出從金殿　披來自石渠　體摩飛白蹟　人想
價逾千金錫　常看五色舒　由來天上品　今日到華居

韻律：仄起。

仄仄平平仄　平平仄仄平　平平平仄仄　平仄仄平平
仄仄平平仄　平平仄仄平　平平平仄仄　平仄仄平平

首聯成對仗。頷聯、腹聯固仍爲對仗。

韻腳：渠、書、舒、居（六魚）。

注釋：

何秉謨：作者同鄉。

披：攀靡切，ㄆㄧ，音皮，四支，分也。散也。

石渠：漢朝之石渠閣。三輔黃圖、閣：石渠閣，蕭何造。其下礲（一作礱）石爲渠，以導水。若今御溝。因爲閣名。所藏爲入關所得之秦圖籍。至於成帝，又於此藏秘書焉。

體：字體也。

摩：眉波切，ㄇㄛˊ，音魔，五歌。近也，合也。

飛白：書法之一體。筆勢飛舉而字畫終空。東漢左中郎蔡邕所創。

瘦金書：《書史會要》：「宋徽宗行草正書，筆勢勁逸。初學薛稷，變其法度」自號瘦金體。柳貫題宋徽宗扇面詩：扇面已隨鸞影去，輕紈留得瘦金書。」

千金：謂價值高也。

錫：錫也。

五色：青紅黃白黑也。

舒：伸也。展也。

華居：華美之居所。

題沈女士編著縫紉指南

絕代吳娘袖　傾城越女裳　功歸金綫壓　巧出玉尖忙
乃為流傳廣　爰成示範章　婦工彰四德　從此益輝煌

韻律：仄起。

仄仄平平仄　平平仄仄平　平平平仄仄　仄仄仄平平
仄仄平平仄　平平仄仄平　仄平平仄仄　平仄仄平平

「傾城」係疊韻。「功歸」「輝煌」皆雙聲。

韻腳：裳、忙、章、煌（七陽）。

注釋：

沈女士：沈碧城。謝文凱夫人。蒼虬老人陳增壽之弟子。

吳娘：吳地少女。

越女：越國之美女。泛指一般美女。

金綫壓：刺繡工特壓以金線也。《明會典》：「皇帝燕弁冠服冠匡如皮弁之制，以烏紗冒之，分十有二瓣，各以金線壓之。秦韜玉貧女：敢將十指誇鍼巧，不把雙眉鬬畫長。苦恨年年壓金線，爲他人作嫁衣裳。」

玉尖：美人手指也。楊維禎（元末明初人）學書：歌徹陽春酒半醺，玉尖搦管蘸香雲。

爰：雨元切，ㄩㄢˊ，音元，十三元。引也。於也。于也。聿也。則也。以也。

四德：女子之四德：德、言、容、功。班昭〈女誡〉：「幽閒貞靜，守節整齊，行己有恥，動靜有法，是謂婦德。擇辭而說，不道惡語，時然後言，不厭於人，是言婦言。盥洗塵穢，服飾鮮潔，沐浴以時，身不垢辱，是謂婦容。專心紡績，不好戲笑，潔齊酒食，以奉賓客，是謂婦功。此四者，女人之大德，而不可乏之者也。然爲之甚易，惟在存心耳。」

王師復教授再度赴美惜別

一年兩為別　此別意何如　世道今非昔　交情遠便疏
老懷傷旅雁　浪跡壯飛魚　珍重樽前語　還期戀故居

韻律：平起。

仄平仄平仄　仄仄仄平平　仄仄平平仄　平平仄仄平
仄平平仄仄　仄仄仄平平　平仄平平仄　平平仄仄平
首聯之首句爲單拗救。
韻腳：如、疏、魚、居（六魚）。

注釋：

王師復：（宣統二年—民國□□年、一九〇九—一九□□）福建林森縣人國立廈門大學畢業。瑞士國際研究院名譽經濟學博士。曾爲商務印書館翻譯經濟名著。

國民政府海軍部編輯兼圖書館主任。國立湖南大學教授。國立復旦大學商學院教授。國立台灣大學經濟系教授兼系主任。國民黨中央改造委員會設計委員。台灣省政府顧問。金門戰地政務委員。行政院各委員會顧問。美國加州大學、哈佛大學、英國倫敦大學訪問。經濟學研究及著作甚多。

旅雁：即旅鴈。征鴈也。張均（張說長子。天寶時累官刑部尚書，貶大理卿。受安祿山命爲中書令。肅宗立，免死，長流合浦。）岳陽晚景（一作父說）晚景寒鴨集，秋風旅雁歸。水光浮日出，霞彩映江飛。洲白蘆花吐，園紅柿葉稀。長沙卑濕地，九月未成衣。

飛魚：又名文鰩魚。長一尺六寸。背蒼黑。腹白。鱗圓大。胸鰭長大，以之爲翼。羣飛水面，或游于海水上層。

五言排律

夕陽花鴝八韻

休道黃昏近　黃昏景最宜　晚霞光旖旎　暮藹色迷離
繩問何人繫　輒看幾處移　抱香蜂未返　曬粉蝶還痴
祇合扶笻望　無勞秉燭隨　尋芳歸緩緩　拾翠步遲遲
應惜徐娘韻　猶存南子姿　尚留餘照在　珍惜夕陽時

韻律：仄起。

平仄平平仄　平平仄仄平　仄平平仄仄　仄仄仄平平
平仄平平仄　平平仄仄平　仄平平仄仄　仄仄仄平平
仄仄平平仄　平平仄仄平　平平平仄仄　仄仄仄平平
平仄平平仄　平平平仄平　仄平平仄仄　平仄仄平平

除首聯、尾聯外，其餘六聯皆成對仗。

「旖旎」「迷離」皆疊韻。

韻腳：宜、離、移、痴、隨、遲、姿、時（四支）。

注釋：

再：盛貌。宋玉《楚辭・九辯第四節》：「竊悲夫蕙華之曾敷兮，紛旖旎乎都房。何曾華之無實兮，從風雨而飛颺。王士禛秋柳：秋色向人猶旖旎，春閨曾與致纏綿。」

旖旎：旖，於離切，一，音猗，四支。旎，女綺切，音你。旖旎、柔和濃郁貌。

迷離：模糊而致難以辨別貌。〈木蘭詩〉：「雄兔腳撲朔，雌兔眼迷離。」

抱香：抱木之香氣。南方草木狀：抱木生於水松之旁。刳而爲履、輕。

扶笻：笻，通邛，渠容切，ㄑㄩㄥˊ，音窮，二冬。竹之一種，可爲仗。扶笻、扶仗也。

秉燭：提燈也，持燭也。《古詩十九首》：「生年不滿百，常懷千歲憂。晝短苦夜長，何不秉燭遊。」

尋芳：出遊賞花。姚合〈游陽河岸〉：「終日游山困，今朝始傍河。尋芳愁路盡，逢景畏人多。鳥語催沽酒，魚來似聽歌。醉時眠石上，肢體自婆娑。」

拾翠：春游採拾花草也。杜甫〈秋興八首之八〉：「佳人拾翠春相問，仙侶同舟晚更移。」

徐娘：《南史・卷十二・列傳第二・后妃下》：「元帝徐妃諱昭佩，東海郯人也。祖孝嗣，齊太尉、枝江文忠公。父緄，侍中、信武將軍。妃以天監十六年十二月拜湘東王妃，生世子方等、益昌公主含貞。妃無容質，不見禮，帝三二年一入房。妃以帝眇一目，每知帝將至，必為半面粧以俟，帝見則大怒而出。妃性嗜酒，多洪醉。帝還房，必吐衣中。與荊州後堂瑤光寺智遠道人私通。酷妬忌，見無寵之妾，便交杯接坐。纔覺有娠者，即手加刀刃。帝左右暨季江有姿容，又與淫通。季江每歎曰：柏直狗雖老猶能獵，蕭溧陽雖老猶駿，徐娘雖老猶尚多情。」

南子：春秋衛靈公夫人，宋女。有絕色。通于宋子朝，大子蒯聵惡之。南子讒於公，蒯聵奔宋。再奔晉。後返國即位，是為莊公，遂殺南子。

題慕萱詩稿十八韻

大雅扶輪手　貽來一卷詩　自憐抽繭拙　乃愧報書遲

八閩賢才濟　三台令譽馳　持躬盧子幹　好客鄭當時

君子雖安素　長才豈見遺　議壇曾集鳳　翰苑屢探驪
永憶違親遠　難忘反哺私　飄蓬虧奉母　畫荻記呼兒
常抱循陔痛　時興陟屺悲　文郎能濟美　賢母有良規
載誦琳琅句　彌欽婉約詞　伶俜嗟子美　敏捷仰陳思
心本關家國　身偏值亂離　白頭吟已倦　玄鬢影成絲
傳檄聞將近　收京會有期　哀哀遊子淚　歸灑墓門碑

韻律：仄起。

仄仄平平仄　平平仄仄平　仄平平仄仄　仄仄仄平平
仄仄平平仄　平平仄仄平　平平平仄仄　仄仄仄平平
平仄平平仄　平平仄仄平　仄平平仄仄　仄仄仄平平
仄仄平平仄　平平仄仄平　平平平仄仄　仄仄仄平平
平仄平平仄　平平仄仄平　平平平仄仄　平仄仄平平
仄仄平平仄　平平仄仄平　平平仄仄仄　仄仄仄平平
平仄平平仄　平平仄仄平　仄平平仄仄　平仄仄平平
平仄平平仄　平平仄仄平　平平平仄仄　平仄仄平平

除首聯尾聯外，其餘十六聯悉成對仗。

「飄蓬」「琳琅」「亂離」皆雙聲。

「翰苑」「伶俜」皆疊韻。

韻腳：詩、遲、馳、時、遺、驪、私、兒、悲、規、詞、思、離、絲、期、碑（四支）。

注釋：

陳慕萱：立法院秘書。

大雅：才高品正且有美德之人。再：《詩經・大雅》。

扶輪手：

貽：贈送也。《詩經・邶風・靜女》：「靜女其孌，貽我彤管。彤管有煒，悅懌女美。」

八閩：福建省古為閩地。元代分為建寧、延平、邵武、汀州、福州、興化、漳州、泉州八路。明代改為八府。從此有八閩之稱。

三台：三台有六星，下應三公。大尉、司徒、司空三公，在天為三台。

持躬：即持身。處己也。持，守也。不失德也。檢束也。不亂也。

盧子幹：盧植，字子幹，東漢人。少時事馬融。融左右多列美姬。植侍講數年，未曾轉盼，融甚敬之。建寧中爲博士，累遷尚書。破黃巾賊立大功。董卓起，乃退隱於上谷。

鄭當時：西漢陳人。字莊。以任俠聲聞梁楚間。景帝時爲太子舍人。每五日洗沐。常置驛馬四郊，存問故人。惟恐不徧。所交悉天下名士。武帝朝爲大司農。客至，無貴賤皆執賓主之禮。與人言，惟恐傷人。聞善言，必進之上。山東諸公，以此翕然稱鄭莊。坐罪廢，贖爲庶人。起守長史，遷汝南太守卒。

安素：安分也。

集鳳：聚賢也。

翰苑：猶云翰林院。元稹〈酬盧秘書〉：「新識蓬山傑，深交翰苑材。連投珠作貫，獨和玉成堆。」

探驪：《莊子・列禦寇》：「人有見宋王者，錫車十乘。以其十乘驕穉莊子。莊子曰：河上有家貧恃緯蕭而食者。其子沒於淵，得千金之珠。其父謂其子曰：取石來鍛之。夫千金之珠，必在九重之淵而驪龍頷下。子能得珠者，必遭其睡也。使驪龍而寤，子尚奚微之有哉。今宋國之深，非直九重之淵也。宋王之猛，非直驪龍也。子能得車者，必遭其睡也。使宋王而寤，子為虀粉矣。」

畫荻：荻，得歷切，ㄉㄧˊ，音敵，十二錫。生水邊，與蘆同類。畫荻者、以荻畫地學書也。《宋史・卷三百一十九・列傳第七十八》：「歐陽脩，字永叔，廬陵人，四歲而孤。母鄭，守節自誓，親誨之學。家貧，至以荻畫地學書。」

循陔：陔，古亥切，ㄍㄞ，音該，十灰。隴也。循陔，沿田而行。引申為事親。《昭明文選・補南陔之逸詩，因今詩經無辭之故》：「循彼南陔，言采其蘭。」李善注：「陔、隴也。蘭以香，孝子採之以養也。」

陟屺：陟，竹力切，ㄓˋ，音職，十三職。登也。升也。屺，虛里切，ㄒㄧˇ，音喜，四紙。無草木之山。陟屺、登無草木之山。《詩經・魏風・陟岵》：「陟彼屺兮，瞻望母兮。」

文郎：

濟美：子孫克承先人之事業也。《左傳・文公十八年》：「昔高陽氏有才子八人。蒼舒、隤敳、檮戭、大臨、尨降、庭堅、仲容、叔達，齊、聖、廣、淵、明、允、篤、誠，天下之民謂之八愷。高辛氏有才子八人，伯奮、仲堪、叔獻、季仲、伯虎、仲熊、叔豹、忠、肅、共、懿、宣、慈、惠、和，天下之民謂之八元。世濟其美，不隕其名。」

載誦：載，昨代切，ㄗㄞˋ，音再，十一隊。予也。爲也。載誦，爲誦也。爲朗讀。

琳琅：詩詞文章之美，如珠玉相擊之聲。《楚辭・九歌・東皇太一》：「撫長劍兮玉珥，□鏘鳴兮琳琅。」劉勰《文心雕龍・時序》：「陳思以公子之豪，下筆琳琅。並體貌英逸，故俊才雲蒸。」

彌欽：彌，民移切，ㄇㄧˊ，音糜，四支。久也。遍也。極也。廣也。深也。遠也。益也。長也。終也。大也。滿也。覆也。縫也。絡也。迷也。欽，去金切，ㄑㄧㄣ，音琴，十二侵。敬也。恭也。欠也。垂也。曲也。彌欽，益加欽佩。極爲佩服。

婉約：委婉含蓄。指詩詞之風格。

伶俜：伶，郎丁切，ㄌㄧㄥˊ，音靈，九青，孤獨。俜，普丁切，ㄆㄧㄥˊ，音瓶，九青，美好貌。伶俜，孤單貌。

子美：杜甫也。

陳思：曹植也。

玄鬢影：黑鬢之影。原指蟬翅。此處指人髮鬢。駱賓王在獄詠蟬：那（或作不）堪玄鬢影，來對白頭吟。

成絲：絲代思。成爲思念也。

傳檄：檄，刑狄切，ㄒㄧˊ，音析，十二錫。尺二書也。軍令公文也。文體之一種。告急之文也。傳檄，傳布檄文以責所討伐之人。

代王雲五賀張岳軍五十金婚 二十四韻

時會方開國　人文萃上京　朝堂初接坐　華蓋已相傾
大度神霄濶　風儀玉宇清　羣流歸碩望　舉世重勛名
甫定西遷轍　還揮北指旌　憂勤期破虜　智慮在銷兵
運祚千秋盛　烽煙一旦平　及公調鼎鼐　邀我佐鈞衡
草木回生意　關河遍頌聲　恩涵施化域　威者受降城
隆典宣行憲　槃才屢主盟　肩隨三度選　胸次廿年情
末議叨嘉重　論交感竭誠　步趨捐禮數　契好到忘形
姻婭通門閥　彝倫屬晚生　虛懷偏序齒　稍長忝稱兄
玳瑁雙棲穩　星霜五十更　人欣連理秀　花看並頭榮

情款描蛾筆　時通引鳳笙　駐顏皆不老　健步喜同輕
贈句珍如璧　投桃愧報瓊　公會須吉語　我合祝長庚
天眷宜加秩　秋高好舉觥　當頭瀛海月　祇傍壽星明

韻律：仄起。

平仄平平仄　平平仄仄平　平平平仄仄　平仄仄平平
仄仄平平仄　平平仄仄平　平平平仄仄　仄仄仄平平
仄仄平平仄　平平仄仄平　平平平仄仄　仄仄仄平平
仄仄平平仄　平平仄仄平　仄平平仄仄　平仄仄平平
仄仄平平仄　平平仄仄平　平平平仄仄　平仄仄平平
平仄平平仄　平平仄仄平　平平平仄仄　平仄仄平平
仄仄平平仄　平平仄仄平　仄平平仄仄　仄仄仄平平
平仄平平仄　仄平仄仄平　平平平仄仄　仄仄仄平平
仄仄平平仄　平平仄仄平　平平平仄仄　平平仄平平
平仄平平仄　平平仄仄平　仄平平仄仄　仄仄仄平平
仄仄平平仄　平平仄仄平　平平平仄仄　仄仄仄平平

平仄平平仄　平平仄仄平　平平平仄仄　仄仄仄平平

「烟婭」「連理」皆雙聲。

韻腳：京、傾、清、名、旌、兵、平、衡、聲、城、盟、情、誠、形、生、兄、更、榮、笙、輕、瓊、庚、觥、明（八庚）。

注釋：

張岳軍：張羣（光緒五年—民國七十九年，一八八九—一九九〇）四川省華陽縣人。保定陸軍軍官學校、日本振武學校。同盟會員。日本士官學校畢業。歷任國民革命軍總司令部參議、國民政府軍政部政務次長，兼工兵署長。上海特別市長。湖北省政府主席。外交部長。中央政治委員會秘書長。軍事委員會秘書長。行政院副院長。國防最高委員會秘書長。四川省政府主席。行政院長。總統府資政。國民大會代表。重慶綏靖公署主任。中國國民黨中央執行委員。非常委員會委員。中央改造委員會委員。評議委員會之席團主席。革命實踐研究院主任。總統府秘書長。著作有《我與日本七十年》。

上京：京都也。指南京。

朝堂：天子議政之所。

華蓋：華采之蓋，貴者所用。

大度：度量宏遠也。《後漢書卷十六・鄧寇列傳第六・鄧禹》：「以禹沈深有大度、故授以西討之略。」

神霄：最高之霄。在九霄中。

風儀：風采也。風貌也。風姿也。美貌也。王儉〈褚淵碑文〉：「逍遙乎，文雅之囿，翺翔乎，禮樂之場。風儀與秋月齊明，音徽與春雲等潤。」

玉宇：天帝所居之宮殿。巍峨壯麗之宮。綺麗之文章。

碩望：指眾望所歸之賢能才智者。《宋史・卷二百五十六列傳第十五・趙普》：「真宗咸平二年詔曰：故太師贈尙書令，追封韓王趙普，識冠人彝，才高王佐翊戴興運，光啓鴻圖，雖呂望肆伐之勳，蕭何指縱之効，殆無以過也。自輔弼兩朝，周旋三紀，茂巖廊之碩望，分屏翰之劇權，正直不回，始終無玷，謀猷可復，風烈如生。」

西遷轍：轍，直列切，ㄔㄜ，音徹，九屑。車行之跡。引申作法則。西遷轍、首都自南京向西遷移至重慶，以避日冦之法則。

北指旌：旌，雞盈切，ㄐㄧㄥ，音精，八庚。旗之通稱。表揚也。表彰也。北指旌，北伐之旗。

銷兵：逃亡或死亡兵額，不補充，以減兵數。《舊唐書卷一百七十二・列傳第一百二十二蕭俛》：「而俛與段文昌屢獻太平之策，以爲兵以靜亂，時已治矣，不宜黷武，勸穆宗休兵偃武。又以兵不可頓去，請密詔天下軍鎭有兵處，每年百人之中，限八人逃亡，謂之銷兵。」

運祚：皇帝在位年數。韓愈〈諫佛骨表〉：「漢明帝時始有佛法。明帝在位纔十八年耳。其後亂亡相繼，運祚不長。」

烽煙：烽火之烟。用於邊警。

鼎鼐：鼐、大鼎也。宰相治理天下，日理萬機，如鼎之調味，故以宰相爲喻。宋朝寇準任宰相，不營私第。魏野草堂集贈寇準：有官調鼎鼐，無地起樓台。

鈞衡：宰相之稱。評量人才之喻。

關河：原義爲函谷關與黃河。後世指戰場要害之所，或山河艱險之路。《史記・卷六十九蘇秦列傳第九》：「說惠王曰：秦四塞之國，被山帶渭，東有關河，西有漢中，南有巴蜀，北有代馬，此天府也。」韋應物〈送常侍御卻使西蕃〉：「本是諸生守文墨，今將匹馬靜烟塵。旅宿關河逢暮雨，春耕亭障識遺民。」

受降城：漢之受降城，在九原塞外。唐之受降城，有中、東、西三城，皆在今內蒙。民國日本投降，受降城在湖南省芷江縣。一說即在南京。

行憲：施行憲法。

桀才：桀，大也。桀才，桀桀之才。大才也。

姻婭：女壻之父。婭，連襟互稱。姻婭，具有婚姻關係之親戚。

門閥：具有祖先建立功勳者之家世。

彝倫：常也、倫、理也。彝倫，常道也。

玳瑁：龜類動物。產海洋中。體長三尺許。背有主甲十三片。其甲可製裝飾品。沈佺期〈古意呈補闕喬知之〉：「盧家少婦鬱金香，海燕雙棲玳瑁梁。注：玳瑁梁，指畫梁。」

星霜：歲月也。星之位置，在地球視之，一年一循環。霜每年遇寒而降，亦循環之故也。

連理：草木異本，而枝或幹連生爲一，則爲連理。而枝幹二者，接而成一，則爲連理枝。白居易〈長恨歌〉：「在天願作比翼鳥，在地願爲連理枝。」

描蛾：蛾、蛾眉也。描蛾、搭眉也。畫眉也。

鳳笙：笙之美稱。李白〈鳳笙篇〉：「玉京迢迢幾千里，鳳笙去去無窮已。韓愈誰氏子：非癡非狂誰氏子。去入王屋稱道士。或云欲學吹鳳笙，所慕靈妃媲蕭史。」

投桃：《詩經・王風・木瓜》：「投我以木桃。」

報瓊：《詩經・王風・木瓜》：「報之以瓊琚。報之以瓊瑤。報之以瓊玖。」

長庚：即金皇。又名太白星。《詩經・小雅・小旻之什・大東》：「東有啓明，西有長庚。」長庚，長壽之星也。

天眷：天之眷顧。《書經・虞書・大禹謨》：「益曰、都。帝德廣運，乃聖乃神。乃武乃文。皇天眷命，奄有四海，爲天下君。」

舉觥：觥同觵、古横切，ㄍㄨㄥ，音庚，八庚。用來飲酒之兕牛角。舉觥、舉杯相慶也。

瀛海：大海也。大洋也。《史記・孟子荀卿列傳第十四》：「中國名曰赤縣神州。赤縣神州內自有九州。禹之序九州是也。不得爲州數。中國外如赤縣神州者九，乃所謂九州也。於是有裨海環之。人民禽獸莫能相通者，如一區中者，乃爲一州。如此者九。乃有大瀛海環其外，天地之際焉。」

壽岫廬老人九十 三十六韻

珠海瓊崖勝　鍾靈毓秀奇　孫公一代聖　岫老萬人師
早入元戎幕　曾垂董氏帷　為楨材不小　韞櫝玉無疵
行跡延五嶺　遊踪及四夷　渡洋曾涉遠　歸國未嫌遲
建極邀賢達　登朝見典儀　大廷籌制憲　碩儒有良規
旋共西遷轍　還看北指麾　屢抒平虜策　終見受降旗
大略宜冠冕　雄才重鼎彝　位尊鵷鷺閣　譽飲鳳凰池
封豕長蛇竄　樞衡斗炳移　蓬山欣再造　故國慨支離
宏治欽重整　仁風得再施　咸歌新政美　端賴老成維
復國求賢俊　掄才薦有為　冰清司藻鑑　滄海未珠遺
黃閣調元日　薇垣更值時　心常存社稷　身又繫安危
氾濫洪為患　憂勤策補痍　籌為心似縷　謳頌口為碑
自愧棬樞士　曾分幕府司　驥行逢伯樂　琴響遇鍾期
多士邀青睞　羣倫感白眉　一行新值李　幾輩自傾葵

忽作東山臥　猶傾北海危　殊勛元不忝　大政仍相資
碩果羣流望　鴻名天下知　友邦持異論　隔海諫書馳
吉日浮瓜會　華堂舞綵嬉　鹿車欣共挽　鴻案永相隨
天錫無彊壽　人歌不老詞　常留千歲果　喜見五雲芝
至德人宜壽　高文國可醫　惟將傾慕意　譜作壽公詩

韻律：仄起。

平仄平平仄　平平仄仄平　平平仄仄平　仄仄仄平平
仄仄平平仄　平平仄仄平　平平平仄平　仄仄仄平平
平仄平仄仄　平平仄仄平　仄平平仄仄　平仄仄平平
仄仄平平仄　平平仄仄平　仄平平仄仄　仄平仄平平
平仄平平仄　平平仄仄平　仄平平仄仄　平仄仄平平
仄仄平平仄　平平仄仄平　仄平平仄仄　仄仄平平平
平仄平平仄　平平仄仄平　平平平仄仄　仄仄仄平平
平仄平平仄　平平仄仄平　平平平仄仄　平仄仄平平
仄仄平平仄　平平仄仄平　平平平仄仄　平仄仄平平

平仄平平仄　平平仄仄平　平平平仄仄　平仄仄平平
仄仄平平仄　平平仄仄平　平平平仄仄　平仄仄平平
仄仄仄平仄　平平仄仄平　仄平平仄仄　平仄仄平平
平仄平平仄　平平仄仄平　仄平平仄仄　仄仄仄平平
仄仄平平仄　平平仄仄平　平平平仄仄　仄仄平平平
仄仄平平仄　平平平仄平　仄平平仄仄　仄仄仄平平
仄仄平平仄　平平仄仄平　仄平平仄仄　平仄仄平平
平仄平平仄　平平仄仄平　平平平仄仄　仄仄仄平平
仄仄平平仄　平平仄仄平　平平平仄仄　仄仄仄平平

「元戎」「建極」「故國」皆雙聲。

「冰清」「氾濫」「碩果」「鴻名」皆疊韻。

韻腳：奇、師、帷、疵、夷、遲、儀、規、麾、旗、彝、池、移、離、施；維、為、遺、時、危、痍、碑、司、期、眉、葵、卮、資、知、馳、嬉、隨、詞、芝、醫、詩。

注釋：

珠海：產珠之海。王雲五先生係廣東中山縣人。產珠之海近在咫尺。

瓊崖：海南島又名瓊崖。

鍾靈毓秀：天地靈氣匯聚處，產生傑出優秀人物。

孫公：國父孫逸仙先生。

元戎：軍事統帥。

董氏：董仲舒。

爲楨：楨，知成切，ㄓㄣ，音貞，八庚。原意爲木犀科良材。可供造船及建築。引申爲人才。爲楨、成爲有用之人也。

韞櫝：同韞匵。韞，烏渾切，ㄨㄣ，音溫，十三元。飭黃色。裹也。藏也。隱也。櫝、杜谷切，ㄉㄨˊ，音犢，小匣也。《論語・子罕》：「子貢曰：有美玉於斯，韞櫝而藏諸，求善賢而沽諸。子曰：沽之哉，沽之哉，我待賈者也。」

延：引也。伸也。進也。及也。遠也。

五嶺：大庾嶺、騎田嶺、都龐嶺、萌渚嶺、越城嶺爲五嶺。跨江西、湖南、廣東、廣西四省。

四夷：四方之夷邦也。指東夷、西戎、南蠻、北狄。《孟子・梁惠王上》：「然則王之所大欲，可知已。欲辟土地，朝秦楚，莅中國，而撫四夷也。」

涉遠：涉，時攝切，ㄕㄜˋ，音懾。十六葉。經歷也。深入也。游行也。涉遠、遠行也。

建極：建，建立也。極、高也、遠也。上下四方之邊極。正也。中也。建極、以治世之要道教民，使無邪僻。建立不偏不倚之大中社會。

典儀：典，禮也。儀，宜也。度也。法也。則也。典儀，禮儀也。

大廷：大朝廷也。

籌：籌備。

制憲：制定憲法。

碩儒：大儒也。

良規：優良之規則。

西遷轍：抗戰時首都西遷至重慶。轍，車輪碾過之痕跡。

麾：指揮軍隊之旗。指揮也。

抒：神語切，ㄕㄨˇ，音蜀，又，丈語切，ㄓㄨˇ，音佇，六語。汲出也。挹也。取也。引而泄之也。渫也。《漢書・劉尚傳》：「一抒愚意。」

鼎彝：鼎，都廷切，ㄉㄧㄥˇ，音頂，二十四迥。三足兩耳之器，煮物用具也。亦置於宗廟，作爲寶物。彝，以脂切、一，音姨，酒器，亦係宗廟盛五穀之祭器。對立有大功之人，則銘其功於鼎或彝上，以示後人。

鵷鷺閣：鵷，於袁切，ㄩㄢ，音原，十三元。鳳屬之鳥。《莊子・秋水》：「惠子相梁，莊子往見之。或謂惠子曰：莊子來，欲代子相。於是惠子恐。搜於國中三日三夜。莊子往見之，曰：南方有鳥，其名爲鵷鶵。子知之乎？夫鵷鶵，發於南海而飛於北海，非梧桐不止，非鍊實不食，非醴泉不飲。於是鴟得腐鼠。鵷鶵過之，仰而視之曰：仰而視之曰：嚇。今子欲以子之梁國而嚇我邪。」鷺，魯故切，ㄌㄨˋ，音露，七遇。涉禽類。色白。嘴長而尖。頸細長。頸後有白色長羽毛數本。背及胸部有飾羽。腳黑，趾四，先端有鈎爪。棲沼。鵷與鷺，飛時俱有次序，小不踰大，以喻朝官，韓愈〈晉公破賊回重拜台司以詩示幕中賓客愈奉和〉：「南伐旋師太華東，天書夜到冊元功。將軍舊壓三司貴，相國新兼五等崇。鵷鷺欲歸仙仗裏，熊羆還入禁宮中。長慚典午非材職，得就閑官即至公。鵷鷺閣、中書省之別名，亦即鵷閣。」

鳳凰池：禁苑中之池。中書省所在地。唐宋人詩，多以鳳凰池目宰相。

封豕長蛇：封、大也。喻人之貪暴如大豕長蛇也。封豕或作封豨，長蛇亦作脩蛇。《左傳．定公四年》：「初，伍員與申包胥友。其亡也，謂申包胥曰：我必復楚國。申包胥曰：勉之。子能復之，我必能與之。及昭王在隨，申包胥如秦乞師，曰：吳爲封豕長蛇，以荐食上國，虐始於楚。」

樞衡：主要之行政機關。樞，樞要也。衡，北斗之中星也。稱重量之器也。《北史．卷一百列傳第八十八序傳》：「李文始聞沖病狀，謂右衛宋弁曰：僕射執我樞衡，總釐朝務，使我無後顧之憂。一朝忽有此患，朕甚愴懷。及聞沖卒，爲舉哀於縣瓠，發聲悲泣，不能自勝。」

蓬山：見本書椰影注。

支離：分散也。殘缺也。

宏治：宏，大也。宏治，大治也。

掄才：掄，選擇也。掄才，選擇人才也。

冰清：道德行爲清白如冰也。

藻鑑：同藻鏡。選士明察也。杜甫〈上韋左相二十韻〉：「北斗司喉舌，東方領搢紳。持衡留藻鑑，聽履上星辰。」吳融（龍紀進士，翰林學士，中書舍人，昭宗拜戶部侍郎）過丹陽：山帶梁朝陵路斷，水連劉尹宅基平。桂枝自折思前代，藻鑑難逢恥後生。

黃閣：漢舊儀：丞相聽事門曰黃閣。不敢洞開朱門，以別於人生，故以黃塗之，謂之黃閣。王應麟《困學紀聞》：「給事中屬門下省。開元曰黃門省，故曰黃閣。」杜甫〈奉贈嚴八閣老〉：「扈聖（一作今日，一作扈從）登黃閣，明公獨妙年。」按嚴武在至德初，以房冠琯薦，累遷給事中。

元日：元旦。吉日。

薇垣：唐開元中，中書省改爲紫薇省，簡稱薇省或薇垣。元朝改爲行中書省布政司。明清布政司亦名薇垣。

痍：延知切，一，音夷，四支。傷也。創也。

籌維：籌，計算也。計畫也。維，維持也。籌維：謀求維持或維護禮義廉恥四維。

棬樞士：棬，丘圓切，ㄑㄩㄢ，音泉，一先。屈木也。棬樞、以屈木爲戶樞，貧之甚也。《戰國策‧秦策‧蘇秦始將連橫》：「且夫蘇秦，特窮巷掘門桑戶棬樞之士耳。伏軾撙銜，橫歷天下，廷說諸侯之士，杜左右之口，天下莫之能伉（或作抗）。」

幕府：軍旅出征，居無常所，以幕帳爲府署，曰幕府。《史記・廉頗藺相如列傳》：「李牧者，趙之北邊良將也。常居代鴈門備匈奴。以便宜置吏市租皆輸入幕府。爲士卒費。後世凡行政長官之記室（典書記之事者），皆謂之幕府。」

伯樂遇鍾期：見王雲五先生任行政院副院長時注。

青睞：睞，洛代切，ㄌㄞˋ，音賴，十一隊。視也。旁視也。眷顧也。青睞，爲人所重視，乃以青眼視之，曰：青睞。蓋眼睛色青，其旁色白。欣喜時正視，則見青處也。

白眉：白色眉毛。《三國志・蜀志・卷第九馬良傳》：「馬良、字季常。襄陽宜城人也。兄弟五人，並有才名。鄉里爲之諺曰：『馬氏五常，白眉最良。』良眉中有白色，故以稱之。書言故事兄弟類：稱人獨出眾者，謂之白眉。」

新値李：李、理、吏，通用。新任官吏也。

傾葵：傾、向也。悅服也。葵，向日葵也。傾葵，誠心悅服，如葵向日轉。

東山臥：隱居也。

北海巵：北海、孔融也。孔融曾任北海相之故。巵，同卮、章移切，音枝，四支，酒樽也、酒杯也。《後漢書・卷七十鄭孔荀列傳第六十》：「歲餘，復拜太中大夫。性寬容少忌，好士，喜誘益後進。及退閑職，賓客日盈其門。常歎曰：坐上客恒滿，尊中酒不空，吾無憂矣。」

殊勛：特殊之功勞。

不忝：忝，他點切，ㄊㄧㄢˇ，音餂，二十八琰（詩韻全璧作儉）。辱也。不忝，不辱命。未犯過失。

相資：資，津私切，ㄗ，音咨，四支，助也。謀也。通咨。相資、相助也。相謀也。

碩果：物之僅存者。曰：碩果僅存。《易經・剝卦□□》，其初六、六二、六三、六四、六五，皆爲陰爻。只上九係陽爻。經文曰：「上九，碩果不食，君子得輿，小人剝廬。」大意謂：果樹僅存一碩大之果，孤懸樹杪，未採食也。（君子得輿、君子獲華美之轎或車。小人剝廬、小人之茅屋依然破爛不堪。）

鴻名：崇高之聲譽也。大名也。

浮瓜：夏日行樂之意。曹丕〈與梁朝歌令吳質書〉：「高談娛心，哀箏順耳。馳騁北場，旅食南館。浮甘瓜於清泉，沈朱李於寒水，白日既匿，繼以朗月。」

華堂：華麗之廳堂也。陸雲大將軍讌會被命作詩：「芒芒宇宙，天地交泰。王在華堂，式宴嘉會。」

舞綵嬉：著五彩舞衣，揮彩色之尙綾，隨歌聲而起舞。

鹿車：僅容一鹿之小車。《後漢書・卷七十九下・儒林列傳第六十九下・任末傳》：「少習齊詩，遊京師，教授十餘年。友人董奉德于洛陽病亡。末乃躬推鹿車，載奉德喪致其墓所。由是知名。」《後漢書・卷八十四列女傳第七十四》：「勃海鮑宣妻者，桓氏之女也。字少君。宣嘗就少君父學。父奇其清苦，故以女妻之。裝送資賄甚盛。宣不悅，謂妻曰：少君生富驕，習美飾，而吾實貧賤，不敢當禮。妻曰：大人以先生脩德守約，故使賤妾侍執巾櫛。既奉承君子，唯命是從。宣笑曰：能如是，是吾志也。妻乃悉歸侍御服飾，更著短布裳，與宣共挽鹿車歸鄉里。拜姑禮畢，提甕出汲。脩行婦道，鄉邦稱之。宣，哀帝時官至司隸校尉。子永，中興初爲魯郡太守。」《三國志・魏志・卷第十二司馬芝傳》：「司馬芝字子華，河內溫人也。少爲書生。避亂荊州。於魯陽山遇賊。同行者皆棄老弱走。芝獨坐守老母。賊至，以刃臨芝。芝叩頭曰：母老，唯在諸君。賊曰：此孝子也。殺之不義。遂得免害，以鹿車推載母，居南方十餘年。躬耕守節。」

鴻案：《後漢書・卷八十三逸民列傳第七十三》：「梁鴻字伯鸞，扶風平陵人也。……

遂至吳，依大家皐伯通，居廡下，爲人賃舂。每歸，妻爲具食，不敢於鴻前仰視，舉案齊眉。伯通察而異之，曰：彼傭能使其妻敬之如此，非凡人也。乃方舍之於家。鴻潛著書十餘篇。」

五雲：具青亦黃白黑五色之雲，祥瑞之雲也。白居易〈長恨歌〉：「樓閣玲瓏五雲起，其中綽約多仙子。」

五雲芝：具有五色似雲之靈芝。（但不宜食。據醫書云、有毒。）

高文：見識卓越，且人格高尚之文人。說理透闢、音調鏗鏘之文章。

代壽莫柳忱三十四韻

長白鍾奇氣　靈山毓大賢　當時名下士　此日地行仙
初領郎官署　曾揆館閣權　百工多富矣　寶藏盡興焉
器本璠璵重　才還縱橫兼　擁旄持漢節　奉使記丁年
蒲柳生南國　松筠茂北燕　地雖關塞迥　交比石金堅
憶客巴山外　相逢字水邊　同登參政席　商略濟時篇
智府冰壺朗　神機玉燭先　有謀皆共討　無策不同研

政協旋開幕　朋簪再備員　微言風欵欵　握算腹便便
持正行眞穩　心虛論不偏　和風吹草偃　高識踞雲巔
憲草頻刪訂　精微到概全　篇章勞檢校　同異賴周旋
瀛島山川秀　神州草木羶　九霄驚震蕩　萬事感推遷
大會臨更替　班荊續勝緣　題名相揖讓　國是互憂煎
及作掄才手　還隨舊比肩　衡才知任重　把臂讓居前
歲月關山老　鄉園夢寐牽　舉杯情未己　攬鏡慨蒼然
不畏刀圭苦　終教宿疾痊　泰來丕已去　康復壽長添
大耋韶華盛　三春景物鮮　林鶯歌勸酒　池鯉躍登筵
述德情難盡　歌功意未宣　艱虞賢輔重　燿熠曉星懸
回溯京華日　追歡暮雨天　聊將壽公曲　付與七條絃

韻律：仄起。

平仄平平仄　平平仄仄平　平平平仄仄　仄仄仄平平
平仄平平仄　平平仄仄平　仄平平仄仄　仄仄仄平平
仄仄平平仄　平平仄仄平　仄平平仄仄　仄仄仄平平

平仄平平仄　平平仄仄平　仄平平仄仄　平仄仄平平
仄仄平平仄　平平仄仄平　平平平仄仄　平仄仄平平
仄仄平平仄　平平仄仄平　仄平平仄仄　平仄仄平平
仄仄平平仄　平平仄仄平　平平平仄仄　仄仄仄平平
平仄平平仄　平平仄仄平　平平平仄仄　平仄仄平平
仄仄平平仄　平平仄仄平　平平平仄仄　平仄仄平平
平仄平平仄　平平仄仄平　仄平平仄仄　仄仄仄平平
仄仄平平仄　平平仄仄平　平平平仄仄　仄仄仄平平
仄仄平平仄　平平仄仄平　平平平仄仄　仄仄仄平平
仄仄平平仄　平平仄仄平　仄平平仄仄　仄仄仄平平
仄仄平平仄　平平仄仄平　仄平平仄仄　平仄仄平平
仄仄平平仄　平平仄仄平　平平平仄仄　平仄仄平平
仄仄平平仄　平平仄仄平　平平平仄仄　仄仄仄平平
平仄平平仄　平平仄仄平　平平仄平仄　仄仄仄平平

首聯、尾聯皆成對仗，即全首皆對仗。

尾聯（三十韻聯）聊將壽公曲　五字　平平仄平仄爲單拗救。

「奇氣」爲雙聲兼疊韻。檢校、把臂、夢寐、燿熠、皆雙聲。

韻腳：賢、仙、權、焉、兼、年、燕、堅、邊、篇、先、研、員、便、偏、巔、全、旋、羶、遷、緣、煎、肩、前、牽、然、痊、添、鮮、筵、宣、懸、天、絃（一先）。

注釋：

莫柳忱：莫德惠（光緒九年－民國五十七年，一八八三－一九六八）吉林省雙城縣人。天津北洋高等學堂畢業。歷任吉林省警察西局局員、濱江巡警局局長。民國成立後當選衆議局議員。伊蘭道道尹。段祺瑞內閣之農商部長。奉天省長。東北大學校長。國民參政員。國民參政會主席。川康建設期成會西昌辦事處主任。國民大會代表。考試院長。光復大陸設計研究委員會副主任委員。

長白：山名，在吉林省。

鍾：聚也。集中也。

毓：同育。如鐘靈毓秀。

名下士：有盛名之士。

地行仙：在地上居住之仙人。祝壽之語。蘇軾〈樂全先生生日以鐵拄杖爲壽二首之一〉：「先生真是地行仙，住世因循五百年。每向銅仁話疇昔，故教鐵杖鬥清堅。」

郎官：漢代侍郎、郎中，皆稱郎官。魏晉除尚書郎外，秘書、黃門，各皆有郎。隋於六部各置侍郎一人。唐於諸司皆置郎中，以迄明清。

揆：求癸切，ㄎㄨㄟˇ，音癸，四紙。測量也。詩經鄘風定之方中：揆之以日，作于楚室。言樹立八尺之日影柱，而測量日之運行，以定東西南北之方位。

館閣：宋代以史館、集賢院、昭文館爲三館。又有秘閣及龍圖、天章諸閣，統謂之館閣。

璠璵：春秋魯國之寶玉名。

旄：莫袍切，ㄇㄠˊ，音毛，四豪。幢也。麾也。旗之一種。用犛牛（或旄牛）尾飾於竿首。後亦兼用羽與與犛牛尾。

漢節：漢天子所授之符節。李白〈蘇武〉：「蘇武在匈奴，十年持漢節。白雁上林飛，空傳一書札。牧羊邊地苦，落日歸心絕。渴飲月窟水，飢飡天上雪。東還沙塞遠，北愴河梁別。泣把李陵衣，相看淚成血。」

丁年：滿二十歲，丁壯之年也。

蒲柳：柳之一種。水柳也。《爾雅・釋木》：「楊，蒲柳。疏、楊，一名蒲柳，生澤中。」

松筠：松與竹也。筠，于倫切，ㄩㄣˊ，音勻，十一真。竹也。韋應物〈將往滁城戀新竹簡崔都水示端〉：「停車欲去繞叢林，偏愛新筠十數竿。莫遣兒童觸瓊粉，留待幽人回日看。」李商隱〈題二首後重有戲贈任秀才〉：「一丈紅薔擁翠筠，羅窗不識繞街塵。峽中尋覓長逢雨，月裏依稀更有人。」

逈：同迴：雞頂切，ㄐㄩㄥ，音炯，二十四迴。遠也。

字水：巴江之異名。

參政：人民參與政治。但宋朝稱參知政事為參政。元於中書省置參政。凡軍國大事皆預參決。行中書省亦置之。明因之。清初各部置參政。後改為侍郎。

參政席：國民參政會。

商略：策畫、討論、品評、估計、計議、準備製造。

濟時篇：救世之文章。救世之詩。篇、有頭有尾之文章或詩詞。

智府：猶智庫、智囊團。

冰壺：容冰之玉壺。引申爲心地冰清玉潔之意。姚崇〈冰壺誡〉：「冰壺者，清潔之至也。君子對之，不忘乎清。」

神機：神妙之機算。

玉燭：四氣和也。德美如玉，且明若燭也。《爾雅・疏》：「言四時和氣，溫潤明照，故曰玉燭。」

政協：政治協商會議。

朋簪：簪，聚也。朋簪，一群朋友合聚也。《易經・豫卦》：「□□九四、由豫，大有得，勿疑朋盍簪。」現代語爲：不要猜疑朋友多嘴說不利於己的話。

備員：備位之意。

微言：精緻語言。

風欵欵：欵欵同款款。忠誠也。緩緩也。風欵欵、態度從容且內心忠誠。

腹便便：腹大卻滿腹經綸。《後漢書・卷八十上文苑列傳第七十上》：「邊韶字孝先，陳留浚儀人也。以文章知名。教授數百人。韶口辯，曾晝日假臥，弟子私謿之曰：邊孝先，腹便便。嬾讀書，但欲眠，韶潛聞之，應時對曰：邊爲姓，孝爲字。腹便便，五經笥。但欲眠，思經事。寐與周公通夢，靜與孔子同意。師而可謿，出何典記。謿者大慙。」

草偃：草仆倒也。《論語・顏淵》：「君子之德風，小人之德草。草上之風必偃。」喻在位者（君子）爲善，則百姓（小人）隨之爲善，正如草隨和風也。

憲草：憲法草案。

羶：尸連切，ㄕㄢ，音煽，一先。羊臭也。引申爲肉類之臭氣，草木之臭味。

班荆：朋友於途相遇，布荆於地而敘舊。曰班荆道故。班，布也。荆，舉卿切，ㄐㄧㄥ，音京，八庚。有刺植物之一種。楚木也。用作刑杖，故字從刑。

掄才：選拔人才。

比肩：肩挨肩。

衡才：鑑別判斷人才。

把臂：互握臂腕，表示親密。

刀圭：圭，量藥之工具，《本草綱目・序例》：「凡散藥云刀圭者，十分方寸匕之一。準如梧桐子大也。匕即匙也。方寸者，正方形，各邊一寸。刀圭者，量藥工具。」

形如刀。又指藥物醫術。

泰：卦名。□□上卦爲坤、爲地、爲陰。下卦爲乾、爲天、爲陽。陰陽交感，故名泰。

丕：卦名。□□上卦爲乾、爲天、爲陽。下卦爲坤、爲地、爲陰。陽氣上升，陰氣下降，天地閉塞，故名丕或否。

耋：徒結切，ㄉㄧㄝˊ，音跌，九屑。八十歲以上之稱。

韶華：春光也。青春也。

三春：孟春、仲春、季春，計三個月。或三年、因爲過三個春天。孟郊〈遊子吟〉：「誰言寸草心，報得三春暉。」

林鶯：林中之鶯。

艱虞：艱難憂慮也。荒亂也。

賢輔：賢相也。

燿熠：燿，弋妙切，ㄧㄠˋ，音耀，十八嘯。照也。光明貌。又通耀，亦通曜。熠，異立切，一，音邑，十四緝。鮮明貌。燿熠，鮮明也。

七條絃：七絃琴也。

四十二年除夜用棄子韻

芳華又擲一年虛　剩與今宵惜歲除　細數舊歡心早死　頻添老色鬢羞梳
了知塡海空銜石　縱可藏山悔著書　媢灶幾人論薪膽　尚持孤節感如何

韻律：平起。

平平仄仄仄平平　仄仄平平仄仄平　仄仄仄平平仄仄　平平仄仄仄平平
仄平平仄平平仄　仄仄平平仄仄平　平仄仄平平仄仄　仄平平仄仄平平

韻腳：盂、除、梳、書、膽、如（六魚）。

注釋：

歲除：歲盡也，謂除歲舊也。孟浩然〈歲暮歸南山〉：「白髮催年老，青陽逼歲除。」

塡海空銜石：《太平御覽・羽族部・精至》：「述異記曰：昔炎帝女溺死東海中，化爲精衛。其鳴自呼。每銜西山木石，以塡東海。怨溺死故也。」

藏山：著作藏於山中。

媚灶：《論語・八佾》：「王孫賈問曰：與其媚於奧，寧媚於灶，何謂也。子曰：不然，獲罪於天，無所禱也。」

四十三年元旦

絕海流家短景催　百年小劫又春回　生雲盆石矜新色　照曉瓶花作錦堆
絳燭燒枯前夕淚　瓊蘇浮動故山哀　嘉辰宜禁傷時語　有客殷勤賀歲來

韻律：仄起。

仄仄平平仄仄平　仄平仄仄仄平平　平平平仄平平仄　仄仄平平仄仄平
仄仄平平平仄仄　平平平仄仄平平　平平平仄平平仄　仄仄平平仄仄平

照曉、殷勤、俱係疊韻。

韻腳：催、回、堆、哀、來（十灰）。

注釋：

絳燭：即絳蠟。深紅色蠟燭也。

瓊蘇：酒名也。李商隱〈隋宮守歲〉：「消息繫郊木帝迴，宮中行樂有新梅。沈香甲煎爲庭燎，玉液瓊蘇作壽杯。馮浩《玉谿生詩集箋注》引南岳夫人傳：「夫人在王屋山。王子喬等降。夫人設瓊蘇綠酒。」

棄子井丹眉叔文凱諸子茗坐有成

將詩刻意我何曾　戰茗談空尚可勝　一夕語諧天下妙　千回諷諭幾人能
捫心獨自成孤負　交手羣流有愛憎　多少舊情終不悔　宵深百念入紛崩

韻律：平起。

平平仄仄仄平平　仄平平平仄仄平　仄仄仄平平仄仄　平平平仄仄平平
平平仄仄平平仄　平仄平平仄仄平　平仄仄平平仄仄　平平仄仄仄平平

孤負、爲疊韻。

韻腳：曾、勝、能、憎、崩（十蒸）。

注釋：

眉叔：張之淦。侍從室秘書。

孤負：猶言違背也，杜甫〈奉贈盧五丈參謀琚〉：「未解依依袂，還斟冷冷瓢。流年疲蟋蟀，體物幸鷦鷯。孤貧滄洲願，誰云晚見招。」

紛崩：即分崩。離散也。瓦解也。《論語‧季氏第十六》：「今由與求也，相夫子，遠人不服而不能來也。邦分崩離析，而不能守也。而謀動干戈於邦內，吾恐季孫之憂，不在顓臾，而在蕭牆之內也。」

往日夏夜恒與棄子井丹茗坐宵深此會久廢詩寄其意

弔影相隨似雁行　風流自賞每逢場　開襟諱說平生志　得酒空澆未斷腸
貧賸此身真是患　歸從何日信堪傷　悲歡近覺能言少　漸減當年坐夕涼

韻律：仄起。

仄仄平平仄仄平　平平仄仄仄平平　平平仄仄平平仄　仄仄平平仄仄平
平仄仄平平仄仄　平平平仄仄平平　平平仄仄平平仄　仄仄平平仄仄平

韻腳：行、場、腸、傷、涼（七陽）。

注釋：

弔影：自弔其影。言孤立也。陸游〈鄰山縣道上作〉：「客路一身真弔影，故園萬里欲招云。」

逢場：隨事應景，偶而涉獵遊戲之事。

丼丹不婚戲贈

平生眼底推吾子　絕俗清嚴有足多　污面自甘塵垢膩　披心真覺意嵯峨
不辭夕死寧聞道　每恐良緣轉是魔　天外即今餘七尺　華年竟與硯同磨

韻律：平起。

平平仄仄平平仄　仄仄平平仄仄平　平仄仄平平仄仄　平平平仄仄平平
仄平仄仄平平仄　仄仄平平仄仄平　平仄仄平平仄仄　平平仄仄仄平平

「平生」「嵯峨」，皆疊韻。

韻腳：多、峨、魔、磨（五歌）。

注釋：

清嚴：清廉嚴肅。《三國志‧魏志‧王基傳》：「出爲安豐太守、爲政清嚴有威惠。」

嵯峨：嵯，昨何切，ㄘㄨㄛˊ，音搓，五歌。峨，五何切，ㄜ，音鵝、五歌。嵯峨：山高峻貌。李商隱〈聞歌〉：「斂笑凝眸意欲歌，高雲不動碧嵯峨。銅臺罷望歸何處，玉輦忘還事幾多。」

農曆九月廿一日家慈誕日音書久絶悵惘而成

戲綵階前事恐無　思親淚注海難枯　縱因迫散終成悔　每撫餘生愧報劬
誰憫辭柯凋敗葉　自憐啼月失依烏　年年陟屺瞻何處　知否羈兒貌已臞

韻律：仄起。

仄仄平平仄仄平　平平仄仄仄平平　平平仄仄平平仄　仄仄平平仄仄平
平仄平平平仄仄　仄平平仄仄平平　平平仄仄平平仄　平仄平平仄仄平

韻脚：無、枯、劬、烏、臞（七虞）。

注釋：

戲綵：謂服彩衣作戲以娛親也。老萊子年七十，身著五色彩衣，爲嬰兒戲以娛父母。郭鈺（元末明初吉水人）《靜思集》：「座上衣冠戲綵日，窗前燈火讀書秋。」

報劬：報答母愛也。劬，其俱切，音衢，七虞，勞也，病苦也。《詩經・凱風》：「凱風自南，吹彼棘心。棘心夭夭，母氏劬勞。」《詩經・小雅・小旻之什・蓼莪》：「蓼蓼者莪，匪莪伊蒿。哀哀父母，生我劬勞。」

辭柯：

依烏：
陟屺：陟，竹力切，ㄓˋ，音殖，十三職，登也，陞也。屺，虛里切，ㄒㄧˇ，音喜，四紙。山無草木。陟屺：登無草木之山。《詩經・魏風・陟岵》：「陟彼屺兮，瞻望母兮。」
羈兒：羈，居宜切，ㄐㄧ，音姬，四支。朱駿聲《說文通訓定聲》叚借爲寄。《玉篇・四》：「羈，旅也，寄止也。」羈兒，遠離慈母旅寓他方之兒。
臞：同癯，其俱切，ㄑㄩˊ，音衢，七虞，少肉也。

厭倦

厭倦情懷觸處傷　願聽為瞶視為盲　栖遑空待皮囊朽　狷介啟由骨鯁強
每有開顏皆夢境　漫勞駐景檢神方　山林廊廟均非計　真覺榛苓費考量

韻律：仄起。

仄仄平平仄仄平　仄平平仄仄平平　平平平仄平平仄　平仄仄平仄仄平
仄仄平平平仄仄　仄平仄仄仄平平　平平平仄平平仄　平仄平平仄仄平

「厭倦」係疊韻。

韻腳：傷、盲、強、方、量（七陽）。

注釋：

瞶：歸謂切，ㄍㄨㄟˋ，音貴，五未。目內無瞳仁。

栖遑：栖，先齊切，ㄒㄧ，音西，八齊。遑、胡光切，ㄏㄨㄤˊ，音皇，七陽。栖遑：離索憂迫也。

狷介：狷，吉掾切，ㄐㄩㄢˋ，音倦，十七霰。或吉法切，ㄐㄩㄢˇ，音卷，十六銑。有所不爲。狷介，謂耿介自守，不與人同流合汙。

骨鯁：鯁同骾。古杏切，ㄍㄥˇ，音耿，二十三梗。本爲魚骨。進而謂、如像魚骨刺在喉中，遇事敢直言無隱。骨鯁、剛直也。忠言逆耳，如食骨卡在喉中。荀子儒效：君有忠臣，謂之骨鯁。

開顏：謂破顏笑樂也。

漫勞：偏勞。

駐景：謂留止景光，不令逝去也。

檢神方：探討神奇之方術。

山林：謂隱士之居所。張華〈招隱〉：「隱士託山林，遯世以保真。」

廊廟：謂朝廷也。

榛苓：榛，芝詵切，ㄓㄣ，音真，十一真。或其鄰切，ㄑㄧㄣ，音秦，十一真。落葉喬木。高三丈。濶葉。春天開花。花小。果爲堅果，似栗而小。苓，郎丁切，ㄌㄧㄥˊ，音凌，九青。《說文》：「苓，卷耳也。」再：茯苓。又：甘草。又：蓮之叚借字。榛苓之生，各得其所，而賢者在處非其位時，懷成西周盛世，眾物皆得其所。《詩經‧邶風‧簡兮》：「山有榛、隰有苓。云誰之思，西方美人。彼美人兮，西方之人兮。」

考量：考核校量。考查思量也。

棄子辭官用文凱韻

棲遑此去竟安之　祇賸瀛寰水一涯　棄擻不緣疏世法　餘生所念是歸期

難堪苟活甘辭祿　若論知名豈獨詩　出處幾人能適所　埋憂求死總因誰

韻律：平起。

平平仄仄仄平平　仄仄平平仄仄平　仄仄仄平平仄仄　平平仄仄仄平平

平平仄仄平平仄　仄平平平仄仄平　仄仄仄平平仄仄　平平平仄仄平平

「出處」爲雙聲兼疊韻。

韻腳：之、涯、期、詩、誰（四支）。

注釋：

栖遑：栖，先齊切，ㄒㄧ，音奚，八齊。陸鳥宿巢曰栖。《說文》：「日在西方而鳥棲，故因以爲東西之西。」遑，胡光切，ㄏㄨㄤˊ，音皇，七陽。急也，惶恐也。栖遑，急迫不安也。

安之：安通焉，何也。安之者，何之也。何往也。

瀛寰：瀛，謂瀛海。寰，係寰牖。地球水陸之總稱也。

水一涯：涯，宜佳切，ㄧㄚˊ，音厓，九佳。或六麻。水邊也。水畔也。

檄：型狄切，ㄒㄧˋ，音析，十二錫。文體名。告急之文也。軍書也。

不緣疏世法：不是由於疏離世上之法則。

出處：去就進退也。處讀上聲。

適所：合乎情理，合乎所求。

埋憂：消憂。東漢末仲長統述志：「寄愁天上，埋憂地下。」

賤辰漁叔有詩原韻奉謝

耳熟詼誹諭志言　長年退食共晨昏　未妨清夜消茶鼎　已判餘生圃芥蓀
墨守自甘成一慨　石交誰復肯相論　匆匆五十稱翁日　喜得新詩侑酒尊

韻律：仄起。

仄仄平平平仄平　平平仄仄仄平平　仄平平仄平平仄　仄仄平平仄仄平
仄仄仄平平仄仄　仄平平仄仄平平　平平仄仄平平仄　仄仄平平仄仄平

「詼誹」「晨昏」皆疊韻。

韻腳：言、昏、蓀、論、尊（十三元）。

注釋：

諭：羊戍切，ㄩˋ，音遇，七遇，告也。曉也。教訓也。

退食：退朝而食於家。亦作減膳解。

圃芥蓀：圃，彼五切，ㄆㄨˇ，音譜，七麌，種菜蔬也。芥，雞介切，ㄐㄧㄝˋ，音介，十卦。菜名。蓀，思渾切，ㄙㄨㄣ，音孫，十三元，香草名。圃芥蓀、種菜也。

慨：苦蓋切，ㄎㄞˋ，音嘅，十一隊，歎也。

石交：交誼之固，有若金石之堅也。亦作碩交。阮籍〈詠懷〉：「如何金石交，一旦更離傷。」

侑酒：侑，尤救切，ㄧㄡˋ，音又，二十六宥。勸也。侑酒、勸酒也。

贈金耀基博士

塵寰解事人原少　妙悟唯君獨得多　入世但將情鑄鐵　看天真有淚為河
抗懷敢作千秋想　困學寧容一瞬過　我已衰餘復豪興　為聞郢市少年歌

韻律：平起。

平平仄仄平平仄　仄仄平平仄仄平　仄仄仄平平仄仄　平平平仄仄平平
平仄仄仄平平仄　仄仄平平仄仄平　仄仄平平仄平仄　平平仄仄仄平平

首句不入韻

「獨得」「千秋」皆雙聲。

韻腳：多、河、過、歌（五歌）。

注釋：

金耀基：香港中文大學校長。

將情鑄鐵：鑄情使得堅如鐵石。

抗懷：謂挺舉胸懷，高尙其胸襟也。

郢：以整切，ㄧㄥˇ，音影，二十三梗。郢歌，楚歌也，引申爲樂曲，樂歌。因郢市人善歌也。

春柳　用漁洋秋柳韻

（一）陌頭一色盪春魂　乍展新陰綠到門　青眼尚含當日意
翠眉重掃舊時痕　瀟瀟暮雨迷前路　霎霎晴煙淡遠村
且仗東皇好擡舉　榮枯回首莫重論

韻律：平起。

仄平仄仄仄平平　仄仄平平仄仄平　平仄仄平平仄仄　仄平平仄仄平平
平平仄仄平平仄　仄仄平平仄仄平　仄仄平平仄平仄　平平平仄仄平平

「新陰」爲疊韻。

韻腳：魂、門、痕、村、論（十三元）。

注釋：

青眼：喜悅時，正目而視，眼多青處也。

翠眉：美人之眉，現青翠色。

靉靉：靉，烏代切，ㄞˋ，音愛，十一隊。靉靉，雲盛貌。此處作煙濃解。

東皇：春神也。又名青帝。杜甫〈幽人〉：「洪濤隱笑語，鼓枻蓬萊池。崔嵬扶桑日，照耀珊瑚枝。風帆倚翠蓋，暮把東皇衣。」

（二）江潭搖落幾經霜　又伴新蒲映碧塘　飛絮滿城迎驛馬
柔條夾道拂行箱　龍城去後驕胡虜　鳳邑移來憶蜀王
惆悵樽前舊宮譜　平康寧是昔時坊

韻律：平起。

平平平仄仄平平　仄仄平平仄仄平　平仄仄平平仄仄　平平仄仄仄平平
平平仄仄平平仄　●●○○●●○　●●○○　平平仄仄仄平平

尾聯起句有單拗救（舊宮譜仄平仄）

「惆悵」爲雙聲。

韻腳：霜、塘、箱、王、坊（七陽）。

注釋：

江潭：江之深淵也。張若虛〈春江花月夜〉：「江水流春去欲盡，江潭落月復西斜。」

搖落：凋殘也。曹丕〈燕歌行〉：「秋風蕭瑟天氣涼，草木搖落露為霜。」

行箱：出行時所攜之箱。鮑照〈登翻車峴〉：「胃塗疑旅人，忌轍覆行箱。」

龍城：匈奴諸長大會祭天之城。在今外蒙境內。另有數處，說法不同。

鳳邑：長安也。即鳳城。帝王之都。

宮譜：宮調之樂譜。

平康：唐代長安平康里，又稱平康坊。妓女聚居之地。

（三）**無邊宵露染征衣　逐盡芳塵事竟非　殘月曉風添綽約**
淡黃新碧認依稀　桃花映處原依舊　榆聯生來只浪飛
寄語五陵年少客　從今交讓莫相違

韻律：平起。

平平平仄仄平平　仄仄平平仄仄平　平仄仄平平仄仄　仄平平仄仄平平
平平仄仄平平仄　平仄平平仄仄平　仄仄仄平平仄仄　平平平仄仄平平

「綽約」「依稀」皆疊韻。

韻腳：衣、非、稀、飛、違（五微）。

注釋：

宵露：夜露也。

殘月曉風：黎明之風與月。柳永〈雨霖鈴〉：「今宵酒醒何處。楊柳岸曉風殘月。」

綽約：柔弱美好貌，《莊子・逍遙遊》：「藐姑射之山，有神人居焉。肌膚若冰雪。綽約若處子。」白居易《長恨歌》：「樓閣玲瓏五雲起，其中綽約多仙子。」

淡黃：指楊柳在春天出現之色。

新碧：謂春日初萌芽之草木也。

桃花映處：唐朝崔護清明遇女子。來歲清明復往，而門已鎖，遂題門上云：去年今日此門中，人面桃花相映紅。人面不知何處去，桃花依舊笑春風。後與女終成眷屬。

榆莢：榆樹之莢也。又榆莢亦爲漢代錢名，其形小如榆莢，遂名榆莢錢，簡名榆莢。

五陵年少客：五陵：長安附近之長陵、安陵、陽陵、茂陵、平陵。杜甫〈秋興八首之三〉：「同學少年多不賤，五陵衣馬自輕肥。」

（四）望斷隋堤春可憐　相扶弱質共風煙　柔荑宛轉思攜手
香霧空濛若孕綿　願借青帷籠素月　好牽翠縷納華年

玉門殘照龍沙雪　回首芙蓉太液邊

韻律：仄起。

仄仄平平平仄平　平平仄仄仄平平　平平仄仄平仄仄　平仄平平仄仄平

仄仄平平平仄仄　仄平仄仄仄平平　仄平平仄平平仄　平仄平平仄仄平

「芙蓉」係雙聲。

「宛轉」「空濛」係疊韻。

韻腳：憐、煙、綿、年、邊（一先）。

注釋：

隋堤：隋煬帝開運河，沿堤植柳，世稱隋堤。王漁洋秋柳詩：空憐板渚隋堤水，不見瑯琊大道王。

風煙：風與煙也。盧照鄰〈三月三日曲水宴〉：「風煙彭澤里，山水仲長園。」

柔荑：始生之茅既柔且白，以喻女子之手也。《詩經‧衛風‧碩人》：「手如柔荑，膚如凝脂。」

宛轉：美好委宛隨順也。張若虛〈春江花月夜〉：「江流宛轉繞芳甸，月照花林皆似霰。」

空濛：雨小且薄暗之狀。謝照〈眺觀朝雨〉：「空濛如輕霧，散漫似輕埃。」

孕綿：柳絮成熟，但尚未綻開之狀。

青帷：青色之幃。梁簡文帝〈陽樹樓簷柳〉：「潭池青帷閉，玲瓏朱戶開。」

翠縷：翠色之絲狀物也。杜甫〈太平寺泉眼〉：「山頭到山下，鑿井不盡土，取供十方僧，香美勝牛奶，北風起寒文，弱藻舒翠縷。明涵客衣淨，細蕩林影趣。」

綰：烏板切，ㄨㄢˇ，音揎，十五潸。或烏患切，ㄨㄢˋ，音腕，十六諫。繫也。

玉門：關名，亦市名。在甘肅省河西走廊西部。漢置玉門縣。是石油產地。惟玉門關故址在今玉門市及敦煌市西。

龍沙：詩家泛用爲塞外之通稱。李白塞下曲：將軍分虎竹，戰士臥龍沙。

芙蓉：（一）荷花。（二）錦葵科灌木，係木芙蓉。（三）喻美人。（四）湖名。（五）園名。（六）樓名。（七）鳥名。（八）洞名。古詩十九首、涉江采芙蓉，蘭澤多芳草。采之欲遺誰，所思在遠道。

太液：池名。漢之太液池，在長安縣西北，周廻十里。唐之太液池，在大明宮含涼殿後。清之太液池，在北京西苑內。池中有瀛臺，包括北海，中海及南海。周凡數里。

六十一年自請退休而作

錦帆何事到天涯　浪擲年芳玩物華　故國鶯花常入夢　舊時王謝已無家

篇章絕海娛衰暮　音訊中州逐豕蛇　淪落自甘求早去　一官今不繫匏瓜

韻律：平起。

仄平平仄仄平平　仄仄平平平仄仄　仄仄平平平仄仄　仄仄平仄仄平平

「故國」、「豕蛇」、「淪落」皆雙聲。

韻腳：涯、華、家、蛇、瓜（六麻）。

注釋：

錦帆：錦製之帆。李商隱〈隋宮〉：「玉璽不緣歸日角，錦帆應是到天涯。」

物華：萬物之精華也。美麗之景色也。王勃〈滕王閣序〉：「物華天寶，龍光射牛斗之墟。」王維〈奉和聖製從蓬萊向興慶閣道中留春雨中春望作應制〉：「為乘陽氣行時令，不是宸遊玩物華。」

鶯花：鶯與花，皆春日景物，可供玩賞者也。郎士元〈送張南史〉：「車馬雖嫌僻，鶯花不厭貧。」

王謝：東晉王導謝安兩大望族居住在南京烏衣巷，至唐朝已沒落。今也更加流落他方。唐劉禹錫〈烏衣巷〉：「朱雀樓邊野草花，烏衣巷口夕陽斜。舊時王謝堂前燕，飛入尋常百姓家。」

絕海：渡海也。遠海也。

逐豕蛇：作者自謙。詩中之意，係豕蛇與魏徵述懷：中原初逐鹿，投筆事戎軒之鹿對比。

淪落：衰微沒落也。流落在外也。白居易〈琵琶行〉：「同是天涯淪落人，相逢何必曾相識。」

匏瓜：葫蘆科植物之果實，果皮可盛物。又爲星座名，在河鼓東。宋史卷五十志第三天文三：匏瓜五星在離珠北，天子果園也。《論語・陽貨》：「吾豈匏瓜也哉，焉能繫而不食。」王粲〈登樓賦〉：「懼匏瓜之徒懸兮，畏井渫之莫食。」

風懷落寞，綺念難消，因作綺思六章，迨亦玉谿生無題之意耳。

（一）綺念風懷未可消　燭紅人影兩搖搖　玉桃豈應防方朔

金屋何曾貯阿嬌　欲寄閒情傳彩筆　怕添宿怨卷冰綃
夢中聽慣溫存語　不道今宵夢也遙

韻律：仄起。

仄仄平平仄仄平　仄平平仄仄平平　仄平仄仄平平平仄

平仄平平仄平平　仄仄平平平仄仄

「溫存」係疊韻。

韻腳：消、搖、嬌、綃、遙（二蕭）。

注釋：

風懷：風雅之心也。《晉書・祖逖傳贊》：「祖生烈烈，風懷奇節。扣楫中流，誓清凶孽。」

落寞：落，冷落也。寞，薄也。落寞，冷落寂寞也。

綺念：綺麗華美之思想。

燭紅人影：宋太祖趙匡胤與太宗趙光義在太祖臨崩前故事，爲千古不決之疑案。

桃豈應防方朔：指漢武帝與東方朔，並就李商隱之茂陵詩中玉桃偷得憐方朔一句而言。

金屋何曾貯阿嬌：李商隱〈茂陵〉：「玉桃偷得憐方朔，金屋修成貯阿嬌。」此處指漢武帝故事，以言未貯也。

冰綃：綾綃。綃，相邀切，ㄒㄧㄠ，音消，二蕭。生絲也。冰綃爲白絹之薄者，李商隱〈利州江潭作〉：「河伯軒窗通貝闕，水宮帷箔卷冰綃。」

（二）癡兒疑假又疑真　柳媚桃夭更惱人　已遣王嬙歸北塞
未妨宋玉負東鄰　連朝夢斷瀟瀟雨　永夜心縈淺淺顰
自是相思了無益　任他榮落付殘春

韻律：平起。

平平平仄仄平平　仄仄平平仄仄平　仄仄平平平仄仄
仄平仄仄仄平平　平平仄仄平平仄　仄仄平平仄仄平
仄仄平平仄平仄　仄平平仄仄平平

「桃夭」、「王嬙」係疊韻。「殘春」係雙聲。

韻腳：真、人、鄰、顰、春（十一真）。

注釋：

桃夭：《詩經．周南．桃夭》：「桃之夭夭，灼灼其華，之子于歸，宜其室家。桃之夭夭，有蕡其實，之子于歸，宜其室家。桃之夭夭，其葉蓁蓁，之子于歸，宜其家人。」

王嫱：王昭君也。

宋玉：屈原弟子。爲楚頃襄王大夫。作〈九辯〉、〈神女賦〉、〈高唐賦〉、〈登徒子好色賦〉、〈對楚王問〉等。

負東鄰：宋玉〈登徒子好色賦〉：「天下之佳人，莫若楚國。楚國之麗者，莫若臣里、臣里之美者，莫若臣東家之子。臣東家之子，增之一分則太長、減之一分則太短，著粉則太白，施朱則太赤。眉如翠羽，肌如白雪。腰如束素，齒如含貝。嫣然一笑。惑陽城，迷下蔡。然此女登牆闚臣三年，至今未許也。」

瀟瀟雨：暴雨也。另說細雨也。《詩經・鄭風・風雨》：「風雨瀟瀟，雞鳴膠膠。既見君子，云胡不瘳。是言夫君已回。惟夢斷瀟瀟雨，則是未回矣。」

顰：毗賓切，ㄆㄧㄣ，音貧，十一真，皺眉也，不樂之貌。

相思了無益：李商隱〈無題〉：「風波不信菱枝弱，月露誰教桂葉香。直道相思了無益，未妨惆悵是輕狂。」

榮落：謂盛衰也。宋之問〈太平公主山池賦〉：「春秋寒暑兮歲榮落，林巒沼沚兮日方鮮。」

（三）莫問人間第幾流　燕脂今可敵驊騮　漆燈照夜真成市

海蜃噓雲便作樓　蓮步輕移歌緩緩　蘭夷偶觸說休休

當年悔教雲英嫁　不嫁蕭郎嫁故侯

韻律：仄起。

仄仄平平仄仄平　平仄平仄仄平平　仄平仄仄平平仄

仄平平平仄仄平　平仄平平平仄仄　平平仄仄仄平平

平平仄平平平仄　仄仄平平仄仄平

韻腳：流、騮、樓、休、侯（十一尤）。

注釋：

漆燈：塗漆之燈。李商隱〈十字水期韋潘侍御同年不至時韋寓居水次故郭邠寧宅〉：「伊水濺濺相背流，朱欄畫閣幾人遊？漆燈夜照真無數，蠟炬晨炊竟未休。顧我有懷同大夢，期君不至更沈憂。西園碧樹今誰主？與近高窗臥聽秋。」

海蜃：蜃，時忍切，ㄕㄣˇ，音哂，十一軫。或時刃切，ㄕㄣˋ，音慎，十二震，大蛤也。海蜃，海市蜃樓之簡稱。海市蜃樓，係因光線折射而生之現象。

蘭夷：荷蘭人。

故侯：謂漢朝初年召平，秦朝東陵侯也。至漢興，爲布衣，在長安城東種瓜。王維〈老將行〉：「自從棄置便衰朽，世事蹉跎成白首。昔時飛箭無全目，今日垂楊生左肘。路旁時賣故侯瓜，門前學種先生柳。」

（四）惻惻心頭風雨橫　衾寒夢短夜頻驚　每從鏡裏窺諸幻
又向花前懺舊情　綠蟻淺斟襟有淚　朱弦暗叩瑟無聲
迢迢碧海蓬山路　可有黃冠號玉京

韻律：仄起。

仄仄平平平仄平　平平仄仄仄平平　仄平仄仄平平仄
仄仄平平仄仄平　仄仄仄平平仄仄　平平仄仄仄平平
平平仄仄平平仄　仄仄平平仄仄平
韻腳：橫、驚、情、聲、京（八庚）。

注釋：

綠蟻：酒名。白居易〈問劉十九〉：「綠蟻新醅酒，紅泥小火爐，晚來天欲雪，能飲一杯無。」

朱弦：即朱絃。《史記‧禮書》：「朱絃洞越。」《集解》：「朱絃，練朱絲絃也。」

陸雲〈為顧彥先贈婦詩之二〉：「鳴簧發丹脣，朱絃繞素腕。」

黃冠：草編之冠，農夫之服也。杜甫〈遣興〉：「上疏乞骸骨，黃冠歸故鄉。」又道士之冠。引申稱道士為黃冠。

玉京：道書謂天上有黃金闕及白玉京，乃天帝所居。王維〈瑤臺月賦〉：「若見仙闕，如游玉京。」李白〈鳳吹笙曲〉：「如聞氣餐金液，復道朝天赴玉京。」

（五）踏遍瑤階第幾重　春鶗聽罷又秋鴻　天涯迢遞勞相憶
雲路招邀惜未通　錦瑟弦驚蟾魄冷　青衫淚映蠟燈紅
劉郎信可登仙籍　恐是空言又絕踪

韻律：仄起。

仄仄平平仄仄平　平平平仄仄平平　平平平仄仄仄平

「迢遞」、「劉郎」係雙聲，「招邀」係疊韻。

韻腳：重、鴻、通、紅、踪（一東）。

（六）離鸞別燕不相將　夜聽清砧漏更長　啼血鳥應悲蜀帝
抱枝蟬是怨齊王　從知悱惻真徒爾　轉覺愴涼未可忘
欲把蘭因問香炷　何嘗惆悵是輕狂

韻律：平起。

平平仄仄仄平平　仄仄平平仄仄平　平仄仄平平仄仄　仄平平仄仄平平

「惆悵」爲雙聲。

「相將」、「愴涼」係疊韻。

韻腳：將、長、王、忘、狂（七陽）。

注釋：

相將：相共。相處。相隨。行將。蘇軾〈藤州江上夜起對月〉：「相將乘一葉，夜下蒼梧灘。」

抱枝蟬：《古今注問答釋義》：「牛亨曰：蟬名齊女者何？答曰：齊王后忿而死，尸變爲蟬。登庭樹嘒唳而鳴。王悔恨。故世名蟬曰齊女也。」

悱惻：悱，敷尾切，ㄈㄟˇ，音斐，五語。惻、察色切，ㄘㄜˋ，音測，十三職。內心悲苦也。

徒爾：徒然也。空如此也。

愴涼：愴通滄。寒也。《列子・湯問》：「日初出，愴愴涼涼。及其日中，如探湯。」

蘭因：概括因緣遇合之經過。《左傳》載鄭文公妾燕姞夢天使與之蘭，而得御。

香炷：炷，之庾切，ㄓㄨˇ，音主，七麌。之戍切，ㄓㄨˋ，音注，七遇。燈心也，燈也，一支香也。

惆悵是輕狂：李商隱〈無題〉：「直到相思了無益，未妨惆悵是輕狂。」輕狂，猶今言白癡。河山歷覽，幾遍神州，中原板蕩，吟稿無存。每念前遊，依稀可記，爰爲臥遊十四章，以留鴻爪耳！

其一　憶揚州

鶯花三月憶揚州　往事縈迴作臥遊　曲水映花花映水　小樓依柳柳依樓
珠簾半捲雙鬟俏　玉管長調一曲柔　念四橋邊西子瘦　似曾待我泛歸舟

韻律：平起。

平平平仄仄平平　仄仄平平仄仄平　仄仄仄平平仄仄　仄平平仄仄平平
平平仄仄平平仄　仄仄平平仄仄平　仄仄平平平仄仄　仄平仄仄仄平平

韻腳：州、遊、樓、柔、舟（十一尤）。

注釋：

鶯花：春日景物。鶯能歌，花供賞，故詩人吟咏之。

念四橋：說法有二：一爲橋名二十四橋，即紅藥橋或吳家磚橋，一爲二十四座橋。依杜牧詩，應以前說爲妥。杜牧〈寄揚州韓綽判官〉：「青山隱隱水迢迢，秋盡江南草未凋。二十四橋明月夜，玉人何處教吹簫。」

其二　憶邗江

畫舸輕搖錦纜移　綠楊空賸萬條垂　二分明月非今夕　十里珠簾異昔時
回首故山迷處所　傷心客路太支離　劇憐掠燕桃花水　不為遊人照鬢絲

韻律：平起。

仄平平平仄仄平　仄平平仄仄平平　仄平平仄平平仄　仄仄平平仄仄平
平仄仄平平仄仄　平平仄仄仄平平　仄平仄平平平仄　仄平平平仄仄平

韻腳：移、垂、時、離、絲（四支）。

注釋：

邗江：江蘇省從揚州至淮安之運河。

支離：分散也。再：抹疏也。又：繁多也。

其三 憶鎭江

魚鑰江城扼運河　黃天盪口碧巒阿　雨晴山有金焦秀　星火光連瓜步波
招隱南郊留古剎　縱眸北固認殘荷　臨風雪涕江南路　一輩風流賸幾多

韻律：仄起。

平仄平平仄仄平　平平仄仄仄平平　仄平平仄平平仄　平仄平平平仄平
平仄平平平仄仄　平仄仄仄仄平平　平平仄仄平平仄　仄仄平平仄仄平

韻腳：河、阿、波、荷、多（五歌）。

注釋：

魚鑰：魚形之鑰。芝田錄：門鑰必以魚者，取其不瞑目守夜之義。李商隱〈南潭上亭讌集以疾後至因而抒情〉：「歌發百花外，樂調深竹間。鷁舟縈遠岸，魚鑰啓重關。」

黃天盪：即黃天蕩。南宋建炎四年，韓世忠梁紅玉拒金兀朮於此。

金焦：金山、焦山，合稱金焦。金山本在長江中，今土砂堆積，已連兩岸。焦山在江中、山巔為焦仙嶺。

瓜步：瓜步山南臨長江。南北朝時代，北魏主曾登此山。

招隱：招隱山在鎮江南郊。山有寺，名招隱寺。

北固：北固山今設公園。與金焦二山合稱京口三山。唐朝詩人王灣次北固山下：客路青山外，行舟綠水前。潮平兩岸闊，風正一帆懸。海日生殘夜，江春入舊年。鄉書何處達，歸雁洛陽邊。

雪涕：拭淚也。雪者，拭也。《呂氏春秋卷・第八恃君覽第八・觀表》：「吳起治西河之外。王錯譖之於魏武侯。武侯使人召之。吳起至於岸門，止車而休，望西河，泣數行而下。其僕謂之曰：竊觀公之志，視舍天下若舍屣，今去西河而泣，何也？吳起雪泣（一作雪涕）而應之曰：子弗識也。君誠知我，而使我畢能。秦必可亡，而西河可以王。今君聽讒人之議，而不知我。西河之爲秦取也不久矣。魏國從此削矣。吳起畢去魏入荊，而西河畢入秦。魏日以削，秦日益大。此吳起之所以先見而泣也。」

江南路：宋朝置。治昇州，今南京。江蘇省長江以南，鎮江以西，安徽省長江以南，及江西省全境，皆其地。

其四　憶金陵

寂寂鍾山王氣終　大江排浪送艨艟　白門狎客遺簪會　朱雀閒郎按曲工
蕭寺楓殘秋色裏　蔣山樹老暮雲中　孝陵破瓦埋荒草　銅狄何曾戀故宮

韻律：仄起。

仄仄平平平仄平　仄平平仄仄平平　仄平仄仄平平仄　平仄平平仄仄平
平仄平平平仄仄　仄平仄仄仄平平　仄平仄仄平平仄　平仄平平仄仄平

韻腳：終、艟、工、中、宮（一東）。

注釋：

鍾山：即紫金山。在南京城朝陽門外。山周回六十里，高一百五十餘丈。

艨艟：艨，莫紅切，ㄇㄥˊ，音蒙，一東。外狹而長之船。艟，徒紅切，ㄊㄨㄥˊ，音同，一東，舟也。艨艟、戰船也。

白門：南京之別名。李白〈金陵送張十一〉：「春光白門柳，霞色赤城天。」

狎客：狎，轄甲切，ㄒㄧㄚˊ，音狹，十七洽。（一）通家也。（二）親暱而不拘禮節之人。（三）妓院之嫖客。

遺簪會：

朱雀：朱雀門及朱雀橋，皆在南京。南京正南爲朱雀門。門外大橋，即朱雀橋，橫跨秦淮河上。劉禹錫〈烏衣巷〉：「朱雀橋邊野草花，烏衣巷口夕陽斜。」

蕭寺：杜陽雜編：梁武帝好佛，造浮屠。命蕭子雲飛白大書曰蕭寺。李賀〈馬詩二十三首之十九〉：「蕭寺馱經馬，元從竺國來。」

蔣山：即紫金山。

孝陵：明太祖陵，在南京市東北，鍾山之陽。

銅狄：銅鑄之人。《後漢書・方術傳》：「薊子訓於長安東興一老翁共摩抄銅人。相謂曰：適見鑄此，而已近五百歲矣。秦始皇銷天下兵，鑄銅人十二，立宮門前。惟在秦前，后稷廟右陛前，已有金人三緘其口。漢宮亦屢鑄銅人。」

其五　憶姑蘇

虎跡名山劫火侵　兵中景色總蕭森　半簾月影千家笛　十里歌聲五夜砧
泉石合傾名士酒　樓臺遙度美人琴　少年我亦吹簫客　不夜吴門記尚深

韻律：仄起。

仄仄平平仄仄平　平平仄仄仄平平　仄平仄仄平平仄　仄仄平平仄仄平

平仄仄平平仄仄　平平平仄仄平平　仄平仄仄平平仄　仄仄平平仄仄平

韻腳：侵、森、砧、琴、深（十二侵）。

注釋：

虎跡：虎之足跡也。此處指蘇州西北閶門外之虎丘而言。相傳吳王闔閭葬三日，而有白虎踞冢上，故曰虎丘。

半簾：半捲之簾也。劉因〈（元朝右贊善大夫）山寺早起〉：「夢覺不知春已去，半簾紅語落無聲。」

五夜：一夜分為五也。即五鼓、五更。杜甫〈和賈至舍人早朝大明宮〉：「五夜漏聲催曉箭，九重春色醉仙桃。」

泉石：用泉石二字，表示山水之勝。劉孝綽〈侍宴集賢堂〉：「反景入池林，餘光映泉石。」

名士：德高不仕之人。

樓臺遙度美人琴：遙聞美人在樓臺上度曲鼓琴。

吳門：蘇州之通稱，即吳昌門。

其六　憶錢塘

溟漲連天接海東　射潮江滸想英雄　驚濤聲勢千駒疾　絕岸愁傾萬弩攻

白鷺一羣沙際舞　青螺幾點霧中濛　伍胥祠下西陵望　越國沉淪濁浪中

韻律：仄起。

仄仄平平仄仄平　仄平平仄仄平平　平平平仄平平仄　仄仄平平仄平平

仄仄仄平平仄仄　平平仄仄仄平仄　仄仄平仄平平仄　仄仄平平仄仄平

韻腳：東、雄、攻、濛、中（一東）。

注釋：

溟漲：溟，莫經切，ㄇㄧㄥˊ，音銘，九青。海也。漲，知亮切，ㄓㄤˋ，音帳，二十三漾。水大貌。溟漲，海也。謝靈運〈游赤石進帆海〉：「揚帆采石華，挂席拾海月。溟漲無端倪，虛舟有超越。」杜甫〈朝獻太清宮賦〉：「通天台之雙闕，警溟漲之十洲。」

射潮：杭州連歲潮頭直打羅刹石。吳越王錢鏐張弓弩，候潮至，逆而射之。潮退，羅刹石竟化爲陸地。蘇軾〈八月十五日看潮之五〉，最後兩句：「安得夫差水犀手，三千強弩射潮低。」

江滸：江邊也。陸機〈辨亡論上〉：「魏氏嘗藉戰勝之威，率百萬之師，浮鄧塞之舟下漢陰之眾，羽楫萬計，龍躍順流，銳騎千旅，虎步原隰，謀臣盈室，武將連衡，喟然有吞江滸之志，一宇宙之氣，而周瑜驅我偏師，黜之赤壁。柳宗元〈送薛有義之任序〉：「追而送之江滸，飲食之。」

青螺：山也。青，言其色；遙望之，狀似螺也。劉禹錫〈望洞庭〉：「遙望洞庭山色翠，白銀盤裏一青螺。」

西陵：湖名。在浙江省蕭山市西，又名白馬湖。又蕭山縣之西興鎮，古名西陵。惟今之地圖皆不復現。

其七　憶西湖

又把杭州作汴州　干戈匝地我曾遊　將傾古塔撐殘照　如帶長隄鎖暮愁

懶放六橋烟水舫　怕登三竺夕陽樓　此來姑負名湖約　淡抹濃粧未入眸

韻律：仄起。

仄仄平平仄仄平　平平仄仄仄平平　平平仄仄平平仄　平仄平平仄仄平

仄仄仄平平仄仄　仄平平仄仄平平　仄平平仄平平仄　仄仄平平仄仄平

韻腳：州、遊、愁、樓、眸（十一尤）。

注釋：

匝地：匝，同帀，子答切，音雜，十五合，偏也，周也。匝地，遍地也。

六橋：（一）杭州市西湖之外湖大橋。蘇軾所建。曰：映波、鎖瀾、望山、壓堤、東浦、跨虹。（二）西湖之裏湖六橋，明楊孟瑛建。曰：環璧、流金，臥龍、隱秀、景行、濬源。

烟水：煙波也。溫庭筠〈利州南渡〉：「誰解乘舟尋范蠡，五湖煙水獨忘機。」孟浩然〈送袁十嶺南尋弟〉：「蒼梧白雲遠，煙水洞庭深。」

舫：甫妄切，ㄈㄤˋ，音訪，二十三漾。（一）船也（二）並兩船也。即方舟。

三竺：杭州天竺山分上、中、下，合稱三天竺，略稱三竺。許月卿（宗淳祐進士）〈西湖詩〉：「斷猿三竺曉，殘柳六橋看。」

姑負：同辜負。

其八　憶九江

琵琶聲斷故亭荒　韻事追思已渺茫　江水永隨楓葉語　野風仍共荻花涼
青杉淚濕懷司馬　翠袖寒單憶杜娘　垂老天涯賸惆悵　記曾載夢宿潯陽

韻律：平起。

仄平平仄仄平平　仄仄平平仄仄平　平仄仄平平仄仄　仄平平仄仄平平
平平仄仄平平仄　仄仄平平仄仄平　平仄平平仄平仄　仄平仄仄仄平平

韻腳：荒、茫、涼、娘、陽（七陽）。

注釋：

楓葉：楓，方馮切，ㄈㄥ，音馮，一東。金縷梅科，落葉喬木。秋天葉呈紅色，春日開花雌雄同株。白居易〈琵琶行〉：「潯陽江頭夜送客，楓葉荻花秋瑟瑟。」

荻花：荻，徒歷切，ㄉㄧˋ，音笛，十二錫。（一）禾本科多年生草，生水邊，有匍匐莖。（二）菊科多年生草，莖細，色白，高尺許，葉互生，有細白毛，花小，白色，頭狀花序。生於水濱砂礫間。

司馬：謂江州司馬白居易也。

杜娘：杜秋娘。在此爲彈琵琶女子之代稱。

其九　憶廬山

曾經湓浦入幽深　也過宮亭眺遠岑　穿越石門思北澗　招邀蓮社憶東林
一彈指頃誰賓主　五老峯高自古今　悵望匡盧勞夢寐　舊時遊興豈銷沉

韻起：平起。

平平平仄仄平平　仄平平平仄仄平　平仄仄平平仄仄　平平平仄仄平平
仄平仄仄平平仄　仄仄平平仄仄平　仄仄平平平仄仄　仄平平仄仄平平

韻腳：深、岑、林、今、沉（十二侵）。

注釋：

湓浦：湓水也。又名湓城浦，湓水源自清湓山，經九江城下之湓口入長江。李商隱〈哭劉蕡〉：「黃陵別後春濤隔，湓浦書來秋雨翻。」

宮亭：鄱陽湖自星子縣嬰子口以南，亦稱宮亭湖（嬰通罌，於莖切，ㄧㄥ，音嬰，八庚。盂也）水經、廬江水注：「廬山下有神廟，號曰宮亭廟。」

石門：廬山有石門。《水經注・廬江水》：「廬山之北，有石門水。水出嶺端。有雙石高竦，其狀如門。因有石門之因焉。水導雙石之中，懸流飛瀑，近三百許步，下散漫十許步，上望之連天，若曳飛練於霄中矣。」

北澗：泛言在北方之澗也。謝靈運〈登臨海嶠初發彊中作與從弟惠連〉：「秋泉鳴北澗，哀猿響南巒，戚戚新別心，悽悽久念攢。」

蓮社：東晉慧遠僧，在盧山北面設立般若雲台精舍，集僧俗一百二十三人結佛教社。當時賢士劉遺民、宋炳、雷次宗，周續之等均參加，於精舍旁築池，植白蓮，稱蓮社。以書招陶淵明。淵明造焉，忽攢眉而去。

東林：東晉慧遠之號。

五老峯：盧山南部盡處之高峯也。狀如五老人並肩而立。李白〈登盧山五老峯〉：「盧山東南五老峯，青天削出金芙蓉。」

匡盧：盧山之別名。《後漢書・郡國志》引慧遠盧山記略稱：「有匡裕先生者，出殷周之際，隱遯潛居其下，受道于仙人，因命名匡盧。」

其十　憶武昌

迢迢隔岸晴川樹　點點風檣逐浪奔　人念禹功江漢大　客隨楚俗鬼神尊

荊蠻地濕粱常熟　水域天低日易昏　最記武昌魚可食　每懷往事總無言

韻律：平起。

平平仄仄平平仄　仄仄平平仄仄平　平仄仄平平仄仄　仄平仄仄仄平平
平平仄仄平平仄　仄仄平平仄仄平　仄仄仄平平仄仄　仄平仄仄仄平平

韻腳：奔、尊、昏、言（十三元）。

注釋：

晴川樹：晴川，謂晴天之江流也。崔顥〈黃鶴樓〉：「晴川歷歷漢陽樹，芳草萋萋鸚鵡洲。」

風檣：檣，其良切，ㄑㄧㄤˊ，音牆，七陽。掛帆柱也。修辭學，可以部分代全體，故以檣代船。風檣，風帆也。張帆乘風而行之船也。

武昌魚：武昌所產之魚。《晉書》：「吳孫皓徙都武昌。童謠云：寧飲建業水，不食武昌魚。

其十一　憶洞庭

曾為遷客一揚舲　浩瀚層波過洞庭　離世能無哀郢賦　遠遊可要問湘靈

竹搖風起千叢碧　雁落潮平兩岸青　檢點舊遊時入夢　君山猶繞蓼花汀

韻律：平起。

平平平仄仄平平　仄仄平平仄仄平　平仄平平平仄仄　仄平仄仄仄平平
仄平平仄平平仄　仄仄平平仄仄平　仄仄仄平平仄仄　平平平仄仄平平

韻腳：舲、庭、靈、青、汀（九青）。

注釋：

遷客：有罪流徙遠方之人。江淹〈恨賦〉：「遷客海上，流戍隴陰。」李白〈與史郎中飲聽黃鶴樓吹笛詩〉：「一為遷客去長沙，西望長安不見家。」白居易春去：「一從澤畔為遷客，兩度江頭送暮春，白髮更添今日鬢，青衫不改老年身。」

揚舲：舲，郎丁切，ㄌㄧㄥ，音鈴，九青。有窗之小船。小舟也。《楚辭・九章・涉江》：「乘舲船余上沅兮，齊吳榜以擊汰。揚舲、猶揚帆，張帆行舟也。」

浩瀚：水廣大貌。又廣大眾多貌。文心雕龍事類：載籍浩瀚。

層波：水波重疊也。

哀郢：與涉江兩篇，乃屈原二度流放之賦。當時秦將白起拔郢，燒楚先王墓陵。楚遷都於陳。屈原離郢，經夏首、洞庭而至夏浦。哀郢都之荒蕪，百姓之流離，楚國之衰敗，自身之被逐，痛苦之餘，乃作此不朽名篇。

遠遊：屈原所作。雖近代有學者多人疑非渠作，然理由牽強。篇中有道家之神仙思想，且提及修煉之功。

湘靈：湘水之神。舜妃，溺於湘水，即湘夫人。或言湘夫人爲舜之二妃、娥皇女英也。

君山：洞庭湖中之山。相傳舜妃湖君遊此，故名。

蓼：朗鳥切，ㄌㄧㄠˇ，音瞭，十七篠。或力竹切，ㄌㄨˋ，音鹿，一屋。意義各異。音朗鳥切者，蓼科植物。或生水中，或生原野。葉味辛香。其花色紅。其果可食。音力竹切者，爲草長大貌。《詩經・小雅・小旻之什・蓼莪》：「蓼蓼者莪，匪莪伊蒿。哀哀父母，生我劬勞。」

蓼花汀：汀，他丁切，ㄊㄧㄥ，音亭，九青。平也。水際平地也。《楚辭・九歌・湘夫人》：「搴汀洲兮杜若，將以遺兮遠者。」蓼花汀者，長滿蓼花之水際平地。

其十二　憶衡山

南遊曾踏祝融峯　北顧名山擬岱嵩　也駐上方看日浴　記翻雲海盪心胸

斜陽可辨烟嵐樹　清夜遙傳嶽麓鐘　禹石已蕪虫篆跡　楚天橫斷雁行踪

韻律：平起。

平平平仄仄平平　仄仄平平仄仄平　仄仄仄平平仄仄　仄平平仄仄平平

平平仄仄平平仄　平仄平平仄仄平　仄仄仄平平仄仄　仄平平仄仄平平

韻腳：峯、嵩、胸、鐘、踪（二冬）（但嵩爲一東）。

注釋：

祝融峯：衡山最高峯，上有青玉壇並望日望月二臺。

岱嵩：泰山爲四嶽之首，故尊之爲岱宗。岱者，胎也。宗者，長也。嵩山爲中山嶽。居四方之中而高。兩嶽並言岱嵩。

烟嵐：嵐，盧含切，ㄌㄢˊ，音藍，十三覃。山風也。山氣也。烟嵐者、山中蒸潤之雲氣也。元稹〈重夸州宅旦暮景色〉：「繞郭煙嵐新雨後，滿山樓閣上燈初。」

嶽麓：嶽麓山在長沙西南。爲衡山北麓，故名。山下有湖南大學，宋嶽麓書院之續也。

其十三　憶渝州

西遷八載客渝州　曾看三巴峽水流　吠日犬驚諸象異　聽猿人感萬山秋

風雲劍閣興亡跡　烽火邛都魏蜀仇　渺矣雞蟲安足道　嘉陵江水自悠悠

韻律：平起。

平平仄仄仄平平　仄仄平平仄仄平　仄仄仄平平仄仄　平平平仄仄平平

平平仄仄平平仄　平仄平平仄仄平　仄平平平平仄仄　平平平仄仄平平

韻腳：州、流、秋、仇、悠（十一尤）。

注釋：

渝州：今重慶。隋唐置渝州。故簡稱渝。李白〈峨眉山月歌〉：「娥眉山月半輪秋，影入平羌江水流。夜發清溪向三峽，思君不見下渝州。」

三巴：東漢獻帝建安六年，益州牧劉璋，置巴郡、巴東、巴西三郡，時稱三巴。

李白長干行：早晚下三巴，預將書報家。相迎不道遠，直至長風沙。

吠日：犬見日而吠。喻少見多怪。蜀南雨多日少，某年，大雪數日，則犬吠，至無雪而後已。此柳宗元〈答韋中立論師道書〉所言也。

聽猿：《水經注・巫峽》：「每至晴初霜旦，林寒澗肅，常有高猿長嘯，屬引淒異。空谷傳響，哀轉久絕。故漁者歌曰：巴東三峽巫峽長，猿鳴三聲淚沾裳。」

杜甫〈秋興八首之二〉：「夔府孤城落日斜，每依北斗望京華。聽猿實下三聲淚，奉使虛隨八月槎。」

劍閣：四川省劍閣縣，劉備以霍峻爲梓橦太守，始置之。諸葛亮鑿石架空，始爲飛閣，以通行旅。杜甫〈哀江頭〉：「清渭東流劍閣深，去住彼此無消息。」李白〈上皇西巡南京歌〉：「劍閣重關蜀北門，上白歸馬若雲屯。」

邛都：縣名。漢武帝所置。後廢。其地在西昌市東南。有湖，名曰邛海。

雞蟲：雞大蟲小。雞啄蟲，人縛雞。事屬細微，得失無關輕重也。杜甫〈縛雞行〉：「小奴縛雞向市賣，雞被縛急相喧爭。家中厭雞食蟲蟻，不知雞賣還遭烹。蟲雞於人何厚薄，吾叱奴人解其縛。雞蟲得失無了時，注目寒江倚山閣。」

嘉陵江：源出陝西省寶雞市大散關東之嘉陵谷。西南流經甘肅省徽縣，復南流入陝西省，經略陽，再南流經廣元市、閬中市、南充市、合川市、重慶市而入長江。

其十四　憶華陰

昂首星辰尺五懸　洮雲隴樹望中牽　天高西北浮雲暗　地接燕秦故壘連
紫塞重封關百二　黃河一瀉水三千　少年遊蹟今勘憶　恍似行經霄漢邊

韻律：仄起。

平仄平平仄仄平　平平仄仄仄平平　平平平仄平平仄　仄仄平平仄仄平

仄仄平平平仄仄　平平仄仄仄平平　仄平平仄平平仄　仄仄平平平仄平

韻腳：懸、牽、連、千、邊（一先）。

注釋：

華陰：縣名。在潼關以西、華山之北。李白〈送楊燕之東魯詩〉：「夫子華陰居，開門對玉蓮。」

洮：指洮水，源出甘肅省臨潭縣之西傾山，臨洮、蘭州而入黃河。或洮州，今名臨洮縣。

紫塞：長城別名紫塞。《古今注》：「秦築長城，土色紫。」鮑照〈蕪城賦〉：「南馳蒼梧漲海，北走紫塞雁門。」

春興八首（退休後作）

（一）似錦繁花滿上林　悠悠嶽樹已成蔭　頓添詞客登臨興

無奈仙郎倦去心　羈久不知人萬里　夢殘惟有蝶重尋

炎州百口嗟同住　梅村句那得鵑啼變好音

韻律：仄起。

仄平平平仄仄平　平平仄仄仄平平　仄平平仄平平仄　平仄平平平仄仄平

仄仄仄仄平平仄仄　仄平平平仄仄平平　平平仄仄平平仄　仄仄平平仄仄平

韻腳：林、陰、心、尋、音（十二侵）。

注釋：

上林：上林苑。長安市西及洛陽市東各有一處。測唐皆有上林令，掌上林苑。唐更有上林署令，掌苑囿中植果樹蔬，以供朝會祭祀，及冬季藏冰之事。

嶽樹：高山之樹木。李商隱〈寄和水部馬郎中題興德驛時昭義已平〉：「仙郎倦去心，鄭驛暫登臨。水色瀟湘濶，沙程朔漠深。鴿舟時往復，鷗鳥恣浮沉。更想逢歸鳥。悠悠嶽樹陰。」

仙郎：唐朝稱尙書省諸曹郎官為仙郎。

羈久：寄旅已久之意。

蝶：指一般夢境。由《莊子・齊物論》所言，莊周夢蝶推衍而來。

炎州：指臺灣地處亞熱帶，且係海中之洲。又，漢武帝時相傳海中有十洲。炎洲者，其一也。見後注。

鵑：杜鳴鳥。《太平寰宇記》：「蜀之後主，名杜宇，號望帝。讓位鼈靈。望帝自逃。後欲復位不得。死。化爲鵑。每逢日間，晝夜悲鳴。蜀、聞之曰：我，望帝魂也。」

（二）搖春柳色動鄉愁　誰遣神仙駐十洲　待放迢迢新水棹
空懷影影故山樓　望中草木非江右　夢裏旌旗次石頭
乙慽聽鶯亭試馬　未能西去怨東遊

韻律：平起。

平平仄仄仄平平　平仄平平仄仄平　仄仄平平平仄仄　平平仄仄仄平平
平平仄仄平平仄　仄仄平平仄仄平　仄仄平平平仄仄　仄平平仄仄平平

韻腳：愁、洲、樓、頭、遊（十一尤）。

迢迢、影影（疊字）

注釋：

搖春：春天折枝東搖西擺。

十洲：東方朔《海內十洲記》：「漢武帝聞西王母說：八方巨海之中，有祖洲、瀛洲、玄洲、炎洲、長洲、元洲、流洲、生洲、鳳麟洲、聚窟洲。」

迢迢：遠貌。《古詩十九首》：「迢迢牽牛星，皎皎河漢女。」李商隱〈寄令狐郎中〉：「嵩雲秦樹久離居，雙鯉迢迢一紙書。休問梁園舊賓客，茂陵秋雨病相如。」

影影：前塵已過，猶留影像，令人懷念也。

望中：目中所見也。

石頭：即南京城。南京在戰國時爲金陵邑。漢末孫權已名石頭城。劉禹錫〈西塞山懷古〉：「王濬樓船下益洲，金陵王氣黯然收。千尋鐵鎖沉江底，一片降旛出石頭。」

（三）暄妍誰說地天寬　倦鳥栖遑失所安　宦味渾如殘夢短
老懷端為落花酸　淒迷草色池塘遠　靉逮雲陰館舍寒
霧墜雲沉都入海　堪憐絕域退流官

韻律：平起。

平平平仄仄平平　仄仄平平仄仄平　仄仄平平平仄仄　仄平平仄仄平平
平平仄仄平平仄　仄仄平平仄仄平　仄仄平平平仄仄　平平平仄仄平平

韻腳：寬、安、酸、寒、官（十四寒）。

淒迷：靉逮（疊韻）。

注釋：

暄妍：暄，許元切，ㄒㄩㄢ，音萱，十三元，溫也。暄妍者，謂春景溫和且妍美也。林逋山園小梅：眾芳搖落獨暄妍，占盡風情向小園。

栖遑：栖，先齊切，ㄒㄧ，音希，八齊。鳥宿巢也。雞所宿也。止息也。遑，胡光切，ㄏㄨㄤ，音皇，七陽。急也，暇也，通皇。匆迫奔走，不能安居也。

渾如：直如也。

端爲：正是，本是。

淒迷：景物悽涼，心情惆悵。

靉逮：同靉靆，雲厚色暗貌。

絕域：極偏遠之地。王維〈送劉司直赴安西〉：「絕域陽關路，胡沙與塞塵。」

（四）盪漾心頭未是春　招邀每每負良辰　蠻山瘴海身何竄

慘綠愁紅酒未醇　燕傍雕梁尋故壘　書沉錦字怨兵塵

試看犀帶探花客　曾是流亡短褐人

韻律：仄起。

仄仄平平仄仄平　平平仄仄仄平平　平平仄仄平平仄　仄仄平平仄仄平

平仄平平平仄仄　平平仄仄仄平平　仄平平仄平平仄　平仄平平仄仄平

韻腳：春、辰、醇、塵、人（十一真）。

灩漾、招邀（疊韻）。

注釋：

灩漾：同蕩漾。水波流動貌。引申爲風動，甚至人神魂動盪。歐陽修豐樂亭春遊：綠樹交加山鳥啼，晴風灩漾落花飛。

招邀：邀請也。李白〈寄上吳王〉：「洒掃黃金台，招邀青雲客。」

慘綠愁紅：春天已盡。慘綠、深綠色也。

錦字：織綿迴文詩也。引申爲婦贈夫之書信。前秦竇滔之妻蘇氏，贈滔詩二百餘首，織成錦字，縱橫反覆，名璇璣圖。進而凡優美之詩句，皆可稱之爲錦字。盧照鄰〈樂府雜詩序〉：「霜臺有暇，文律動於京師。繡服無私，錦字飛於天下。」

犀帶：嵌以犀角之腰帶，職官所用也。

短褐人：短褐，貧者之服。短褐人、貧窮之人。

（五）神山今果證蓬萊　陣陣仙班去不回　花氣連雲收暮雨
濤聲拍海送輕雷　幾番籌策謀何補　卅載優游事可哀
辜負麻姑滄海約　自憐枉費不凡才

韻律：平起。

平平平仄仄平平　仄仄平平仄仄平　平仄平平平仄仄　平平仄仄仄平平
仄平平仄平平仄　仄仄平平仄仄平　平仄平平平仄仄　仄平仄仄仄平平

韻腳：萊、回、雷、哀、才（十灰）。

陣陣（疊字）優游（疊韻）。

注釋：

仙班：朝廷。

輕雷：微弱之雷聲。李商隱〈無題〉：「颯颯東風細雨來，芙蓉塘外有輕雷。」

籌策：籌謀策畫。

優游：無拘無束，毫無罣慮。

滄海約：山河變遷。桑田成滄海，滄海變桑田。

（五）已避名場又酒場　駐顏何術檢神方　危欄欲倚登偏怯

短綆臨深汲恨長　經世寸心聊自許　入山何計可相商

暮年若使花經眼　暗撫流光事事傷

韻律：仄起。

仄仄平平仄仄平　仄平平仄仄平平　平平仄仄平平仄　仄仄平平仄仄平

平仄仄平平仄仄　仄平平仄仄平平　仄平仄仄平平仄　仄仄平平仄仄平

韻腳：場、方、長、商、傷（七陽）。

事事（疊字）。

注釋：

檢：尋也。查也。

神方：神奇之藥方也。李商隱〈藥轉〉：「鬱金堂北畫樓東，換骨神方上藥通。」

危欄：高欄也。

短綆臨深：自謙才短而任重。綆，古杏切，ㄍㄥˇ，音耿，二十三梗。汲井索也。《莊子・至樂》：「孔子曰：善哉汝問！昔者管子有言，丘甚善之。曰：褚（布袋也）小者不可以懷大，綆短者不可以汲深。」《荀子・榮辱》：「故曰：

綆短不可以汲深井之泉，知不幾（見微也）者不可與及聖人之言。」《淮南子・說林訓》：「綆短不可以汲深，器小不可以盛大，非其任也。」

經世：治世也。《莊子・齊物論》：「春秋經世、先王之治聖人議而不辯。」李蕭遠〈運命論〉：「大道足以濟天下、而不得貴於人；言足以經萬世，而不見信於時；行足以應神明，而不能彌綸於俗。應聘七十國而不一獲其主，驅驟於蠻夏之域，屈辱於公卿之門，其不遇也如此。」

花經眼：看見美麗盛開之花。比喻見花而感傷自己已老。

撫：芳武切，ㄈㄨˇ，音斧，七麌。接觸也。如撫今追昔。反省也。又撫躬自問、亦反省之意。

（七）漫從花譜認棠梨　綻白藏紅艷欲迷　三月鶯花隨逝水

一行桃李總成蹊　當風墮粉終罹劫　飄雨殘英歎化泥

記取龜堂人漸老　愴懷最是夕陽西

韻律：平起。

仄平平仄仄平平　仄仄平平仄仄平　平仄平平平仄仄　仄平平仄仄平平

平平仄仄平仄仄　平仄平平仄仄平　仄仄平平平仄仄　平平仄仄仄平平

韻腳：梨、迷、蹊、泥、西（八齊）。

注釋：

花譜：記載四季鮮花之書。例如草花名彙集、羣芳譜。

棠梨：薔薇科落葉亞喬木。葉爲羽狀。或團狀或三叉。葉邊有鋸齒。花色白而藏紅。結實較一般梨小，爾雅所謂杜、甘棠也。

鶯花：鶯與花，皆春日景物也。郎士元〈送張南史〉：「車馬雖嫌僻，鶯花不厭貧。」

桃李：（一）果品也。《詩經・召南・何彼襛矣》：「何彼襛矣，華如桃李。平王之孫，齊侯之子。」（二）喻門生弟子也。

蹊：胡雞切，ㄒㄧ，音奚，八齊。步行道。狹路也。小徑也。路徑也。門徑也。

龜堂：宋朝詩人陸游之室名。陸游又自號龜堂病叟。陸游〈夢中作遊仙絕句〉：「鼻觀舌根俱得道，悠悠誰識老龜堂。」

（八）陽明山色入春研　袖手看雲思邈綿　九死形骸矜尚健
百年心事苦難全　但舒醉眼看楊柳　漫展愁心聽杜鵑
枉自不衣登侍從　即今無地著高眠

韻律：平起。

平平平仄仄平平　仄仄平平平仄平　仄仄平平平仄仄　仄平平仄仄平平

仄平仄仄平平仄　仄仄平平平仄平　仄仄平平平仄仄　仄平平仄仄平平

韻腳：研、綿、全、鵑、眠（一先）。

邈綿

注釋：

陽明山：在臺北市郊區，原名草山。以溫泉及櫻花著稱。有公路經過。山上有中山樓及中國文化大學。山腰有台灣神學院。

邈綿：邈：遠也、悶也。綿、彌延切，音棉，一先。遠也。邈綿，同綿邈或緜邈，悠遠也。《文心雕龍・序志》：「夫宇宙緜邈，黎獻紛雜，拔萃出類，知術而已。」

布衣：原爲庶人之服，引申爲庶人之稱。諸葛亮〈出師表〉：「臣本布衣，躬耕南陽。苟全性命於亂世，不求聞達於諸侯。」

侍從：作者自謙之語。原意爲隨侍君王左右之官。

文凱年甫四十而二毛生焉戲贈長句

年少何由早白頭　郎當公子本無愁　浮生惘惘都成夢　閱世紛紛轉抱憂
綠鬢未聞能永駐　金丹到此恐全休　知君忍死還相待　廡下伶俜總不尤

韻律：仄起。

平仄平平仄仄平　平平平仄仄平平　平平仄仄平平仄　仄仄平平仄仄平
仄仄仄平平仄仄　平平仄仄仄平平　平平仄仄平平仄　仄仄平平仄仄平

韻腳：頭、愁、憂、休、尤（十一尤）。

惘惘、紛紛（疊字）。

注釋：

郎當：落魄也。轉音。

浮生：人生在世，飄浮無定，警人世維浮生。李白〈春夜宴桃李園序〉：「浮生若夢，爲懽幾何。」

惘惘：惘，文兩切，ㄨㄤˇ，音往，二十二養。不如意也，悵然失志貌。惘惘通芒芒，廣大也。遠也。不明也。無知也。失意也。

紛紛：雜亂也。多也。
抱憂：心中存有憂愁。
綠鬢：漆黑之鬢毛。鬢、耳際髮也。
金丹：仙人道士所謂不死之藥。詭言黃金與丹砂所煉而成。現代化學發達，知其毒性強。無怪歷朝皇帝服丹而崩者甚眾。
廡：文甫切，ㄨˇ，音五，七虞。舍也。堂下周屋也。大屋也。屋舍也。廊下也。
伶俜：伶，郎丁切，ㄌㄧㄥˊ，音鈴，九青。俜，普丁切，ㄆㄧㄥˊ，音瓶，九青。伶俜，單孑貌。潘岳〈寡婦賦〉：「少伶俜而偏孤兮，痛忉怛以摧心。」
尤：怨也。怪也。怨咎於人也。

紅並樓主以大著見貽報以長句

紅並樓居氣自豪　曾無緘札借山濤　酒邊絲竹邀詞客　胸次篇章重士曹
江左才名原不忝　海禺風教本來高　久窺襟抱凌秋月　故有光芒上彩毫

韻律：仄起。

平仄平平仄仄平　平平仄仄仄平平　仄平平仄平平仄　平仄平平仄仄平

平仄平平平仄仄　仄平平平仄仄平平　仄平平仄平平仄　仄仄平平仄仄平

韻腳：豪、濤、曹、高、毫（四豪）。

光芒（疊韻）。

注釋：

紅並樓主：李猷（民國三年－民國八十五年，一九一四－一九九六）。字嘉有。常州人。虞山國學專校畢業。爲楊雲史傳人。受章太炎、陳石遺、金松岑、張鴻親炙。考入交通銀行服務四十年。退休後任淡江大學中文系教授，國史館纂修，國家考試典試委員。中華學術院詩學研究所副所長。書法家、詩人、篆刻家、古文家。著作有《龍磵詩話》、《紅並樓詩話》、《近代話介》、《紅並樓詩集》、《紅並樓文存》等。

山濤：西晉人。字巨源。介然不羣。好莊老。與稽康、呂安、阮籍友善。武帝命守大鴻臚、繼爲吏部尚書。所甄拔人物，各爲題目，時稱山公啓事。時后黨存權，多有諷諫，帝知而不能改。嘗論用兵，以爲不宜去卅郡武備。帝譽爲天下名言。累官至右僕射、加侍中。卒謚康。濤自奉儉約，所賜俸祿，散之親故。王戎稱渠爲璞玉渾金云。

不忝：忝、他玷切，ㄊㄧㄢˇ，音餂，二十八琰（儉）。或他念切，ㄊㄧㄢˋ，音瑱，二十九豔。辱也。詩經小雅小宛：夙興夜寐，無忝爾所生。李商隱〈籌筆驛〉：「管樂有才真不忝，關張無命欲何如？」

海禺：作者原注：常熟虞山，又名海禺山。

襟抱：襟，雞吟切，ㄐㄧㄣ，音今，十二侵。衣領也，引申為胸懷。襟抱、懷抱也。杜甫〈奉待嚴大夫〉：「欲辭巴徼啼鶯合，遠下荊門去鷁催。身老時危思會面，一生襟抱向誰開。」

贈成惕老

廊廟山林兩盛名　胸羅今古手持衡　天涯涕淚餘篇簡　海內烽塵老弟兄

多士角巾從郭泰　六經祭酒仰孫卿　鳳毛濟美稱時彥　小鳳聲承老鳳聲

韻律：仄起。

平仄平平仄仄平　平平平仄仄平平　平平仄仄平平仄　仄仄平平仄仄平

平仄仄平平仄仄　仄平仄仄仄平平　仄平仄仄平平仄　仄仄平平仄仄平

韻腳：名、衡、兄、卿、聲（八庚）。

注釋：

成惕老：成惕軒（民國元年—民國七十八年，一九一一—一九八九），湖北省陽新縣人。中央政治學校高等科一期畢業、高等文官考試及格歷任國防最高委員會簡任秘書、考試院參事、總統府參事、高等考試典試委員、特種考試典試委員長、考試院考試委員，私立正陽法學院，私立中國文化大學，國立政治大學、國立臺灣師範大學、國立中央大學、國立政治大學中文研究所教授。著有《藏山閣詩》、《楚望樓駢體文》、《楚望樓聯語》、《楚望樓詩》。為人謙沖、誨人不倦。惜以牙疾卒。

廊廟：朝廷也。《楚辭・九歎・憂苦》：「偓促談於廊廟兮，律魁放乎山間。」

山林：隱士所居之處。

持衡：評量人材也。衡為稱物輕重之器。

烽塵：由於烽火（戰爭）而揚起之塵土。

角巾：有角之巾，古代隱士所戴。

郭泰：《後漢書・卷六十八郭符許・列傳第五十八》：「郭泰字林宗。太原界休人也。家世貧賤。早孤。母欲使給事縣廷。林宗曰：大丈夫焉能處斗筲之役乎？遂辭。就成皐屈伯彥學。三年業畢，博通墳籍。善談論。美音制。乃游於洛陽。始見河南尹李膺。膺大奇之。遂相友善。於是名震京師。後歸鄉里，衣冠諸儒送至河上，車數千輛。林宗唯與李膺同舟而濟。衆賓望之，以爲神仙焉。司徒黃瓊辟，太常趙典舉有道。或勸林宗仕進者。對曰：吾夜觀乾象，晝察人事，天之所廢，不可支也。遂並不應。性明知人。好獎訓士類。身長八尺，容貌魁偉。褒衣博帶，周遊郡國。嘗於陳梁閒行遇雨，巾一角墊。時人乃故折巾一角，以爲林宗巾。其見慕皆如此。或問汝南范滂曰：郭林宗何如人。滂曰：隱不違親。貞不絕俗。天子不得臣。諸侯不得友。吾不知其它。後遭母憂，有至孝稱。林宗雖善人倫，而不爲危言覈論，故宦官擅政而不能傷也。及黨事起，知名之士多被其害，唯林宗及汝南袁閎得免焉。遂閉門教授，弟子以千數。建寧元年，太傅陳蕃、大將軍竇武爲閹人所害。林宗哭之於野，慟。既而歎曰：人之去亡，邦國殄瘁。瞻烏爰止，不知于誰之屋。明年春，卒於家。時年四十二。四方之士千餘人皆來會葬。同志者乃共刻石立碑。蔡邕爲其文。既而謂涿郡盧植曰：吾爲碑銘多矣。皆有慚德。惟郭有道無愧色耳。」

六經：詩、書、禮、樂、易、春秋。又稱六藝、六學、六籍。

祭酒：在古代，每逢餐宴，例由年長者斟酒祭祀。後世遂稱年長者爲祭酒。荀子在齊爲三老，亦稱祭酒。漢代有博士祭酒，晉朝有國子祭酒。隋、唐、宋、元、明、清、有國子監祭酒，皆簡稱祭酒。

孫卿：荀子。

鳳毛：或稱鳳毛麟角，表示稀少。

濟美：子孫克承先人之事業也。濟者，成也。引申爲後世能承前世之大業。

時彥：時傑也。

小鳳：唐朝中書省有鳳池，故稱中書之官爲小鳳。宋朝以紫薇舍人爲小鳳。

老鳳：宋朝稱承相爲老鳳、翰林學士爲大鳳。又老鳳、雛鳳、父子之喻。李商隱韓冬郎即席爲詩相送一座盡驚他日余方追吟連宵待坐徘徊之句有老成之風因成二絕寄酬兼呈畏之員外：「十歲裁詩走馬成，冷灰殘燭動離情。桐花萬里丹山路，雛鳳清於老鳳聲。」

壬子除夕

此夕徒深卒歲情　祭詩送臘賸殘更
心非無欲貧能寡　事覺難圖念轉平
盆裏梅蘭春報早　案頭燈燭夜交明
添年偏惜年華減　垂老情懷喜亦驚

韻律：仄起。

仄仄平平仄仄平　仄平仄仄仄平平
平平平仄平平仄　仄仄平平仄仄平
平仄平平平仄仄　仄平平仄仄平平
平平平仄平平仄　平仄平平仄仄平

韻腳：情、更、平、明、驚（八庚）。

注釋：

壬子：民國六十一年，一九七二，

無題仿玉蹊作意

（一）見時惘惘別寥寥　待月徒思翠袖招
作繭總憐蝥自若
傳書轉覺雁何遙　仙家笙樂寧無譜
天際星河亦有橋
霧掩華岡樓閣迥　為誰風露立中宵

韻律：平起。

仄平仄仄仄平平　仄仄平平仄仄平　仄仄仄平平仄仄　平平仄仄仄平平
平平平仄平平仄　平仄平平仄仄平　仄仄平平平仄仄　平平平仄仄平平

韻脚：寥、招、遙、橋、宵（二蕭）。

寥寥（疊字）。

注釋：

悁悁：見本書「文凱年甫四十而二毛生焉戲贈長句」。

中宵：中夜也，夜半夜。杜甫〈吹笛〉：「吹笛秋山風月清，誰家巧作斷腸聲？風飄律呂相和切，月傍關山幾處明？胡騎中宵堪北走，武陵一曲想南征。故園楊柳今搖落，何得愁中卻盡生。」

（二）曲徑雙溪近畫樓　也曾聞撥細箜篌　分無信使逢青鳥
枉遺騷人駐紫騮　月姊定知偕顧兔　星娥終必待牽牛
垂揚疏處鶯呼侶　只悵珠簾不下鈎

韻律：仄起。

仄仄平平仄仄平　仄平平仄仄平平　平平仄仄平平仄　仄仄平平仄仄平

仄仄仄平平仄仄　平平平仄仄平平　平平平仄平平仄　仄仄平平仄仄平

韻腳：樓、篌、騮、牛、鈎（十一尤）。

顧兔（疊韻）。

注釋：

雙溪：台北市郊地名。

箜篌：樂器名。二十五弦或二十三弦。

青鳥：爲西王母取食之鳥，三足。《漢武故事》云：「七月七日忽有青鳥飛集殿前。東方朔曰：此西王母欲來。有頃，王母至。三青鳥夾侍王母旁，後人遂稱使者曰青鳥。」李商隱〈無題〉：「蓬山此去無多路，青鳥殷勤爲探看。」

紫騮：毛色黑栗之駿馬。李白〈采蓮曲〉：「岸上誰家遊冶郎，三三五五立垂楊。紫騮嘶入落花去，見此踟躕空斷腸。」

讀花隨人聖盦摭憶跋後

嗜毒焚身事可傷　遺篇猶是好文章　昌言未可因人廢　筆記端能補史亡
才美故教常摭憶　名垂所惜不流芳　浮生夢斷應知悔　辜負當年粉署郎

韻律：仄起。

平仄平平仄仄平　平平平仄仄平平　平平仄仄平平仄　仄仄平平仄仄平

平仄仄平平仄仄　平平仄仄仄平平　平平仄仄平平仄　平仄平平仄仄平

韻腳：傷、章、亡、郎（七陽）。

注釋：

花隨人聖盦：黃濬，字秋岳之書齋名。黃曾在抗戰前爲汪精衛秘書。曾主編國聞週報之采風錄。抗戰之初，因洩軍事機密於日寇，而受處決。

昌言：善言也。《後漢書・卷四十九王充王符仲長統列傳第三十九》：「尚書令荀彧，聞統名，奇之。舉爲尙書郎。後參丞相曹操軍事。每論說古今及時俗行事，恆發憤歎息。因著論名曰昌言。凡三十四篇，十餘萬言。」

摭憶：摭、之石切，摭，音蔗，十一陌。拾取也。摭憶、拾取追憶之事。

粉署：以胡粉塗壁之辦公廳。漢官儀：省中皆胡粉塗壁、故曰粉署。《白氏六帖》：「諸曹郎曰粉署郎，一曰仙署郎。」

仿人境廬體詠臺北市樓

霓虹燈飾館娃宮　引座纖纖玉筍紅　盈盞香檳光瀲灩　繞樑麥克韻玲瓏
朱唇嬌小欺樊素　便腹雍容類石崇　瀛海六街風月夜　藍橋魂斷曲方終

以新名詞入詩而不傷舊體風俗，良非易事。昔未埋盦在日，曾與作此能力，今已久不爲矣。

韻律：平起。

平平平仄仄平平　仄仄平平仄仄平　平仄平平平仄仄　仄平仄仄仄平平
平平平仄平平仄　平仄平平仄仄平　平仄仄平平仄仄　平平平仄仄平平

韻腳：宮、紅、瓏、崇、終（一東）。

注釋：

人境廬：黃遵憲（道光二十八年—光緒三十一年，一八四八—一九〇五）字公度。廣東嘉應州（今梅州市人）。二十六歲中拔貢生。二十九歲中舉人。歷任駐日本使館參贊、駐美國舊金山總領事。駐英國使館參贊。駐新加坡總領事。湖南長寶鹽法道湖南按察使。主持洋務局辦理五省積存教案。參加上海強學會，創辦時務報。與湖南巡府陳寶箴協力舉辦新政設保衛局、課吏館、時務學堂、南學會。自稱渠詩爲新派詩。著《友人境廬詩草》十一卷，《日本雜事詩》二卷，《日本國志》四十卷。其風格及內容，甚爲創新。除我國外，亦受日本文壇重視。

館娃宮：吳王夫差爲館西施，選擇今蘇州市靈巖山，築宮殿，名館娃寄。娃者，美女也。

玉筍：美人手指。韓偓詠手：腕白膚紅玉筍芽，調琴抽線露尖斜。再：美人之足。本詩似指手指而非足。

香檳：champagne 法國地名，其地產葡萄酒，遂以爲酒名。

瀲灩：波光反映貌。杜牧〈題齊安城樓〉：「嗚軋江樓角一聲，微陽瀲灩落寒汀。」蘇軾〈飲湖上初晴後雨〉：「水光瀲灩晴方好，山色空濛雨亦奇。若把西湖比西子，淡粧濃抹總相宜。」

麥克：即麥克風 microphone，擴音器也。狀如電話筒。

玲瓏：玉聲。引申爲悅耳之音聲。

樊素：白居易兩侍姬：一名樊素，一名小蠻。有櫻桃素口之稱。

便腹：腹肥也。蘇軾〈寶山晝睡〉：七尺頑軀走世塵，十圍便腹貯天真。此中空洞渾無物，何止容君數百人。《後漢書卷八十上‧文苑列傳第七十五上》：「邊韶字孝先。陳留浚儀人也。以文章之名。教授數百人。韶口辯。曾晝日假臥。弟子私嘲之曰：邊孝先，腹便便，懶讀書，但欲眠。韶潛聞之，應時對曰：邊爲姓，孝爲字。腹便便，五經笥。但欲眠，思經事。寐與周公通夢，靜與孔子同意。師而可嘲，出何典記。嘲者大慚。」

雍容：從容不迫貌。氣派大方貌。溫和貌。《史記‧一百七司馬相如列傳第五十七》：「相如之臨邛，從車騎，雍容閒雅甚都。」

石崇：字季倫。西晉元康初，累遷荊州次史。嘗劫遠使商客以致富。在河陽縣置金谷別墅。復拜衛尉。與潘岳諂事賈謐。以奢靡相尚。及賈謐伏誅，崇以黨與免官。時趙王倫專權。崇有妾曰綠珠，美而豔。孫秀使人求之不與。秀怒，乃嗾使倫矯詔殺之。綠珠跳樓亡，一門皆遇害。

瀛海：大海也。王充《論衡》：「九州之外，更有瀛海。」《史記‧七十四孟子荀卿列傳第十四》：「中國名曰赤縣神州。赤縣神州內自有九州。禹之序九州是也。於是有裨海環之。人民禽獸，莫能相通者，如一中區者，乃爲一州。

如此者九，乃有大瀛海環其外，天地之際焉。」（戰國時代騶衍之說。）

六街：唐宋時，京師皆有六街。《資治通鑑・唐紀二十五》：「睿宗景雲元年（七一〇）韋后秘不發表，自總庶政。癸未，……中書舍人韋元徽巡六街。胡三省注：長安城中左右六街，金吾街使主之。左右金吾將軍，掌晝夜巡警之法，以執禦非違。」徼，及弔切，ㄐㄧㄠ，音叫，十八嘯。

風月：清風與明月，代表夜景之美。杜甫〈吹笛〉：「吹笛秋山風月清，誰家巧作斷腸聲。風飄律呂相和切，月傍關山幾處明。」

藍橋魂斷：電影名曲爲藍橋魂斷。中國亦有藍橋。係陝西藍田縣東南之地名。相傳爲唐朝裴航遇雲英處。

未埋盦：周棄子別名未埋盦。

丙寅生日偶賦

久捐遊宴也捐詩　不道騷壇謬見知　文字未聞真有價　河山試問此何時
樽前已盡流人淚　海外徒興逐客悲　今日逢辰聊爾爾　仍將忠恕課諸兒

韻律：平起。

仄平平仄仄平平　仄仄平平仄仄平　平仄仄平平仄仄　平平仄仄仄平平

平平仄仄平平仄　仄仄平平仄仄平　平仄平平平仄仄　平平平仄仄平平

韻腳：詩、知、時、悲、兒（四支）。

爾爾（疊字）遊宴（□聲）

注釋：

丙寅：民國七十五年，一九八六。

捐：棄也。捨也。

騷壇：文藝界也。江藩國朝漢學師承記、王昶：在京師時與朱筠河先生，互主騷壇。

流人：流亡之人。李白〈見京兆韋參軍量移東陽〉：「潮水還歸海，流人卻到吳。」

逐客：原意爲驅逐異國游說之士。後引申爲流亡他地之人。李商隱〈哭劉司戶〉：

「有美扶皇運，無誰薦直言。已爲秦逐客，復作楚冤魂。」

爾爾：如此如此。古詩爲焦仲卿妻作：「媒人下牀去諾諾復爾爾。還郎白府君，下官奉使命，言談大有緣。」

丙寅生辰之作葉以熾兄以溢美之詞見和詩以示愧

海枯桑死此何時　不必悲天但自悲　與我傾心一夕竟
悵君把臂十年進　故交棄子（周棄子生前亦以熾好友）傷誰次　竊效冬郎（余近作艷體詩）恐世知
念舊懷今無可語　賸將駒隙任推移

韻律：平起。

仄平平仄仄平平　仄仄平平仄仄平　仄仄平平仄仄仄　仄平仄仄仄平平
仄平仄仄平平仄　仄仄平平仄仄平　仄仄平平平仄仄　仄平平仄仄平平

韻腳：時、悲、遲、知、移（四支）。

注釋：

葉以熾：字涵青，安徽合肥人。著有《涵青吟詩稿》、《碧窗靈墨》、《靈思集》。

把臂：握臂也，親密之意。

棄子：周棄子。

冬郎：韓偓，小字冬郎。善香奩體。惟其餘之詩，則慨激昂。

駒隙：喻光陰疾速。《莊子・知北遊》：「人生天地之間，若白駒之過郤（一作隙）

忽然而已。」（白駒指太陽）。

推移：轉變。移動。《楚辭・漁父》：「漁父曰：聖人不凝滯於物，而能與世推移。」

棄子謝世兩週年追思而成

彼蒼不許著清才　祇合無聲走夜臺　筆落鬼神終覺駭　吟殘歲月最堪哀

縱多傲岸供嗤謗　未遣情懷染俗埃　悵望青山埋骨地　悠悠兩載想風裁

韻律：平起。

仄平仄仄仄平平　仄仄平平仄仄平　仄仄仄平平仄仄　平平仄仄仄平平

仄平仄仄平平仄　仄仄平平仄仄平　仄仄平平平仄仄　平平仄仄仄平平

韻腳：才、臺、哀、埃、裁（十灰）。

傲岸（雙聲），悠悠（疊字）。

注釋：

棄子：周學藩（民國元年－民國七十五年，一九一一－一九八四），字棄子。別名藥廬、達埋盦。湖北省大治縣人。湖北國學專修科畢業。黃梅、阜寧、清江縣政府科秘、江蘇省第九區專員公署視察、湖北省第四區專員公署秘書、蒙藏委員會秘書、社會部、四川省政府、貴州省政府秘書、主任秘書、革命實踐研究院秘書、總統府參議、第一銀行秘書。著有《周棄子先生集》、《未埋盦短書》。

清才：卓越之才能。

夜臺：墓穴也。杜甫〈哭台州鄭司戶蘇少監〉：「白首中原上，清秋大海隅。夜臺當北斗，泉路窅東吳（窅或作著）。」

傲岸：高傲之性格。李白〈呈崔侍御〉：「崔生何傲岸，縱酒復談玄。」

嗤謗：嗤，充之切，ㄔ，音癡，四支。嘲笑也。謗、補曠切，ㄅㄤˋ，音蚌，二十三漾，誹也。在他人前道其惡也。嗤謗、嘲毀也。嘲嗤也。

遣：去演切，ㄑㄧㄢˇ，音淺，十六銑，縱也。去也。逐也。發也。送也。派也。令也。

情懷：心境也。杜甫北征：老夫情懷惡，嘔泄（或作咽）臥數日（一作數日臥嘔泄）。

俗埃：世俗之塵埃。世俗之煩累。

悠悠：長也。《詩經・秦風・渭陽》：「我送舅氏，悠悠我思。」

風裁：恰到好處。不亢不卑，且能自制而不踰矩之風範。

王靜芝教授行書手卷囑跋

卷舒頓使眼為開　益信丰神有自來　腕底力能通窔奧　行間勢可動風雷
伊誰襲得前人訣　惟子堪稱不世才　今我論書非美刺　定評留與異時裁

韻律：平起。

仄平仄仄仄平平　仄仄平平仄仄平　仄仄仄平平仄仄　平平仄仄仄平平
平平仄仄平平仄　平仄平平仄仄平　平仄平平平仄仄　仄平平仄仄平平

韻腳：開、來、雷、才、裁（十灰）。

注釋：

王靜芝：輔仁大學國文系教授，系主任。著述宏富。

卷舒：屈伸也。何敬祖〈贈張華詩〉：「四時更代謝，懸象迭卷舒，暮春忽復來，和風與節俱。」

丰神：美好之儀表與容貌。

窔奧：窔，一叫切，ㄧㄠˋ，音耀，十八嘯。或伊烏切，ㄧㄠˇ，音咬，十七篠。室之東南隅也。奧，室之西南隅也。窔澳，深處也，隱暗之處也。

風雷：巽卦爲風☐，震卦爲雷☐。益卦☐☐之上卦爲鄙，爲風。下卦爲震，爲雷。喻字體比力甚健也。李白〈贈從孫〉：「落筆生綺繡，操刀振風雷。」

丙寅歲除夕作

丁卯桃符取換陳　幾間陋室也除塵　了知明日摧今日　已見新人體舊人
燭淚似憐遲暮影　椒花猶頌好年春　仍將酒脯辭殘歲　不祭詩篇祭灶神

韻律：仄起。

平仄平平仄仄平　仄平仄仄仄平平　仄平平仄平平仄　仄仄平平仄仄平
仄仄仄平平仄仄　平平平仄仄平平　平平仄仄平平仄　仄仄平平仄仄平

韻腳：陳、塵、人、春、神（十一真）。

注釋：

丁卯：民國七十六年，一九八七。

桃符：春聯之代詞。古人在入臘後至新年前，以二桃木板懸門旁，上書神荼鬱壘二神之名藉以鎮神驅鬼。且認桃木味辛，係西方之木，爲五木之精，是仙木之故。桃符每年一換。蘇軾〈除夜野宿常州城外之二〉：「南來三見歲云徂，直恐終身走道途。老去怕看新曆日，退歸擬學舊桃符。」

燭淚：杜牧〈贈別之二〉：「多情卻似總無情，唯覺樽前笑不成，蠟燭有心還惜別，替人垂淚到天明。」

椒花頌：新年之祝詞也。《晉書・列女傳》：「劉臻妻陳氏，聰辨能屬文。嘗正旦獻椒花頌。詞曰：旋穹周天，三朝肇建。青陽散輝，澄景載煥。標美靈葩，爰採爰獻。聖容映之，永壽於萬。」後世新年祝詞曰椒花頌，本此。

酒脯：酒與肉乾。

丁卯歲首作

萬戶千門換舊符　百官散直醉屠蘇　昇平歲月逾天寶　壯麗河山在海隅
劫歷紅羊成曩昔　世看蒼狗幻須臾　眼前已判榮枯定　何待焚香卜紫姑

韻律：仄起。

平仄平平仄仄平　仄平仄仄仄平平　平平仄仄平平仄　仄仄平平仄仄平
仄仄平平平仄仄　仄平平仄仄平平　仄平仄仄平平仄　平仄平平仄仄平

韻腳：符、蘇、隅、臾、姑（七虞）。

屠蘇（疊韻）。

注釋：

丁卯：民國七十六年，一九八七。

屠蘇：肉桂、山椒、白木、桔梗、防風等所調之酒。又係草名。某葉甚濶。博雅：屠蘇，元日酌之，能除瘟氣。蘇軾〈除夜野宿常州城外之二〉：「烟花已作青春意，霜雪偏尋病客鬚。但把窮愁博長健，不辭最後飲屠蘇。」

天寶：唐玄宗李隆基之年號，其時在安史之亂前，國勢強盛、物阜民殷。天寶原意爲天然之寶物。王勃〈滕王閣序〉：「物華天寶，龍光射牛斗之墟。」

紅羊：劫也。謂丙午丁未之厄也。宋朝柴望作丙丁龜鑑。大意云：丙午丁未爲國家厄會。因摭秦莊襄王至後晉天福十二年，凡値丙午丁未年，計二十一次，皆有事變。世因丙屬火、色赤、未爲羊，故曰紅羊劫。至清朝道光年間，有太平天國之亂，因首領係洪秀全、楊秀清，故稱洪楊之亂，諧音紅羊之亂、或紅羊劫。

曩昔：曩，奴郎切，ㄋㄤˇ，音囊，二十二養。久也。曩昔、曩日。昔日。曩時。

蒼狗：雲形如青色之狗。杜甫〈可歎〉：「天上浮雲似白衣，斯須改變如蒼狗。古往今來共一時，人生萬事無不有。」

須臾：爲時短暫也。俄頃也。一霎之時也。暫時也。李陵〈與蘇軾〉：「良時不再至，離別在須臾。屛營衢路側，執手野踟躕。」

紫姑：蘇軾《紫姑神記》：「何媚知書能文，爲伶人婦，唐垂拱（武則天年號）中，壽陽刺史害其夫，納爲妾。爲其妻妬殺於廁間。天使直其寃，使有所職於人間。蓋世所謂子姑者甚衆，未有如媚之卓然者也。」《顯異錄》：「紫姑，萊陽人。姓何名媚。字麗卿。壽陽李景納爲妾。爲大婦曹氏所嫉，正月十五夜，陰殺之於廁間。上帝憫之，命爲廁神。故世人以其日作其形於廁間迎祝，以占衆事。」

丁卯除夕

一年飛逝等流塵　暮齒心驚換歲頻　仕路早慙忘故步　詞壇差許託吟身

生涯尚欠呼庚癸　紀曆仍欣接戊辰　宦學兩途終底用　來宵將近八旬人

韻律：平起。

仄平平仄仄平平　仄仄平平仄仄平　仄仄仄平平仄仄　平平平仄仄平平

故步（疊韻）。

韻腳：塵、頻、身、辰、人（十一真）。

平平仄仄平平仄　仄仄平平仄仄平　仄仄仄平平仄仄　平平平仄仄平平

注釋：

流塵：飛塵。遊塵。李商隱〈回中牡丹爲雨所敗第二首〉：「萬里重陰非舊圃，一年生意屬流塵。」

庚癸：庚屬狗，癸屬雞。

紀曆：記載時曆也。陶潛〈桃花源詩〉：「雖無紀曆誌，四時自成歲。」再：歲月也。季節也。張憲〈遊黃公洞〉：「紀曆何嘗知晉魏，流光端可繼彭錢。」

戊辰：民國七十七年，一九八八。

底用：底何也。底用、何用也。

戊辰元旦

且喜辰龍報歲來　牓門吉語又新裁　翻波世態藏過頭　嚼蠟榮途染指回

老眼漸添書上霧　衰耄難掩鏡中灰　紅泥爐熟黃封酒　自笑迎春發舊醅

韻律：仄起。

仄仄平平仄仄平　仄平仄仄仄平平　平平仄仄平平仄　仄仄平平仄仄平

仄仄仄平平仄仄　平仄平仄仄平平　平平平仄平平仄　仄仄平平仄仄平

韻腳：來、裁、回、灰、醅（十灰）。

注釋：

辰龍：辰屬龍。

牓：鋪郎切，ㄆㄤˊ，音旁，七陽。再：北朗切，ㄅㄤˇ，音榜，二十二養。招牌也。杜甫〈宣政殿退朝晚出左掖〉：「天門日射黃金牓，春殿晴曛赤羽旗。」再：匾也。門前橫於上方之題字，多漆於木上。白居易「兩朱閣」：「寺門敕牓金字書，尼院佛庭寬有餘。」

翻波：翻騰洶湧之波浪也。

藏頭：隱藏頭部也。

榮途：榮華之路途。

染指：以手指染之。沾取不是應得而妄取也。《史記・卷四十二鄭世家》：「二十二年，鄭繆公卒。子夷立，是爲靈公。靈公元年春，楚獻黿於靈公。子家子公將朝靈公。子公之食指動，謂子家曰。他日指動，必食異物。及入見靈公，進黿羹。子公笑曰：果然。靈公問其笑故，具告靈公。靈公召之，獨弗予羹。子公怒，染其指，嘗之而出。公怒欲殺子公。子公與子家謀先，夏，弒靈公。」

衰耄：耄，《說文》：「年九十曰耄。」《國語・周語下》：「爾老耄矣。」注：「八十曰耄。」《禮記・曲禮上》：「八十、九十曰耄。《釋名・釋長幼》：「七十曰耄，頭白耄耄然也。」《鹽鐵論・孝養》：「七十曰耄。」衰耄，謂體力不支之老者。此處爲作者自謙之語。

紅泥爐：白居易〈問劉十九〉：「綠螘新醅酒，紅泥小火爐，晚來天欲雪，欲飲一杯無？」黃封：酒名。天子所賜之酒也。又謂官酒也。蘇軾〈與歐育等六人飲酒〉：「忽驚春色二分空，且看樽前半丈紅。苦戰知君便白羽，倦游憐我憶黃封。」

發舊醅：發，開也。醅，鋪枚切，ㄆㄟ，音陪，十灰。未濾之酒。發舊醅、開啓老酒。以醅代酒而言。

蔣總統百年冥誕

猶似生前祝嘏來　兩間正氣繞靈臺　百年介壽威儀在　四海承風曙色開

多士懷恩瞻北斗　家君紹緒詠南陔　萬芳盈耳康衢頌　嵩獄呼聲欲動雷

韻律：仄起。

平仄平平仄仄平　平平仄仄仄平平　仄平仄仄平平仄　仄仄平平仄仄平

仄仄仄平平仄仄　平仄平仄仄平平　仄平平仄平平仄　平仄平平仄仄平

韻腳：來、臺、開、陔。

注釋：

祝嘏：祝壽也。嘏，古虎切，ㄍㄨˇ，音古，廿一馬。福也。大也。長也。固也。祭祖時，尸傳先祖祝福之辭爲嘏。

靈臺：心也。周文王之臺。再：古代觀察天文氣象之臺。又《詩經・大雅・文王之什》之篇名。

介壽：助壽也。《詩經・豳風・七月》：「爲此春酒，以介眉壽。」

承風：承受風教也。《孔子家語・好生》：「舜之爲君也，其政好生而惡殺，是以四海承風。」

曙色：天將破曉之色。黎明之天色。祖詠〈望薊門〉：「萬里寒光生積雪，三邊曙色動危旌。」

冢君：大君也。冢，展勇切，ㄓㄨㄥˇ，音腫，二腫。大也。山頂也。長也。嫡也。

紹緒：紹，市沼切，ㄕㄠˇ，音少（多少之少），十七篠。繼也。承也。媒介也。緒、徐呂切，ㄒㄩˇ，音許，六語。絲端也。頭緒也。統系也。次第也。行列也。情緒也。事業也。前也。邵緒、繼承前人之事業也。

南陔：陔，古哀切，ㄍㄞ，音該，十灰。階次也。隴也。重（層）也。樂章也。南陔、笙詩名。《詩經・小雅・南陔》，爲有聲而辭亡之詩。晉朝束皙，字廣微，陽平人。作補亡詩六首。南陔、白華、華黍、由庚、崇丘、由儀。茲錄〈南陔〉如下：南陔，孝子相戒以養也。循彼南陔，言採其蘭。眷戀庭闈，心不遑安。彼居之子，罔或游盤。馨爾夕膳，絜爾晨羞。有獺有獺，在河之涘，凌波赴汨，噬魴捕鯉。嗷嗷林鳥，受哺于子，養隆敬薄，惟禽之似。勗增爾虔，以介丕祉。

康衢：康，苦岡切，ㄎㄤ，音糠，七陽。安也。靜也。和也。廣也。大也。盛也。尊也。

衢，其俱切，音軀，七虞，四通之路。康衢，大路也。康莊大道也。《爾雅・釋宮》：「四達謂之衢。五達謂之康。」

嵩嶽：嵩、高大也。嵩嶽指中岳嵩山。頌祝天子，曰嵩呼，即比天子如嵩嶽之高。

百年介壽尚如生　四海蒸民仰聖明　齊拜位南星見丙　遙瞻斗北象環庚
華封浴德人人頌　嵩嶽歡呼處處聲　更喜冢君紹統緒　瀛寰曙色動旗旌

韻律：平起。

仄平仄仄仄平平　仄仄平平仄仄平　平仄仄平平仄仄　平平仄仄仄平平
平平仄仄平平仄　平仄平平仄仄平　仄仄仄平仄仄仄　平平仄仄仄平平

韻腳：生、明、庚、聲、旌（八庚）。

注釋：

蒸民：眾民。蒸通烝。庶也。黎也。《詩經・大雅・蕩之什・蕩》：「天生烝民，其命匪諶。」〈蕩之什・烝民〉：「天生烝民，有物有則。民之秉彝，好是懿德。」

丙：古炳字。光明也。南方之位。南方之位。南方屬火，故爲光明之意。

環庚：庚爲十干（甲乙丙丁戊己庚辛壬癸）之第七位，五行屬金。方位在西。季節為秋。

華封：華封三祝之詞：壽、富、多男子。《莊子・天地》：「堯觀乎華。華封人曰：嘻，聖人。請祝聖人。使聖人壽。堯曰：辭。使聖人富。堯曰：辭。使聖人多男堯曰：辭。封人曰：壽、富、多男子。人之所欲也。女獨不欲，何邪？堯曰：多男子則多懼。富則多事，壽則多辱。是三者，非所以養德也，故辭。封人曰：始也我以女為聖人邪，今然君子也。天生萬民，必授之職。多男子而授之職，則何懼之有？富而使人分之，則何事之有！夫聖人，鶉居而鷇食，鳥行而无彰。天下有道，則與物皆昌。天下无道，則修德就閒。千歲厭世，去而上僊，乘彼白雲，至於帝鄉。三患莫至，身常无殃則何辱之有。封人去之。堯隨之，曰：請問。封人曰：退已。」

瀛寰：瀛海並寰宇，係地球水陸之總稱。

曙色：黎明之光。祖詠〈望薊門〉：「萬里寒光生積雪，三邊曙色動危旌。」

動：飄揚也。

旅美遊舊金山金門橋

橋號金門氣勢雄　雲衢直與海天通　沉將鐵鎖湯池固　架起銀虹鬼斧工
漢使樓船豈涉險　秦皇鞭石有何功　他邦風物分明在　莫向舟人問楚宮

韻律：仄起。

平仄平平仄仄平　平平仄仄仄平平　平平仄仄平平仄　仄仄平平仄仄平
仄仄平平仄仄平　平平平仄仄平平　平平平仄平平仄　仄仄平平仄仄平

韻腳：腳、通、工、功、宮（一東）。

注釋：

雲衢：雲，喻高也。衢，路也。雲衢，高路也。劉禹錫〈贈東岳張鍊師〉：「金縷機中拋錦字，玉清壇（或作臺）上箸霓衣。雲衢不要吹簫伴，只擬乘鸞獨自飛。」高適〈真定即事奉贈韋使君二十八韻〉：「詔寵金門策，觀榮葉縣鳧，擢才登粉署，飛步躡雲衢。」

鐵鎖：鐵製之索鍊。劉禹錫〈西塞山懷古〉：「王濬樓船下益州，金陵王氣黯然收。千尋鐵鎖沉江底，一片降旛出石頭。」

湯池：謂池中之水沸，人不能近。喻城防甚固。再：溫泉。

銀虹：銀色而彎如虹之橋。

樓船：有樓之大船。漢武帝〈秋風辭〉：「汎樓船兮濟汾河，橫中流兮揚素波。」《漢書・武帝紀第六》：「遣伏波將軍路博德出桂陽，下湟水，樓船將軍楊僕出豫章，下湞水，歸意越侯嚴爲戈船將軍，出零陵，下離水。甲爲下瀨將軍，下蒼梧。皆將罪人，將淮以南樓船十萬人，越馳義侯遣別將巴蜀罪人，發夜郎兵，下牂柯江。咸會番禺。」劉禹錫〈西塞山懷古〉：「王濬樓船下益州，金陵王氣黯然收。」

鞭石：以鞭擊石。庾信〈哀江南賦〉：「連茂苑於海陵，跨橫塘於江浦。東門則鞭石成橋，南極則鑄銅爲柱。」倪璠注引《述異記》：「秦始皇作石橫橋於海上，欲過海觀日出處。有神人驅石。去不速。神人鞭之，皆流血。今石橋其色猶赤。」

楚宮：楚丘之宗廟也。衛文公所築。《詩經・鄘風・定之方中》：「定之方中，作于楚宮。」又仿照楚國建築形式所築之屋宇，亦名楚宮。

遊金山花街

穠華夾道感氤氲　九曲花畦散醉芬　圃裏暖風蒸紫氣　枝頭豔色漾紅雲
春光可惜非三月　花事難逢好十分　斜日照殘千疊錦　夭姿相映客顏醺

韻律：平起。

平平仄仄仄平平　仄仄平平仄仄平　仄仄仄平平仄仄　平平仄仄仄平平
平平仄仄平平仄　平仄平平仄仄平　平仄仄平平仄仄　平平平仄仄平平

韻腳：氲、芬、雲、分、醺（十二文）。

氤氲，疊韻。

注釋：

穠華：盛開之花。穠，女容切，音農，二冬。盛茂貌。盛開貌。

氤氲：氤，於真切，ㄧㄣ，音因，十一真。氲，於云切，音雲，十二文。氤氲：通絪縕，烟熅。氣盛貌，氣祥和也。杜甫〈假山〉：「一簣功盈尺，三峯意出羣。望中疑在野，幽處欲生雲。慈竹春陰覆，香爐曉勢分。惟南將獻壽，佳氣日氤氲。」

九曲：言曲折甚多也。

花畦：畦，玄圭切，ㄒㄧ，音西，八齊。田中之分區。花畦，植花之圃也。

醉芬：沁人欲醉之花香。

紫氣：紫色之氣體。紫色之雲霧。祥瑞之氣。杜甫〈秋興八首之五〉：「蓬萊宮闕對南山，承露金莖霄漢間。西望瑤池降王母，東來紫氣滿函關。」

漾：弋亮切，ㄧㄤˋ，音樣，二十三漾。水光搖動貌。泛也。漂蕩貌。搖也。

夭姿：桃花之色。少好之姿態。愉快之姿色。悅目之姿色。

醺：許云切，ㄒㄩㄣ，音薰，十二文。醉貌。岑參送羽林長孫將軍赴歙州：驛舫宿湖月，州城浸海雲。青門酒樓上，欲別醉醺醺。

客中逢內子七一初度

行囊喜擘彩牋新　客裏題詩祝令辰　良夜宵長恩似舊　清秋氣爽候如春

每從夢裏尋金枕　但覺天涯老玉人　莫羨豪門諸貴婦　稱觴百輩擁雕輪

韻律：平起。

平平仄仄仄平平　仄仄平平仄仄平　平仄平平平仄仄　平平仄仄仄平平

仄平仄仄平平仄　仄仄平平仄仄平　仄仄平平平仄仄　平平仄仄仄平平

韻腳：新、辰、春、人、輪（十一真）。

清秋，雙聲。

注釋：

擘：博厄切，ㄅㄛˋ，音柏，十一陌。剖也。裁開也。擘牋，裁紙也。

金枕：金質之枕頭。

稱觴：觴，式羊切，ㄕㄤ，音傷，七陽。酒杯。稱觴，舉杯也。

雕輪：雕刻加飾之車。溫庭筠〈和友人溪居別業〉：「積潤初銷碧草新，鳳陽晴日帶雕輪。風履弱柳平橋晚，雪點寒梅小苑春。屏上樓臺陳後主，鏡中金翠李夫人。花房透露紅珠落，蛺蝶雙飛護粉塵。」

七九賤辰得句

（一）古稀又過九年餘　介壽應嗟一歲除　來日雖多皆逆旅
故交漸尠合深居　偶凭烏几聽殘漏　小甜繩床當軟輿
一任老榕高覆屋　綠蔭濃處好攤書

韻律：平起。

仄平仄仄仄平平　仄仄平平仄仄平　平仄平平平仄仄　仄平仄仄仄平平

仄平平仄平平仄　仄仄平平仄仄平　仄仄仄平平仄仄　仄平平仄仄平平

韻腳：餘、除、居、輿、書（六書）。

注釋：

古稀：七十歲。杜甫〈曲江之二〉：「酒債尋常行處有，人生七十古來稀。」

逆旅：客舍也。客棧也。李白〈春夜宴從弟桃花園序〉：「夫天地者，萬物之逆旅也。光陰者，百代之過客也。」

尠：同尟又通鮮。息淺切，ㄒㄧㄢˇ，音險，十六銑。少也。

凭几：凭同凴。皮冰切，ㄆㄧㄥˊ，音瓶，十蒸。或剝冰切，ㄅㄧㄥˋ，音病，二十五徑。倚也。依也。靠也。凭几，依靠書几。古代之几，據三禮圖：長五尺、高尺二寸、廣二尺。《說文》：「几，踞几也。象形。」

繩牀：胡牀也。交椅也。辭海胡牀演繁露：今之交牀，本自虜來。始名胡牀。桓伊下馬據胡牀取笛三弄是也。隋高祖意在忌胡，器物涉胡言者，咸令改之，乃改爲交牀。唐穆宗時又名繩牀。

軟輿：軟同輭。軟輿，又作輭車，或輭輪車。係以蒲裹輪之車。白居易〈和春深二十首之十一〉：「何處春深好？春深隱士家。野衣裁薜葉，山飯曬松花。蘭索紉幽珮，蒲輪駐軟車。林間箕踞坐，白眼向人斜。」王建〈宮詞一百首之七十五〉：「御前新賜紫羅襦，步步金堦上軟輿。宮局總來爲喜樂，院中新拜內尙書。」

榕：桑科喬木。有氣根。入土即生茂根。枝多。擴及四方，可達數畝。葉橢圓。花淡紅，花小呈球形。

攤書：翻開書卷也。杜甫〈又示宗武〉：「覓少新知律，攤書解滿牀。試吟青玉案，莫羨紫羅裳。」

（二）已避名場早息肩　逢辰何敢遽張筵　閉眸禪榻消長晝
回首征車憶舊緣　俗尙拜金傷未富　世方侮老怕添年
衰遲不廢陽明路　頗覺華岡別有天

韻律：仄起。

仄仄平平仄仄平　平平平仄仄平平　仄平平仄平平仄　平仄平平仄仄平
仄仄仄平平仄仄　仄平仄仄仄平平　平平仄仄平平仄　平仄平平仄仄平

韻腳：肩、筵、緣、年、天（一先）。

注釋：

息肩：除去肩頭之負擔而獲得休息。即卸下責任之意。《左傳注疏・卷二十九・襄公二年》：「鄭成功疾。子駟請息肩於晉。」

禪榻：禪牀也。蘇軾〈送春〉：「夢裏青春可得追，欲將詩句絆餘暉。酒闌病客惟思睡，蜜熟黃蜂亦懶飛。芍藥櫻桃俱掃地，鬢絲禪榻兩忘機。憑君借取法界觀，一洗人間萬事非。杜牧題禪院：觥船一櫂百分空，十歲（或作千載）青春不負公。今日鬢絲禪榻畔，茶煙輕（或作悠）颺落花風。」

征車：行旅之車。

衰遲：衰年遲暮也。鄭谷〈中年〉：「衰遲自喜添詩學，更把前題改數聯。」陸游〈漁翁〉：「我亦衰遲慚筆力，莫對江山三嘆息。」

陽明路：臺北市陽明山路也。

華岡：臺北市陽明山中國文化大學校園之名稱。

（三）久嬰世網厭塵纓　高臥從今百不營　枰上枯棊甘負手
盃中濁酒最關情　但將貪嬾當調護　無意求名枉送迎

省識人生幾兩屐　萬金仍比一身輕

韻律：平起。

仄平仄仄仄平平　平仄平平仄仄平　平仄平平平仄仄　平平仄仄仄平平

仄平平仄平平仄　平仄平平仄仄平　仄仄平平仄仄仄　仄平平仄仄平平

韻腳：纓、營、情、迎、輕（八庚）。

注釋：

嬰：伊盈切，ㄧㄥ，音盈，八庚。纏也。繞也。陸機〈赴洛中作二首之一〉：「揔轡登長路，嗚咽辭密親。借問子何之，世網嬰我身。」

塵纓：世俗之事。孔稚珪〈北山移文〉：「至於還飆入幕，寫霧出楹，蕙帳空兮夜鶴怨，山人去兮曉猿驚。昔聞投簪逸海岸，今見解蘭縛塵纓。」白居易〈長樂亭留別〉：「灞滻風煙函谷路，曾經幾度別長安。昔時蹙促為遷客，今日從容自去官。優詔幸分四白秩，祖筵慚繼二疏歡。塵纓世網重重縛，廻顧方知出得難。」

枰：蒲兵切，ㄆㄧㄥ，音平，八庚。棋局也。韋弘嗣博奕論：夫一木之枰，孰與方國之封。

枯棊：棊同棋。渠宜切，ㄑㄧˊ，音其，四支。枯棊，木造之棋子。韋弘嗣博奕論：枯棊三百，孰與萬人之將。

關情：關心也。

貪嬾：嬾同懶。貪安逸也。

調護：調養保護身體或家庭。《史記・五十五留侯世家第二十五》：「竊聞太子為人，仁孝恭敬愛士。天下莫不延頸欲為太子死者，故臣等來耳。上曰：煩公。幸卒調護太子。四人為壽已畢，起去。上目送之。」

送迎：送往迎來。

省識：審查探看。

幾兩屐：

（四）晚懷不共暮雲沉　遣興從容抱膝吟　宴飲久捐冠帶累
賡歌還賞爨桐音　敞廬安用糊頳壤　老樹猶堪布綠陰
砌繞幽蘭當月夜　暗香和影上衣襟

韻律：平起。

仄平仄仄仄平平　仄仄平平仄仄平　仄仄仄平平仄仄　平平平仄仄平平

仄平平仄平平仄　仄仄平平仄仄平　仄仄平平平仄仄　仄平平仄仄平平

韻腳：沉、吟、音、陰、襟（十二侵）。

宴飲（雙聲）。

注釋：

晚懷：晚年之懷抱。劉禹錫〈裴祭酒尚書見示春歸城南青松塢別墅寄王左丞高侍郎之什命同作〉：「早宦閱人事，晚懷生道機。時從學省出，獨望郊園歸。」

暮雲：晚雲。杜甫〈薄遊〉：「淅淅（或作漸漸）風生砌，團團日（或作月）隱牆。遙（或作滿）空秋雁滅（或作過），半嶺暮雲長（或作張）。」王維〈觀獵〉：「風勁角弓鳴，將軍獵渭城。草枯鷹眼疾，雪盡馬蹄輕。忽過新豐市，還歸細柳營。迴望射雕處，千里暮雲平。」

遣興：抒發情懷。解悶。排悶。散心。

從容：不慌不忙。鎮靜。不緊迫。安然自在。舒緩。《莊子．秋水之七》：「莊子與惠子遊顧濠梁之上。莊子曰：鯈魚出遊從容。是魚之樂也。」

抱膝：以手抱膝蓋。白居易〈邯鄲冬至夜思家〉：「邯鄲驛裏逢冬至，抱膝燈前影伴身。想得家中夜深坐，還應說著遠行人。」

捐：居專切，ㄐㄩㄢ，音娟，一先。棄也。除去也。

冠帶：職吏也。搢紳也。著冠束帶之人。官吏也。

賡歌：賡，古行切，ㄍㄥ，音庚，八庚。連也。續也。賡歌、以詩歌相贈答也。同賡唱，賡酬。

爨桐：爨，此亂切，ㄘㄨㄢˋ，音竄，十五翰。炊也。爨桐，燒桐木為炊也。《後漢書卷六十下・蔡邕列傳第五十下》：「吳人有燒桐以爨者，邕聞火烈之聲，知其良木，因請而裁為琴，果有美音，而其尾猶焦，故時人名曰焦尾琴焉。」

敞廬：敞，昌兩切，ㄔㄤˇ，音廠，二十二養，寬大也，寬敞也。敞廬，寬敞之屋舍也。

糊赬壤：糊，戶吳切，ㄏㄨˊ，音胡，七虞，黏也。以黏質塗物也。赬壤，赤土也。赬，丑貞切，ㄔㄥ，音城，八庚。淺赤色。《詩經・周南・汝墳》：「魴魚赬尾，王室如燬。」鮑照〈蕪城賦〉：「製磁石以禦衝，糊赬壤以飛文。」

砌：七記切，ㄑㄧˋ，音契，八霽。階也。階下也。階前也。

暗香：幽香也。林逋〈詠梅〉：「疏影橫斜水清淺，暗香浮動月黃昏。」

聞南昌重建滕王閣

飛閣流丹展壯圖　江湖襟帶拱拱都　西山南浦雲依舊　鳧渚澄潭水未枯
仰慕前修留勝蹟　莫教商旅歎荒蕪　豫章風物原殷阜　見說蒸民困待蘇

韻律：仄起。

平仄平平仄仄平　平平仄仄仄平平　平平平仄平平仄　平仄平平仄仄平
仄仄平平平仄仄　仄平平仄仄平平　仄平平仄平平仄　仄仄平平仄仄平

韻腳：圖、都、枯、蘇（七虞）。

注釋：

飛閣：凌空之高閣。曹植〈贈丁儀〉：「凝霜依玉除，清風飄飛閣。」（除，殿階也）。

流丹：丹，赤色。流丹，高閣之倒影，現出赤色，彷彿在水中流動。

江湖襟帶：謂以三江爲衣襟，以五湖爲腰帶。

拱：圍繞也。《論語‧爲政》：「子曰：爲政以德。譬如北辰，居其所，而眾星共（今用拱字）之。」

洪都：漢置豫章郡。唐改爲洪州，設都督，故亦稱洪都。今南昌市，其郡治也。

西山南浦雲：西山在南昌章江門外，西行三十里可達。南浦在南昌西南。王勃〈滕王閣序〉之最後，有詩八句。其第三、四句爲：「畫棟朝飛南浦雲，珠簾暮捲西山雨。」

皐渚：〈滕王閣序〉之詩，第一句爲：「滕王高閣臨江渚。」渚，沙洲也。

澄潭：〈滕王閣序〉之詩，第五句爲：「閒雲潭影日悠悠。」又：〈滕王閣序〉第二段第三句：「潦水盡而寒潭清。」

前修：前代修德之人。屈原〈離騷〉：「謇吾法夫前修兮，非世俗人之所服。」陸機〈文賦〉：「練世情之常尤，識前修之所淑。」

勝蹟：名勝古蹟，又作勝跡、勝迹。孟浩然〈與諸一子登山峴〉：「人事有代謝，往來成古今。江山留勝蹟，我輩後登臨。」

荒蕪：荒、廢也。草掩地也。蕪，不除草。雜亂。荒蕪，雜草叢生蓋覆土地。《孟子・告子下》：「入其疆，土地荒蕪，遺老失賢，掊克在位，則有讓。」

殷阜：殷，盛也。眾也，富也。阜，房缶切，ㄈㄨ，音府，二十五有。厚也。大也。盛也。多也。壯也。殷阜，繁盛也。揚雄《法言・孝至》：「君人者，務在殷民阜財。」

蒸民：同烝民。見本書「蔣總統百年冥誕」之注。

困待蘇：困苦待解救也。蘇：死而更生。因而得息。

次龔嘉英教授青潭閑趣韻

老臥雲松願結巢　前峰蒼翠濕晴茅　草堂今傍青潭水　山道渾疑劍閣郊

載酒未忘紅荔脯　流觴欲佐紫蘭肴　幽居真似神仙境　清磬遙聞隔澗敲

韻律：仄起。

仄仄平平仄仄平　平平平仄仄平平　仄平平仄平平仄　平仄平平仄仄平

仄仄仄平平仄仄　平平仄仄仄平平　平平平仄平平仄　平仄平平仄仄平

韻腳：巢、茅、郊、肴、敲（二肴）。

「蒼翠」雙聲。

注釋：

龔嘉英：江西靖安人。詩人。

雪松：覆雲之松。白居易〈代鶴答〉：「鷹爪攫雞雞肋折，鶻拳蹴雁雁頭垂。何如斂翅水邊立。飛上雲松棲穩枝？」

衡茅：以橫木作門之茅舍，隱士居之。《詩經・陳風・衡門》：「衡門之下可以棲遲，泌之洋洋，可以樂飢。」陶淵明〈辛丑歲七月赴假江陵夜行塗口〉：「閒居三十載。遂與塵事冥。詩書敦宿好，園林無俗情。如何舍此去，遙遙至南荊。叩枻新秋月，臨流別友生。涼風起將夕，夜景湛虛明。昭昭天宇闊，皛皛川上平。懷役不遑寐，中宵尚孤征。商歌非吾事，依依在耦耕。投冠旋舊墟，不爲好爵縈。養真衡茅下，庶以善自名。」白居易〈四月池水滿〉：「四月池水滿，龜游魚躍出。吾亦愛吾地，池邊開一室。人魚雖異族，其樂歸於一。且與爾爲徒，逍遙同過日。爾無羨滄海，蒲藻可委質。吾亦忘青雲，衡茅足容膝。況吾與爾輩，本非蛟龍疋。假如雲雨來，祇是池中物。」

草堂：原爲寺名，在南京紫金山上。六朝齊周顒所建。杜甫在成都亦有草堂。後世高士居所輒以草堂自之。高適〈人日寄杜二拾遺〉：「人日題詩寄草堂，遙憐故人思故鄉。柳條弄色不忍見，梅花滿枝空斷腸。」杜甫〈夜宴左氏莊〉：「風林纖月落，衣露靜（一作淨）琴張，暗水流花徑，春星帶草堂。檢書燒燭短，看劍引杯長。詩罷聞吳詠，扁舟意不忘。」

青潭：台北縣新店溪經新店有深淵，水色青澄，爲台北近郊名勝，名曰青潭。

劍閣：四川省劍閣縣北，有棧道，名劍閣，諸葛亮所築也。

荔脯：荔枝肉，經過蜜餞然後晾乾者。脯、方父切，ㄈㄨˇ，音斧，七麌。

流觴：古人修禊，與會者集於曲溪旁，在溪之上游投觴，使之順流而下。止則取而飲之，謂之流觴。禊，西計切，ㄒㄧˋ，音戲，八霽。祭祀名。古人春禊訂於三月上巳，於溪邊洗濯沖沐，以除穢污，以去不祥。觴，式羊切，ㄕㄤ，音傷，七陽。王羲之〈蘭亭集序〉：「此地有崇山峻嶺，茂林修竹。又有清流激湍，映帶左右。引以爲流觴曲水，列坐其次。」

紫蘭：紫色之蘭。曹植〈七啓〉：「紫蘭丹椒，施和必節。滋味既殊，遺芳射越。」李白〈答杜秀才五松山見贈〉：「當時待詔承明裏，分道揚雄才可觀。敕賜飛龍二天馬，黃金絡頭白玉鞍。浮雲蔽日去不返，總爲秋風摧紫蘭。幽居：隱居也。」謝靈運〈酬從弟惠連〉：「暮春雖未交，仲春善遊遨。山桃發紅蕚，野蕨漸紫苞。嚶鳴已悅豫，幽居猶鬱陶。夢寐佇歸舟，釋我吝與勞。」

磬：佛寺中之銅製鉢形物，擊之以禮佛者。

筠廬花朝雅集似老惕軒師復戎盦在座

樽前盡是舊知名　老去詩人尚有情　撫事但看桑海變　感時真訝斗星更
勝流細數都新鬼　羣季俄驚亦老成　卅載騷壇論儒雅　筠廬鼎鼎有賢聲

韻律：平起。

平平仄仄仄平平　仄仄平平仄仄平　仄仄仄平平仄仄　仄平平仄仄平平
平平仄仄平平仄　平仄平平仄仄平　仄仄平平平平仄　平平仄仄仄平平

韻腳：名、情、更、成、聲（八庚）。

注釋：

筠廬：許君武（光緒卅一年—民國□年，一九〇五—□□）湖南湘鄉人。四歲入塾，一年背四書成誦。八歲作文四百六十字。英國倫敦大學碩士，歷任中央黨政軍機構要職。中央日報主筆，掃蕩報總編輯。台灣各大學教授。詩文多，而未留稿。僅《春人詩社》第二輯錄詩三十八首。聞者惜之。

花朝：民俗以二月十二日爲百花生日，稱爲花朝。或以爲係二月十五日或二月二日。白居易〈琵琶行〉：「春江花朝秋月夜，往往取酒還獨傾。」

似老：丁治磬：見「敬悼丁公似庵鄉丈二十詠」之注。

惕軒：成惕軒。見「贈成惕老」注。

師復：王師復。

戎盦：

樽前：租昆切，ㄗㄨㄣ，音尊，十三元。酒杯。樽前、酒杯之前。杜牧張好好：身外任塵土，樽前極懽娛。白居易〈酬哥舒大見贈〉：「去歲歡遊何處去，曲江西岸杏園東。花下忘歸因美景，樽前勸酒是春風。各從微宦風塵裏，共度流年離別中。今日相逢愁又喜，八人分散兩人同。」

撫事：撫，芳武切，ㄈㄨˇ，音府，七麌。接觸也。按摩也。撫事，接觸事物也。

桑海：滄海桑田之省略語。喻世事變遷劇烈。《神仙傳》：「麻姑云、接待以來，已見東海三爲桑田。」

斗星更：北斗七星迴轉之謂。

勝流：上流之人。蘇東坡〈次韻黃魯直寄題郭明父府推潁州西齋二首之二〉：「寂寞東京月旦州，德星無復綴珠旒。莫嗟平輿空神物，尚有西齋接勝流。」

羣季：諸弟也。李白〈春夜宴桃李園序〉：「羣季俊秀，皆爲惠連。吾人詠歌，獨慚康樂。」

騷壇：文藝界。

儒雅：氣度雍容，學問深厚。《文心雕龍・議對・第二十四》：「及後漢魯丕，辭氣質素，以儒雅中策，獨入高第。」

鼎鼎：盛大也。快速也。陸游〈雨夜有懷張季長少卿〉：「放翁雖老未忘情，獨臥山村每自驚。鼎鼎百年如電速，寥寥一笑抵河清。梅初破蕾行江路，燈欲成花聽雨聲。正用此時思劇飲，故交零落愴餘生。」

題梅魂女士畫梅二十四章

（一）尋梅今已到蓬萊　小徑疏籬處處栽　林外亂鴉銜霧去

山中孤鶴破煙來　新枝爛漫攢紅蕊　古幹槎枒點綠苔

迎面幾枝看更好　橫斜多傍夕陽開

韻律：平起。

平平平仄仄平平　仄仄平平仄仄平　平仄仄平平仄仄　平平平仄仄平平

平平仄仄仄平平　仄仄平平仄仄平　平仄仄平平仄仄　平平平仄仄平平

韻腳：萊、栽、來、苔、開（十灰）。

注釋：

梅魂：吳梅魂，詩書畫俱精。抗戰時任戴雨農將軍秘書。在台灣創立博愛婦孺教養院。且任中華民國梅社社長、中華文化復興委員顧問。師事余偉、吳梅川、曾又新、習詩畫。著：詠梅詩三百首、吳梅魂畫畫集。

爛漫：花開燦爛貌。光采分布貌。

攢：祖官切，ㄗㄨㄢ，音欑，十四寒。聚也。

槎枒：槎，鋤加切，ㄔㄚˊ，音叉，六麻。枒，意加切，ㄧㄚˊ，音牙，六麻。槎枒亦作槎牙，或枒杈，或杈枒。樹枝歧出貌。

綠苔：綠色苔也。《文選・謝莊月賦》：「陳王初喪應劉，綠苔生閣，芳塵凝榭。悄焉疚懷，不怡中夜。」白居易〈送王十八歸山寄題仙遊寺〉：「曾於太白峯前住，數到仙遊寺裏來。黑水澄時潭底出，白雲破處洞門開，林間暖酒燒紅葉，石上題詩掃綠苔。惆悵舊遊無復到，菊花時節羨君迴。」

橫斜：有橫有斜。林逋山園小梅：疏影橫斜水清淺，暗香浮動月黃昏。

（二）千樹琪花繞梵宮　羅浮原與碧天通　三生福慧雙修到

六代鉛華一洗空　詩在小橋驢背上　曲留古塞雁聲中
笑他幾許痴兒女　但識人間錦繡叢

韻律：仄起。

平仄平平仄仄平　平平平仄仄平平　平平仄仄平平仄　仄仄平平仄仄平
平仄仄平平仄仄　仄平仄仄仄平平　仄平仄仄仄平平　仄仄平平仄仄平

韻腳：宮、通、空、中、叢（一東）。

注釋：

琪花：琪，渠宜切，ㄑㄧˊ，音其，四支。玉之一種。琪花，仙界之花。宋朝畫家王轂字正叔，有《夢仙謠》：「前程漸覺風光好，琪花片片黏瑤草。」

梵宮：佛家語。指梵天之宮殿。梵者，淨也。梵天，通指大梵天。大梵天，梵王所居，亦即世主天，絕對寂靜清淨之所。

羅浮：羅浮山在廣東省增城東北，跨博羅縣境。羅，羅山也。浮，浮山也。二山合稱羅浮山。顧亭林《讀史方輿紀要》：「其山袤直五百里，高三千六百丈，峯巒四百三十有二，嶺十五、洞壑七十有二、溪澗瀑布之屬九百八十有九。」劉方平〈梅花落〉：「高嶺梅花落，紛紜向下飄。羅浮誰見雪，姑射女揚綃。

惆悵唯行旅，栖遑亦立朝，山中無箇事，有酒遣清寥。」蘇軾〈十一月二十六日松風亭下梅花盛開再用前韻〉：「羅浮山下梅花村，玉雪爲骨冰爲魂。紛紛初疑月桂樹，耿耿獨與參黃昏。」

三生：一般所謂三生：前生、今生、來生。白居易〈贈張處士山人〉：「蘿襟蕙帶竹皮巾，雖到塵中不染塵。每見俗人多慘澹，惟逢美酒即殷勤。浮雲心事誰能會。老鶴風標不可親。世說三生如不謬，共疑巢許是前身。」李商隱〈題僧壁〉：「捨生求道有前蹤，乞腦剜身結願重。大去便應欺粟顆，小來兼可隱針鋒。蚌胎未滿思新桂。琥珀初成憶舊松。若信貝多真實語，三生同聽一樓鐘。」

福慧：福德與智慧。

六代：指黃帝、堯、舜禹、湯、周武王。或夏、商、周、秦、漢、魏。也指六朝：吳、東晉、宋、齊、梁、陳：俱建都建康，即南京。本詩係指六朝。

鉛華：鉛粉，化粧用之。

小橋：橋小，故稱小橋。陸游〈梅花絕句之四〉：「湖上梅花手自移，小橋風月最相宜。主人歲歲常爲客，莫怪幽香怨不知。」

古塞：山名。在湖北省，爲武當山脈之一山。西北爲鄖縣。自古迄今爲要塞。歷代出塞曲及入塞曲甚多。再：古塞亦泛指一般邊塞。

雁聲：雁之鳴聲。杜甫〈月夜憶舍弟〉：「戍鼓斷人行，邊秋一雁聲。」溫庭筠〈瑤瑟怨〉：「雁聲遠過瀟湘去，十二樓中月自明。」

（三）園林半樹衝寒早　桃子三春鬥艷難　雪後添肥日下瘦
山中相憶水邊看　仙標出世應稱絕　風味如君未去酸
最愛黃昏香暗動　好將樽酒佐清歡

韻律：平起。

平平仄仄平平仄　平仄平平平仄平　仄仄平平平仄仄　平平平仄仄平平
平平仄仄平平仄　平仄平平仄仄平
韻腳：難、看、酸、歡（十四寒）。

注釋：

衝寒：暴寒也。陸游〈梅花絕句之三〉：「從開看到落，冒雪又衝寒。何事連霄醉，相逢特地難。」

三春：孟春、仲春、季春，各一個月，共三個月。再：三個春天，指三年，各一個春天。陸機〈答賈謐詩〉：「昔我逮茲，時惟下僚。及子棲遲，同林異條。年殊志比，服舛義稠。游跨三春，情固二秋。」孟郊〈遊子吟〉：「慈母手中線，遊子身上衣。臨行密密縫，意恐遲遲歸。誰言寸草心，報得三春暉。」

鬥艷：比賽豔麗，亦作鬥妍、賽美。

相憶：相念、相思。杜甫〈夢李白〉：「故人入我夢，明我長相憶。君今在羅網，何以有羽翼。」樂府〈飲馬長城窟行〉：「長跪讀素書，書中竟何如，上有加餐食，下有長相憶。」

仙標：仙人之風範。仙人之品格。

出世：出塵世而入仙境。

風味：風采氣味。滋味甘美。

未去酸：劉禹錫〈咏庭梅寄人〉：「早花常犯寒，繁實常苦酸。」

黃昏香暗動：林逋〈山園小梅〉：「眾芳搖落獨暄妍，占盡風情向小園。疏影寒斜水清淺，暗香浮動月黃昏。」

樽酒：樽，租昆切，ㄗㄨㄣ，音尊，十三元。本作尊，亦作罇、酒杯也。樽酒即杯中之酒。

清歡：高尚幽雅之快樂。

（四）記得孤山竹外陰　橫斜水畔徑深深　南枝夢斷空明月
東閣詩成見素心　暮雨乍添新艷采　春風仍到故園林
冷香得句愁難和　合伴金徽托遠音

韻律：仄起。

平仄平平仄仄平　平平平仄仄平平　平平仄仄平平仄　仄仄平平仄仄平
平仄仄平平仄仄　仄平仄仄仄平平　仄平仄仄平平仄　仄仄平平仄仄平

韻腳：陰、深、心、林、音（十二侵）。

注釋：

孤山：孤山之山。不與其他山嶺相連之山。孤山甚多。本詩專指杭州西湖之孤山。山上有宋朝林逋墓。蘇軾〈和秦太虛梅花〉：「孤山山下醉眠處，點綴裙腰紛不掃。」

竹外：竹林之外。蘇軾〈和秦太虛梅花〉：「江頭千樹春欲闇，竹外一枝斜更好。」

橫斜：見本詩之三注黃昏香暗動條。

水畔：水濱也。水涯也。水湄也。水傍也。水邊也。白居易〈閑居自題戲招宿客〉：

「水畔竹林邊，閑居二十年。健常攜酒出，病即掩門眠。」

南枝：《古詩十九首》之一：「道路阻且長，會面安可知，胡馬依北風，越鳥巢南枝。」朱熹〈臘梅〉：「風雪催殘臘，南枝一夜空。誰知芳草裏，卻有暗香同。何遜梅花：大庾斂寒光，南枝獨早芳。雪含朝暝色，風引去來香。」王冕〈梅花〉：「南枝橫斜北枝好，北枝看過南枝老。」

夢斷：李白〈憶秦娥〉：「簫聲咽，秦娥夢斷秦樓月。年年柳色，灞陵傷別。」

東閣：閣、小門也。東閣，向東而開之小門也。漢朝公孫弘爲宰相。開東閣以攬賢士。後世遂稱宰相招賢士之館爲東閣。

素心：素者，白也。《詩經・召南・羔羊》：「羔羊之皮，素絲五紽。」素心，心地光明潔白也。王士禛〈秋柳〉：「往日風流問枚叔，梁園回首素心違。」陶潛〈移居第一首〉：「昔欲居南邨，非爲卜其宅。聞多素心人，樂與數晨夕。」

暮雨：黃昏時候之雨。杜牧〈暝投雲智寺，渡溪不得，卻取沿江路往〉：「雙巖瀉一川，回馬斷橋前。古廟陰風地，寒鐘暮雨天。沙虛留虎跡，水滑帶龍涎。卻下臨江路，潮深無渡船。」

豔采：美麗鮮豔之色彩。美豔之神采。

冷香：清香也。朱熹〈紅梅〉：「聞說梅花盡，尋芳去已遲。冷香無宿蘂，穠豔有繁枝。」

合伴：良伴也。

金徽：琴名。琴軫繫弦之繩，謂之徽。元稹小胡笳引。（桂府王推官出蜀匠雷氏金徽琴，請姜宣彈。）雷氏金徽琴，王君寶重輕千金。三峽流中將得來，明窗拂席幽匣開。朱弦宛轉盤鳳足，驟擊數聲風雨迴。孟浩然〈贈道士參寥〉：「蜀琴久不弄，玉匣細塵生，絲脆絃將斷，金徽色尚榮。知音徒自惜，聾俗本相輕。不遇鍾期聽，誰知龍鳳聲。」

托遠音：托，託之叚借。寄也。依也。籍也。托遠音、寄遠音也。

（五）竹外窗前萬樹梅　尚無一朵向南開　難邀玉骨酬吟筆
相對明粧勸酒杯　獺髓乍敷紅暈淺　虬枝漸聳綠茵堆
衝寒未放春清息　擬借東皇羯鼓催

韻律：仄起。

仄仄平平仄仄平　仄平仄仄仄平平　平平仄仄平平仄　仄仄平平仄仄平
仄仄仄平平仄仄　平平仄仄仄平平　平平仄仄平平仄　仄仄平平仄仄平

韻腳：梅、開、杯、堆、催（十灰）。

注釋：

玉骨：梅樹之別號。表示高潔之風骨。

酬吟箏：酬，應對也。應答也。寄贈也。酬吟箏，應答詩人之咏吟。

明粧：通明妝。豔麗之粧飾。鮑照〈代堂上歌行〉：「四座且莫諠，聽我堂上歌。昔仕京洛時，高門臨長河。出入重宮裏，結友曹與何。車馬相馳逐，賓朋好容華。陽春孟春月，朝光散流霞。輕步逐芳風，言笑弄丹葩。暉暉朱顏妵，紛紛織女梭。」滿堂皆美人，目成對湘娥。雖謝侍君閒，明妝帶綺羅。箏笛更彈吹，高唱相追和，萬曲不關心，一曲動情多。欲知情厚薄，更聽此聲過。

獺髓：獺，他達切，ㄊㄚˇ，音撻，七曷。獺髓，獺之骨髓。

乍：助駕切，ㄓㄚˋ，音炸，二十二禡，暫也。甫也。初也。恰也。忽也。

紅暈：暈，愚訊切，ㄩㄣˋ，音韻，十三問。物體四周之模糊光圈，或由自然，或由人為，悉名為暈。紅暈者，臉面發紅，表示害羞。

虬枝：樹枝之盤屈者。

綠茵：青草。

東皇：春神。《楚辭・九歌第一首爲東皇太一》。其首四句係「吉日兮辰良，穆將愉兮上皇。撫長劍兮玉珥，璆鏘鳴兮琳琅。」杜甫〈幽人〉：「崔嵬扶桑日，照曜珊瑚枝。風帆倚翠蓋，暮把東皇衣。」

羯鼓催：唐玄宗愛羯鼓。某二月初，雨晴，內庭花將吐，帝乃命高力士取羯鼓，帝擊之，且製曲，名春光好。

（六）

朵朵寒花五瓣奇
嶺頭雪壓帶煙垂
水搖疏影千萬點
風順暗香三兩枝
竹外繁葩丹換骨
籬邊嫩蕊粉凝脂
東風吹起明如雪
淡雅孤高舞倩姿

韻律：仄起。

仄仄平平仄仄平　仄平仄仄仄平平　仄平平仄平仄仄　平仄仄平平仄平
仄仄平平平仄仄　平平仄仄仄平平　平平平仄平平仄　仄仄平平仄仄平

韻腳：奇、垂、枝、脂、姿（四支）。

東風（疊韻）。

注釋：

寒花：寒冬所開之花。

嶺頭：山峯之頂。沈佺期〈遙同杜員外審言過嶺〉：「天長地闊嶺頭分，去國離家見白雲。」

丹換骨：道家謂學仙者吞丹，可換骨成仙。惟唐、明二代各有三帝服丹而崩。

凝脂：皮膚白晳滑柔，如聚凝之脂膏。梅花比喻人之皮膚。《詩經‧衛風‧碩人》：「手如柔荑，膚如凝脂。」白居易〈長恨歌〉：「春寒賜浴華清池，溫泉水滑洗凝脂。」此處強調梅花白晳滑嫩如凝脂。

倩姿：美好之姿容。

（七）

枝枝玉骨傲冰霜　剪剪天香綴玉堂　曉額浮酥凝淺黛

春容點綴照新粧　荷衣薄襯霞裳冷　蘭佩濃薰細素香

綠蕚仙人殊衆卉　嶺頭獨占異羣芳

韻律：平起。

平平仄仄仄平平　仄仄平平仄仄平　仄仄平平平仄仄　平平仄仄仄平平

平平仄仄平平仄　平仄平平仄仄平　仄仄平平平仄仄　仄平仄仄仄平平

韻腳：霜、堂、粧、香、芳（七陽）。

注釋：

傲冰霜：冰與霜皆寒冷，惟梅花能耐之，不為所屈。

天香：來自天上之香。

綴：陟衛切，ㄓㄨㄟˋ，音贅，八霽。再：赤劣切，ㄔㄨㄛˋ，音輟，或朱劣切，ㄓㄨㄛ，音桌，九屑，飾也。連也。繫也。結也。聯也。

玉堂：華美之宮殿。再：神仙所居之屋。又，妃嬪之居所。又，學者之居所。

又：官署之名稱。又，翰林之官署。

曉額：白色之前額。早晨之前額。

浮酥：浮，輕巧也。酥，孫粗切，ㄙㄨ，音蘇，七虞。潔白膩滑鬆軟也。浮酥，輕巧白淨鬆軟潤滑貌。

凝：（比喻皮膚）聚也。

淺黛：淡淡之眉毛。

春容：春色也。

荷衣：荷葉製成之衣。亦為隱士之服。《楚辭・九歌・少司命》：「荷衣兮蕙帶，儵而來兮忽而逝。」李白〈贈閭丘處士〉：「竹影掃秋葉，荷衣落古池。」

霞裳：美麗光彩之衣，以裳代衣。

蘭佩：以蘭偘作佩。〈離騷〉：「扈江離與辟芷兮，紉秋蘭以爲佩。」

濃薰：濃厚之香氣。

縞素：白色也。《爾雅》：「繒之精白者曰縞。」

綠蕚：梅之白花而綠枝綠蒂者，比之高士及仙人。

（八）無情風雪灑乾坤　獨有寒花映月痕　一剪天香高士節

幾枝素色美人魂　瑤琴弄後飄荒岸　玉笛吹來落遠村

愁絕孤山林處士　年年扮汝月黃昏

韻律：平起。

平平仄仄仄平平　仄仄平平仄仄平　仄仄平平平仄仄　仄平仄仄仄平平

平平仄仄平平仄　仄仄平平仄仄平　平仄平平平仄仄　平平仄仄仄平平

韻腳：坤、痕、魂、村、昏（十三元）。

月痕：月影也。張祜〈贈內人〉：「禁門宮樹月痕過，媚眼惟看宿鷺窠。斜拔玉釵燈影畔，剔開紅燄救飛蛾。」

素色：白色也。李白〈江西送友人之羅浮〉：「素色愁明湖，秋渚晦寒姿。疇昔紫芳意，已過黃髮期。」

瑤琴：音色俱美之琴。瑤：美玉也，故以瑤代玉，而稱玉琴為瑤琴。

玉笛：吹奏音色優美之笛。李白〈與史郎中飲（一作欽）聽黃鶴樓上吹笛〉：「一為遷客去長沙，西望長安不見家。黃鶴樓上吹玉笛，江城五月落梅花。」

（九）映月凌風庾嶺東　欺霜破雪曉煙中　著衣素比玲瓏月
膈竹香迎料峭風　玉蕊猶如飛絮白　瓊英儼若落霞紅
南枝忽報春先近　踏雪尋幽樂未終

韻律：仄起。

仄仄平平平仄平　平平仄仄仄平平　仄平仄仄平平仄　仄仄平平平仄仄平
仄仄平平平仄仄　平平平仄仄平平　平平仄仄平平仄　仄仄平平仄仄平

韻腳：東、中、風、紅、終（一東）。

玲瓏（雙聲）料峭（疊韻）。

注釋：

映月：六朝齊江泌、北宋陸佃皆映月讀書。

凌風：乘風也。謝朓〈直中書省〉：「朋情似鬱陶，春物方駘蕩。安得凌風翰，聊恣（一作忞）山泉賞。」韓愈〈鳴雁〉：「江南水闊朝雲多，草長沙軟無網羅。

閒飛靜集鳴相和，違憂懷惠性匪他，凌風一舉君謂何。」

欺霜破雪：不畏霜雪也。

曉煙：晨霧也。

著衣：穿衣也。

素：白色也。

玲瓏月：明亮美好之月亮。

料峭風：能使肌膚感覺微寒之風。蘇軾〈送范德孺〉：「漸覺東風料峭寒，青蒿黃韭試春盤。遙想慶州千嶂裏，暮雲衰草雪漫漫。」

玉蕊：任何白色花之蕊。例如玉蕊花、水仙花、西番蓮花、玉蕊含春花。

飛絮：柳絮乃因隨風飄飛而名飛絮。庾信〈楊柳歌〉：「獨憶飛絮鵝毛下，非復青絲馬尾垂。欲與梅花留一曲，共將長笛管中吹。」

瓊英：梅花之別名。原意爲似玉之美石。《詩經・齊風》：「俟我於堂乎而，充耳以黃乎而，尚之以瓊英乎而。」

落霞：晚霞也。王勃〈滕王閣序〉：「落霞與孤鶩齊飛，秋水共長天一色。」

踏雪：在雪上行走。

樂未終：樂未央也。

（十）疏影橫斜短短籬　含情含怨一枝枝　初開偏稱雕樑畫
未落先愁玉笛吹　不作娟娟桃李色　獨持凜凜雪霜姿
人間凡卉爭相艷　自恐冰容不入時

韻律：仄起。

平仄平平仄仄平　平平平仄仄平平　平平平仄平平仄　仄仄平平仄仄平
仄仄平平平仄仄　仄平仄仄仄平平　平平平仄平平仄　仄仄平平仄仄平

韻腳：籬、枝、吹、姿、時（四支）。

注釋：

玉笛：見本詩前注。

不作娟娟桃李色，獨持凜凜雪霜姿，人間凡卉爭相艷，自恐冰容不入時：此四句以梅花之清高，喻作者不同流合污。

（十一）一樹梅花入畫中　輕煙籠月倚墻東　南枝初放先春暖
北牖齊開帶曉風　迎面恍和飛絮白　現身不作落花紅
琴聲三弄人間唱　譜入新歌慶國隆

韻律：仄起。

仄仄平平仄仄平　平平平仄仄平平　平平平仄平平仄　仄仄平平仄仄平

平仄仄平平仄仄　仄平仄仄仄平平　平平平仄平平仄　仄仄平平仄仄平

韻腳：東、中、風、紅、隆（一東）。

注釋：

籠月：遮罩月光也。

北牖：牖，窗也。北牖，北窗也。

（十二）玉蕊凝香嬌欲語　瓊花傲立展芳姿　盈盈蕚綠猶含笑

朶朶酡紅引暗窺　惹袖尚餘香幾許　飄衣衹覺艷多時

孤山處士難移結　踏雪尋梅為寫

韻律：仄起。

仄仄平平平仄仄　平平仄仄仄平平　平平仄仄平平仄　仄仄平平仄仄平

仄仄平平平仄仄　平平仄仄仄平平　平平仄仄平平仄　仄仄平平仄仄平

韻腳：姿、窺、時、詩、（四支）。

注釋：

盈盈：美好，端麗。古詩十九首：盈盈樓上女，皎皎當窗牖。
酡紅：酡，徒河切，ㄊㄨㄛˊ，音駝，五歌，同駞。飲酒臉變紅，表示微醉或將醉。
惹袖：惹，人者切，ㄖㄜˇ，音喏，二十一馬。招也。引也。挑逗也。惹袖、引袖也。
幾許：多少。古詩十九首：「河漢清且淺，相去復幾許。盈盈一水間，脈脈不得語。」
飄衣：使衣連袖一齊隨風舉揚。
踏雪：在雪上步行。
尋梅：尋訪梅花盛開處。朱熹〈梅花開盡不及吟賞感詩聊貽同好〉：「憶昔身無事，尋梅只怕遲。沉吟窺老樹，取次折横枝。絕豔驚衰鬢，餘芳入小詩，今年何草草政爾負幽期。」

（十三）凜冽朔風連日緊　蕭齋一夕綴嚴霜　當窗暮雨凋凡品
入座癯仙傲眾芳　脫俗宜為高士偶　清新最合美人妝
蓮塘清淺琴相伴　影動枝横泛暗香

韻律：仄起。

仄仄仄平平仄仄　平平仄仄仄平平　平平仄仄平平仄　仄仄平平平仄仄平
仄仄平平平仄仄　平平仄仄仄平平　平平平仄平平仄　仄仄平平仄仄平

韻腳：霜、芳、妝、香（七陽）。

注釋：

凜冽：極爲寒冷。

蕭齋：六朝梁朝蕭子雲，以飛白鳥一蕭字在蕭衍新建之寺壁。寺毀而壁存。唐兵部員外郎買之，載歸，築廈以覆之，稱爲蕭齋。故李約亦號蕭齋。李約善書梅，精隸楷行書，詩文亦傳後世。本詩作者居處蕭修，亦可稱蕭齋。

綴：見前注。

癯仙：癯，其俱切，ㄑㄩˊ，音渠。七虞。瘦也。瘠也。癯仙、梅之別名。

蓮塘：蓮花池。

（十四）月色盈窗清可浥　纖姿拂案淨無塵　暗香曾教高人賦
　　疏影常為處士珍　素面迎春高格調　冰心供歲峭丰神
　　花魂化作京華夢　故國歸來弄笛人

韻律：仄起。

仄仄平平平仄仄　仄平仄仄仄平平　仄平平仄平平仄　平仄平平平仄仄平
仄仄平平平仄仄　平平仄仄仄平平　平平仄仄平平仄　仄仄平平仄仄平

韻腳：塵、珍、神、人（十一真）。

注釋：

浥：乙汲切，ㄧˋ，音意，十四緝。濕也，潤也。

冰心：胸襟光明磊落。內心潔白無暇。王昌齡〈芙蓉樓送辛漸〉：「洛陽親友如相問，一片冰心在玉壺。」

供歲：

峭：七肖切，ㄑㄧㄠˋ，音俏，十八嘯。同陗，山峻。山高而陡。嚴也。人性急也。

手神：同手儀，手韻。手采。美好之姿態。

京華：京都也，首都也。謝靈運〈齋中讀書〉：「昔余遊京華，未嘗廢丘壑，矧乃歸山川，心跡雙寂寞。」駱賓王〈上吏部侍郎帝京篇〉：「倡家桃李白芳菲，京華遊俠盛輕肥。延年女弟雙飛入，羅敷使君千騎歸。」杜甫〈夢李白之二〉：「冠蓋滿京華，斯人獨憔悴。」

弄笛：吹笛。王士禎〈秋柳〉：「莫聽臨風三弄笛，玉關哀怨總難論。」以笛吹奏梅花三弄曲，特別悅耳。

（十五）臘鼓寒燈孤嶂月　疏鐘殘夜五更霜　冰飢映雪琴添韻

玉骨含煙笛送涼　倚檻凝眸傷短景　登樓飲涕惜餘香
堅心勁節懷孤抱　望斷千山夢故鄉

韻律：仄起。

仄仄平平平仄仄　平平平仄仄平平　平平仄仄平平仄　仄仄平平仄仄平
仄仄平平平仄仄　平平仄仄仄平平　平平仄仄平平仄　仄仄平平仄仄平

韻腳：霜、涼、香、鄉（七陽）。

注釋：

臘鼓：夏曆臘月即十二月。十二月初八擊鼓以除疫，稱爲臘鼓。此風俗江南至今猶存。

寒燈：寒冷夜晚之燈。謝朓〈終緒羈懷示蕭諮議田曹劉江二常侍〉：「去國懷丘園，入遠滯城闕。寒燈耿宵夢，清鏡悲曉髮。高適除夜作：旅館寒燈獨不眠，客心何事轉悽然。故鄉今夜思千里，霜鬢明朝又一年。」

孤嶂：獨立之高山，嶂，之亮切，ㄓㄤˋ，音漲，二十三漾，高險之山，如屏嶂。孤嶂，高險之孤立山。杜甫〈登兗州城樓〉：「浮雲連海岱，平野入青徐。孤嶂秦碑在，荒城魯殿餘。」

疏鐘：疏，遠也。疏鐘、遠鐘也。王維〈黎拾遺昕裴迪見過秋夜對雨之作〉：「寒燈坐高館，秋雨聞疏鐘。白法調狂象，玄言問老龍。」倚檻凝眸傷短景，登樓飲涕惜餘香，堅心勁節懷孤抱，望斷千山夢故鄉：作者自敘。

（十六）寒梅一剪含霜蕊　夜半馨傳拂面風　雪地清清疏影淡
冰天冷冷暗香通　繁花鬥豔終歸寂　萬卉爭妍總是空
五瓣格奇塵外賞　高超志節世人崇

韻律：平起。

平平仄仄平平仄　仄仄平平仄仄平　仄仄平平平仄仄　平平仄仄仄平平
平平仄仄平平仄　仄仄平平仄仄平　仄仄仄平平仄仄　平平仄仄仄平平
韻腳：風、通、空、崇（一東）。

注釋：

（略）。

（十七）國色天香傲冷霜　冰肌玉骨占春光　時窮節見推高潔
歲暮持貞見崛強　莫道天涯無故土　誰知海角有仙鄉
今朝落籍居篷島　他日歸根復漢邦

韻律：仄起。

仄仄平平仄仄平　平平仄仄仄平平　平平仄仄平平仄　仄仄平平仄仄平
仄仄平平平仄仄　平平仄仄仄平平　平平仄仄平平仄　平仄平平仄仄平

韻腳：霜、光、強、鄉、邦（七陽）。

仙鄉（雙聲）。

注釋：

時窮節見：文天祥〈正氣歌〉：「時窮節乃見，一一垂丹青。」

（十八）梅開破臘傳芳訊　影弄初春報喜新　玉骨冰肌好處子
凌霜蔽月俏仙人　枝橫翠羽嚶鳴舌　蕚點紅羅窈窕身
譜入新歌天下唱　已將勁節感全民

韻腳：平起。

平平仄仄平平仄　仄仄平平仄仄平　仄仄平平仄仄仄　平平仄仄仄平平
平平仄仄平平仄　仄仄平平仄仄平　仄仄平平平仄仄　仄平仄仄仄平平

韻腳：新、人、身、民（十一真）。

喜新、勁節（雙聲）。嚶鳴、窈窕（疊韻）。

注釋：

破臘：夏曆臘月甫過，爲破臘。蘇軾〈春雪〉：「溫風吹破臘，留雪惱新春。」

凌霜：凌，寒冷之霜。霜、比喻節操。駱賓王〈秋晨同淄州毛司馬秋九詠、秋月〉：「雲披玉繩淨，月滿鏡輪圓。□露珠暉冷，凌霜桂影寒。漏彩含疏薄，浮光漾急瀾。西園徒自賞，南飛終未安。」

翠羽：翡翠之羽。此處以羽代翡翠鳥。

嚶鳴：嚶，幺莖切，ㄧㄥ，音嬰，八庚，鳥鳴聲。嚶鳴，鳥互相和鳴。比喻朋友知音相和。《詩經・小雅・鹿鳴之什・伐木》：「伐木丁丁，鳥鳴嚶嚶。」

紅羅：紅色之絲帛。綺之類也。李白〈白胡桃〉：「紅羅袖裏分明見，白玉盤中看卻無。」

新歌：指「梅花梅花滿天下」之歌。

勁節：竹節之節，質地甚堅，用以比擬人之堅貞不屈。駱賓王〈浮槎（或作楂）〉：「昔負千尋質，高臨九仞峯。貞心凌晚桂，勁節掩寒松。」

（十九）放眼羣芳凋落盡　迎風冒雪發幽香　孤高不許蜂兒近
冷淡唯依隱者旁　傲岸踈枝餘玉骨　堅貞粉蕊作中腸
由他雪片天邊舞　怒放南枝傲四方

韻律：仄起。

仄仄平平平仄仄　平平仄仄仄平平　平平仄仄平平仄　仄仄平平仄仄平

仄仄平平平仄仄　平平仄仄仄平平　平平仄仄平平仄　仄仄平平仄仄平

韻腳：香、旁、腸、方（七陽）。

注釋：

（略）

（二十）疎影橫枝映畫欄　銅壺漏滴五更寒　飛瓊萬點三冬景

弄玉千條百葉殘　綠萼清姿香馥郁　紅葩秀色影闌干

蜂媒蝶使無從覓　庚嶺先開供探看

韻律：仄起。

平仄平平仄仄平　平平仄仄仄平平　平平仄仄平平仄　仄仄平平仄仄平

仄仄平平平仄仄　平平仄仄仄平平　平平仄仄平平仄　仄仄平平仄仄平

韻腳：欄、寒、殘、干、看（十四寒）。

注釋：

畫欄：飾以彩色之欄杆。

銅壺：用銅壺盛水，使水滴漏以計時。劉禹錫〈初夏曲〉第一首：「銅壺方促夜，斗柄暫南回。」

飛瓊：瓊花飛舞。（此詩非指仙女許飛瓊）

弄玉：玉條或玉屑由天而降，喻雪花也（非指秦穆公女弄玉）。

闌干：縱横也，散亂也。光影横斜也。

（二十一）踏雪尋梅樂未央　好搜佳句入詩囊　將開將放微輕雨
時暗時明總耐霜　點綴枝頭三五瓣　參差嶺上萬千行
瓊花衹合瑤臺住　不與凡花鬥豔芳

韻律：仄起。

仄仄平平仄仄平　仄平平仄仄平平　平平平仄平平仄　平仄平平仄仄平
仄仄平平平仄仄　平平仄仄仄平平　平平仄仄平平仄　仄仄平平仄仄平

韻腳：央、囊、霜、行、芳（七陽）。

注釋：

（略）

（二十二）萬象幽冥歲暮時　嚴霜凜凜朔風吹　天寒百草皆凋謝

地凍千花盡折衰　雪漫著花休道未　冰摧隔竹試窺之
馨香遲綻須相待　留到春回發幾枝

韻律：仄起。

仄仄平平仄仄平　平平仄仄仄平平　平平仄仄平平仄　仄仄平平仄仄平
仄仄仄平平仄仄　平平仄仄仄平平　平平平仄平平仄　平仄平平仄仄平

韻腳：吹、衰、之、枝（四支）。

注釋：

幽冥：暗黑。

（二十三）初放南枝月滿林　寒宵踏雪好重尋　孤吟洛浦幽香襲
緩步湘皋素色侵　綠蕚鎔成吹玉笛　紅葩巧就弄瑤琴
江城寂寞無人賞　庚嶺寒花伴苦吟

韻律：仄起。

平仄平平仄仄平　平平仄仄仄平平　平平仄仄平平仄　仄仄平平仄仄平
仄仄平平平仄仄　平平仄仄仄平平　平平仄仄平平仄　仄仄平平仄仄平

韻腳：林、尋、侵、琴、吟（十二侵）。

注釋：

洛浦：洛水之濱。張衡〈思玄賦〉：「戴太華之玉女兮，召洛浦之宓妃。咸姣麗以蠱媚兮，增□眼而蛾眉。舒□婧整纖腰兮，揚雜錯之袿徽。」

湘皋：湘江之岸。湘水之濱。

（二十四）吟魂吟破九秋天　吟到梅花句更妍　撫事但驚駒過隙
躭詩偏愛夜如年　休悲曉夢同蝴蝶　忍委芳心託杜鵑
貪寫一枝斜入畫　孤燈裁句不成眠

韻律：平起。

平平平仄仄平平　平仄平平仄仄平　仄仄仄平平仄仄　平平平仄仄平平
平平仄仄平平仄　仄仄平平仄仄平　平仄仄平平仄仄　平平平仄仄平平

韻腳：天、妍、年、鵑、眠（一先）。

注釋：

撫事：撫，芳武切，ㄈㄨˇ，音府，七麌，循也。按也。據也。持也。有也。拾也。安也。定也。巡也。覽也。積也。撫事、接觸事物。

躭詩：躭同耽。躭詩，喜好詩到入迷之程度。

南社詩人俞劍華擅製無題胡樸安選入《南社叢刊・十四》首余愛其風華有緻因步其原韻（叢刊第四集前四首）

（一）身到蓬萊自不知　麻姑有約負相期　才人爭製鴻都賦
狎客曾陳壁月詞　但遣子規分曉夢　莫教鸚鵡漏春思
劉郎信可登仙籍　縹緲雲山望九疑

韻腳：仄起。

平仄平平仄仄平　平平仄仄仄平平　平平平仄平平仄　仄仄平平仄仄平
仄仄仄平平仄仄　仄平平仄仄平平　平平仄仄平平仄　仄仄平平仄仄平

韻腳：知、期、詞、思、疑（四支）。

縹緲（疊韻）。

注釋：

南社：宣統初，柳棄疾、陳去病、葉楚傖等，在上海創立之文學團體。有不定期刊物。所載詩文，甚著名。

俞劍華：（光緒十一年—民國廿五年，一八八五—一九三六）江蘇太倉人。復旦大學肄業。日本留學，參加同盟會，任大元帥府秘書。民國三年返國。參加南社成立大會。扶病任東南大學教授、暨南大學教授。所著無題詩，風靡一時。其女俞成椿教授彙其遺作。名曰：《南社俞劍華先生遺集》。

胡樸安：（光緒四年—民國卅六年，一八七八—一九四七）安徽涇縣人。精文字學，訓詁學。工詩。歷任南社及國粹學報編輯、上海民主報、民國日報編輯。福建省立圖書館長、江蘇民政廳長、上海通志館長。著有《莊子釋義》、《中庸新解》、《文字學研究法》、《校讎學》、《中國文字學史》、《中國訓詁學史》、《樸學齋詩文集》。

蓬萊：仙山名。

麻姑：古代女仙。建昌人。修道於牟州東南姑餘山。世以麻姑祝好子之壽，蓋因麻姑長生不老也。

鴻都：漢代鴻都門內之藏書所。

璧月：月圓如璧，故名璧月。

子規：杜鵑也。

曉夢：李商隱〈無題〉：「莊生曉夢迷蝴蝶，望帝春心託杜鵑。」

鸚鵡：善學人言之鳥，色美麗，喙如鈎，品種多。

劉郎：南朝宋孝武帝劉祐。《宋書・符瑞志》：「裕入堂，飲醉，卧地。時司徒王謐有門生，亦至此。逆旅嫗曰：劉郎在室內，可入，共飲可也。此門生入室，驚出。謂姬曰：室內那得此異物。嫗急入，裕已覺矣。嫗密問此門生何所見。門生曰：見一物，五采如蛟龍，非劉郎也。門生還，白謐。謐戒勿言。而與裕結厚。」

九疑：山名。在湖南省寧遠縣南六十里。受葬於此。

（二）還思揮翰託官奴　竊向花間卜紫姑　一盞香醪浮琥珀
雙眸清淚結珊瑚　名姬自惜千金體　游俠徒輕一斛珠
聞道江南花有訊　幾回書札待潛夫

韻律：平起。

平平平仄平平仄　仄仄平平仄仄平　仄仄平平平仄仄　平平平仄仄平平
平平仄仄平平仄　平仄平平仄仄平　平仄平平平仄仄　仄平平仄仄平平
韻腳：奴、姑、瑚、珠、夫（七虞）。

注釋：

翰：硬且長之鳥毛，古時做筆用之。故書信及文件，可稱書翰，而筆墨可稱翰墨。

官奴：清初以前供奉內廷及公署之娼妓，亦名官婢。

紫姑：廁神也，又名坑三姑。見本書前注。

香醪：美酒也。杜甫〈崔駙馬山亭宴集〉：「蕭史幽棲地，林間踏鳳毛。洑流（洑、房六切，ㄈㄨ，音伏，一屋。洑流，洄流也。）何處入，亂石閉門高。客醉揮金碗，詩成得繡袍。清秋多宴會，終日困香醪。」

琥珀：松柏科植物之樹脂，埋入地中，歷久而成。有香氣，色黃或棕，透明，可製飾物。本詩言酒色似琥珀。

結珊瑚：清淚滴流臉上，似紅珊瑚。

一斛珠：曲名。唐玄宗之梅妃，爲楊貴妃逼遷上陽。玄宗念之。會夷使貢珠。命封一斛賜梅妃。妃謝以詩云：「柳葉雙眉久不描。殘粧和淚污紅綃。長門盡日無梳洗，何必珍珠慰寂寥。明皇以新聲度曲，名曰一斛珠。」

潛夫：《潛夫論》，書名。漢王符撰。凡十卷，三十五篇。符，東漢臨涇人。字節信。好學。與馬融、張衡、崔瑗等友善。和安二帝後，世事日非。符獨耿介。隱居著《潛夫論》一書，以譏時弊，所言多切中得失。

（三）似聽好鳥隔花鳴　入抱煙霞過客情　朗朗神霄雲液散

寥寥玉宇月波清　誰歌白苧晨吹管　自理冰弦夜按箏

愁煞深閨無限思　鳳釵敲碎枕函聲

韻律：平起。

仄平仄仄仄平平　仄仄平平仄仄平　仄仄平平平仄仄　平平仄仄仄平平

平平仄仄平平仄　仄仄平平仄仄平　平仄平平平仄仄　仄平平仄仄平平

韻腳：鳴、情、清、箏、聲（八庚）。

雲液（雙聲）。

注釋：

神霄：《宋史・卷四百六十二列傳第二百十一・方技下・林靈素》：「林靈素、溫州人，少從浮屠學，苦其師笞罵，去爲道士。善妖幻，往來淮泗間，丐食僧寺，僧寺苦之。政和末，……徽宗訪方士於左道錄徐知常，以靈素對。既見，大言曰：天有九霄，而神霄爲最高。其治曰府。神霄玉清王者，上帝之長者，主南方，號長生大帝君，陛下是也。既下降于世，其弟號青華帝君者，主東方攝領之。己乃府仙卿曰褚慧，亦下降佐帝君之治。又謂蔡京爲左元仙伯，王黻爲文華吏，盛章、王華爲園苑寶華吏、鄭居中、童貫及諸巨閹皆爲之名。貴妃劉氏方有寵，曰九華玉真安妃。帝心獨喜其事，賜號通真達靈先生，賞□無算。建上清寶籙宮，密連禁省。天下皆建神霄萬壽宮。浸浸造爲青華正晝臨壇，及火龍神劍夜降內宮之事，假帝誥、天書、雲篆，務以欺世惑眾。其說妄誕，不可究質，實無所能解。」

白苧：清商調曲也。即白紵歌。李白〈陪族叔刑部侍郎曄及中書賈舍人至遊洞庭五首之四〉：「洞庭胡西秋月輝，瀟湘江北早鴻飛。醉客滿船歌白苧，不知霜露入秋衣。」

冰弦：唐朝開元年間，中官白秀貞所獻之琵琶。太貞外傳：開元中，中官白秀貞自蜀回，得琵琶以獻。絃乃拘彌國所貢，綠冰蠶絲也。

鳳釵：崔豹《古今注》：「始皇以金銀作鳳頭，以玳瑁爲腳，號曰鳳釵。」

枕函：枕座也。枕匣也。司空圖楊柳枝壽杯：偶然樓上捲珠簾，往往長條拂枕函。

（四）依稀春夢憶京華　猶記銀箏合鳳琶　上苑對傾金屋酒
故宮酣舞玉臺花　疏林蒼翠寒飛鳺　殘堞蕭森晚噪鴉
記取市樓行樂處　何郎贏得路人誇

韻律：平起。

平平平仄仄平平　平仄平平仄仄平　仄仄仄平平仄仄　仄平平仄仄平平

平平平仄平平仄　平仄平平仄仄平　仄仄仄平平仄仄　平平平仄仄平平

韻腳：華、琶、花、鴉、誇（六麻）。

蒼翠（雙聲）。

注釋：

銀箏：箏爲銀製者。劉禹錫〈傷秦姝行〉：「長安二月花滿城，插花女兒弄銀箏。南宮仙郎下朝晚，曲頭駐馬聞新聲。」

鳳琶：元朝王惲（字仲謀）詩：「鳳琶調軟歌能合，竹葉杯深醉易沉。」

上苑：帝王之園囿，例如上林苑。南唐後主李煜〈憶江南〉：「多少恨，昨夜夢魂中，還似舊時遊上苑，車如流水馬如龍，花月正春風。」

金屋：華麗之屋也。漢武帝爲膠東王，年數歲。長公主抱置膝上，問曰：兒欲得婦否？並指其女阿嬌，問：好否？笑對曰：好。若得阿嬌，當以金屋貯之。帝即位，果立阿嬌爲皇后。李商隱〈茂陵〉：「玉桃偷得憐方朔，金屋修成貯阿嬌。」

玉臺：以玉為臺，天地居所也。《楚辭‧九思‧傷時》：「蹠（之石切，ㄓˋ，音摭，十一陌，踐踏也，足掌也。）飛杭兮越海，從安期兮蓬萊。緣天梯兮北上，登太一兮玉臺。」

疏林：稀疏之樹林。蘇軾〈書李世南所畫秋景〉二首之一：「野水參差落漲痕，疏林攲（居宜切，ㄐㄧ，音飢，四支，傾也。）倒出霜根，扁舟一櫂（通棹，直教切，ㄓㄠˋ，音罩，十九效，搖船之櫓）歸何處，家在江南黃葉村。」

飛鴂：鴂也。鴂、菊血切，ㄒㄩㄝˋ，音穴，九屑，伯勞也。

堞：迪協切，ㄉㄧㄝˊ，音跌，十六葉，城上女牆也。

蕭森：衰敗也。幽寂也。杜甫〈秋興八首〉之一：「玉露凋傷楓樹林，巫工巫峽氣蕭森。」

何郎：指何晏。晏之姿儀美而絕白。魏明帝疑渠傅粉，夏日賜熱湯餅。使出大汗。晏以朱衣拭汗，顏面皎然。宋璟〈梅花賦〉：「瓊英綴雪，絳萼著霜。儼如傅粉。是謂何郎。」

無題 後十首

（一）金爵斜翻瑞燕釵　鳳頭新繡小弓鞋　行吟賡韻清狂甚
醉月飛觴綺緒諧　客散芝雲書物象　夢回蟾魄照塵堦
煙鬟掃榻猶相待　柳色如依病酒懷

韻律：仄起。
平仄平平仄仄平　仄平平仄仄平平　平平平仄平平仄　仄仄平平仄仄平
仄仄平平平仄仄　仄平平仄仄平平　平平仄仄平平仄　仄仄平平仄仄平
韻腳：釵、鞋、諧、懷（九佳）。
新繡（雙聲）。

注釋：

金爵：又名金雀。女子之頭飾。曹植〈美女篇〉：「頭上金爵釵，腰佩翠琅玕。明珠交玉體，珊瑚間木難。」白居易〈長恨歌〉：「花鈿委地無人收，翠翹金爵玉搔頭。」
瑞燕：吉祥之燕。

燕釵：《洞冥記》，漢武帝元鼎元年，起招仙閣於甘泉宮西偏。神女留玉釵以贈帝。帝以賜趙婕妤。至昭帝時，宮人猶見此釵。黃□欲之。明日發匣，有白燕升天。宮人學作此釵，因名玉燕釵。

鳳頭鞋：在前端繡鳳凰之鞋。

賡韻：賡，古行切，ㄍㄥ，音庚，八庚，續也。和也。賡韻，和韻也。

醉月飛觴：在月下舉杯飲酒以至於醉。飛觴，舉杯也。李白〈春夜宴從弟桃花園序〉：「開瓊筵以坐花，飛羽觴而醉月。不有佳詠，何伸雅懷。（羽觴：酒杯之口有羽翼狀之突出者。）」

綺緒：美麗之情緒。美麗之事業。

諧：調和也。和諧也。

芝雲：芝形之雲。元朝鄭元祐〈月夜懷十五友草堂賓主〉：「芝雲如蓋擁冰盤，攔得王珣午夜看。」（王珣、字君實。善騎射、元初任兵馬都元帥。鎮遼東。賞罰明信。）

物象：自然之風景。曹植〈七啓〉：「耽虛好靜，羨此永生。獨馳乎天雲之際，無物象而能傾。」

蟾魄：月也。

塵堦：韓愈〈合江亭〉：「君侯至之初，閭里自相賀。淹滯樂閑曠，勤苦勤慵惰。爲余掃塵堦，命樂醉眾座。」

煙鬟：雲鬟也。髮長且美也。韓愈〈題炭谷湫祠堂〉：「祠堂像侔真，擢玉紆煙鬟。群怪儼伺候，恩威在其顏。」

掃榻：掃除臥榻之塵垢，以歡迎客人。陸游〈寄題徐載叔東莊〉：「南臺中丞掃榻見，北門學士倒屣迎。」

柳色：柳葉之色。王維〈送元二使安西〉：「渭城朝雨浥清塵，客舍青青柳色新。」岑參〈西掖省即事〉：「西掖重雲開曙輝，北山疎雨點朝衣。千門柳色連青鎖，三殿花香入紫微。」

如依：楊柳柔條婀娜搖曳之狀。《詩經・小雅・鹿鳴之什・采薇》：「昔我往矣，楊柳依依，今我來思，雨雪霏霏。」

病酒：因飲酒而致身體不舒服。李清照〈鳳凰台上憶吹簫〉：「新來瘦，非干病酒，不是悲秋。」

（二）春濃南浦翠雲叢　醉客歸時並御驄　瑤草池頭期後會

玉梅溪畔夢先通　前程偶遇銜花鳥　舊約還尋愛墨蟲
紅雨紛紛銷淑景　披襟莫負綠楊風

韻律：平起。

平平平仄仄平平　仄仄平平仄仄平　平仄平平平仄仄　仄平平仄仄平平
平平仄仄平平仄　仄仄平平仄仄平　平仄平平平仄仄　平平仄仄仄平平
韻腳：叢、驄、通、蟲、風（一東）。

注釋：

南浦：浦爲水畔。南邊之水畔爲南浦。《楚辭・九歌・河伯》：「子交手兮東行，送美人兮南浦」。謝朓〈隋王鼓吹曲・第八首・送遠曲〉：「北梁辭歡宴，南浦送佳人。方衢控龍馬，平路騁朱輪。楊素贈薛播州：銜悲向南浦，寒色黯沉沉。風起洞庭險，烟生雲夢深。」

翠雲：碧雲也。

御驄：駕馭馬匹。

瑤草：香草。玉芝。江淹〈別賦〉：「君結綬兮千里，惜瑤草之徒芳。」杜甫〈贈李白〉：「李侯金閨彥，脫身事幽討。亦有梁宋遊，方期拾瑤草。」

池頭：池邊也。王維〈菩提寺禁裴迪來相看說逆賊等凝碧池上作音樂供奉人等舉聲便一時淚下私成口號誦示裴迪〉：「萬戶傷心生野煙，百寮（或作官）何日更（或作再）朝天，秋魂葉落空（或作深）宮裏，凝碧池頭奏管絃。」

玉梅：玉色之梅。

銜花鳥：口中銜花之鳥。

愛墨蟲：喜愛書畫詩文之人。

紅雨：色紅之雨。再：落在紅花上面之雨。又：紅花謝落如雨。

銷：消滅。損耗。損。衰。除去。

淑景：春光也。春日之美麗景緻。杜甫〈紫宸殿退朝口號〉：「香飄合殿春風轉，花覆千官淑景移。」

披襟：披開衣襟。襟，同衿。上衣前面。

綠楊：綠色之楊樹。李益〈鹽州過胡兒飲馬泉〉：「綠楊著水草如煙，舊是胡兒飲馬泉。幾處吹笳明月夜，何人倚劍白雲天。從來凍合關山路，今日分流漠使前，莫遣行人照容鬢，恐驚憔悴入新年。」

（三）柳邊雙燕剪輕風　斗酒相攜畫東閣　淺水和煙飛縹緲

遠山得月認玲瓏　休驚鳩喚聲何急　且聽鶯喧語太工
如此清遊須極目　斷雲千里抹殘紅

韻律：平起。

仄平平仄仄平平　仄仄平平仄仄平　仄仄平平平仄仄　仄平仄仄仄平平
平平平仄平平仄　仄平平平仄仄平　平仄平平平仄仄　仄平平仄仄平平

韻腳：風、東、瓏、工、紅（一東）。

縹緲：（疊韻）玲瓏（雙聲）。

注釋：

柳邊：柏樹旁邊。杜甫〈晚出左掖〉：「退朝花底散，歸院柳邊迷。樓雪融城溼，宮雲去殿低。」

雙燕：一雙燕子。謝朓〈和王主簿怨情〉：「相逢詠蘼蕪，辭寵悲團扇。花叢亂數蝶，風簾入雙燕。」盧照鄰〈長安古意〉：「生憎帳額繡孤鸞，好取門簾帖雙燕。雙燕雙飛繞畫梁，羅幃翠被鬱金香。」

輕風：量多之酒，或認爲少量之酒。《古詩十九首》：「人生天地間，忽如遠行客。斗酒相娛樂，聊厚不爲薄。」卓文君〈白頭吟〉：「今日斗酒會，明旦溝水頭。躞蹀御溝上，溝水東西流。杜甫飲中八仙歌。李白斗酒詩百篇，長安市上酒家眠。天子呼來不上船，自稱臣是酒中仙。」

相攜：攜帶也。劉長卿〈九日登李明府北樓〉：「九日登高望，蒼蒼遠樹低。人煙湖草裏，山翠縣樓西。霜降鴻聲切，秋深客思迷。無勞白衣酒，陶令自相攜。」

畫閣：雕梁畫棟之閣。盧照鄰〈長安古意〉：「複道交牕作合歡，雙闕連甍垂鳳翼。梁家畫閣天中起，漢帝金莖雲外直。」

淺水：淺而不深之水。司空曙〈江村即事〉：「釣罷歸來不繫船，江村月落正堪眠。縱然一夜風吹去，只在蘆花淺水邊。」

和煙：攙雜以煙。

縹緲：高遠隱約貌。白居易〈長恨歌〉：「忽聞海上有仙山，山在虛無縹緲間。」

遠山：在遠處之山。江淹〈別賦〉：「值秋雁兮飛日，當白露兮下時，怨復怨兮遠山曲，去復去兮長河湄。」白居易〈晚望〉：「江城寒角動，沙洲夕鳥還。獨在高亭上，西南望遠山。」

得月：獲得月光照臨。宋朝王阮《義豐集鈔・和歸田園》：「皇天亦愛我，生我匡廬山。勉承父母志，功名期少年。既無取日手，遠去窮虞淵。又無謀生才，廣有負郭田。富貴兩不諧，胡爲乎世間。眷言專原居，宛在瀑布前。野曠易得月，谷虛常帶煙。行歌紫芝曲，醉上香爐巔。念此百年身，有此足以閑。若乃不決去，使彼山悽然。」

玲瓏：月亮貌。明見貌。精巧貌。浙江省臨安縣，有玲瓏山。蘇軾〈登玲瓏山〉：「何年僵立兩蒼龍，瘦骨盤盤尙倚空。翠浪舞翻紅罷亞，白雲穿破碧玲瓏。三休亭上工延月，九折巖前巧貯風，腳力盡時山更好，莫將有限趁無窮。」（罷亞、稻多貌。三休、亭名。休、美也。）

鳩喚：鳩之呼喚聲。晁補之《雞肋集鈔・同魯直和普安院壁上蘇公》：「畏暑聊尋寺，追涼故遶池。雨園鳩喚婦，風徑燕將兒。散篆縈簾額，留雲暗井眉。龍蛇動屋壁，知有長公詩。」

鶯喧：鶯囀也。鶯鳴也。鶯吟也。鶯歌也。鶯語也。鶯簧也。鶯吭也。鶯啼也。

清遊：同清游。脫離塵界以翺遊。

極目：盡目力以望遠也。王粲〈登樓賦〉：「憑軒檻以遙望兮，向北風而開襟。平原遠而極目兮，蔽荊山之高岑。」

斷雲：片雲也。杜甫〈別房太尉墓〉：「他鄉復行役，駐馬別孤墳。近淚無乾土，低空有斷雲。對棋陪謝傳，把劍覓徐君。惟見林花落，鶯啼送客聞。」

殘紅：落花也。

（四）不分人稱洛社豪　風流曾識舊詞曹　攜將湘管親黃絹
沽得新豐解佩刀　尚想隋堤還插柳　未忘露井待開桃
可憐北望燕雲遠　徒託高吟動九臯

韻律：平起。

仄平平平仄仄平　平平平仄仄平平　平平平仄平平仄　平仄平平仄仄平
仄仄平平平仄仄　仄平仄仄仄平平　仄平仄仄平平仄　平仄平平仄仄平

韻腳：豪、曹、刀、桃、臯（四豪）。

詞曹，燕雲（雙聲）。

注釋：

洛社：宋朝文彥博在洛陽與富弼、司馬光等十三人組織洛社，又名洛陽耆英會，爲一時盛事。

詞曹：集文學之士，爲內廷供奉之官。高適〈送柴司戶充劉卿判官之嶺外〉：「嶺外資雄鎮，朝端寵節旄。月卿臨幕府，星使出詞曹。海對羊城闊，山連象郡高。風霜驅瘴癘，忠信涉波濤。別恨隨流水，交情脫寶刀。有才無不適，行矣莫徒勞。」

湘管：

黃絹：黃色絲綢也。黃絹可作絕妙文章之隱語。

沽：古名切，ㄍㄨ，音姑，八虞，通賈。賣也。買也。《論語・子罕第九》：「子貢曰：有美玉於斯，韞匵而藏諸？求善賈而沽諸？子曰：沽之哉。沽之哉。我待賈者也。」

新豐：地名。以新豐爲地名者，有七處。詩中多指陝西省臨潼縣東北之地，爲漢之新豐縣。

佩刀：李商隱〈謝書〉：「微意何曾有一毫，空攜筆硯奉龍韜。自蒙半夜傳衣後，不羨王祥得佩刀。」

隋堤：隋煬帝開通濟渠。沿渠岸植柳，世稱隋堤。王士禎〈秋柳〉：「空憐板渚隋堤水，不見琅琊大道王。」

露井桃：井無蓋曰露井。王昌齡〈春宮曲〉：「昨夜風開露井桃，未央前殿月輪高。平陽歌舞新承寵，簾外春寒賜錦袍。」

燕雲：後晉石敬塘割燕雲十六州賂契丹。今河北山西兩省之北部。燕即幽州。十六州者：幽、薊、瀛、莫、涿、檀、順、新、嬀、儒、武、雲、應、寰、朔、蔚。

九皐：皐、同皋或皐。深澤爲九皐，《詩經・小雅・彤弓之什・鶴鳴》：「鶴鳴于九皐，聲聞於野。」又：「鶴鳴于九皐，聲聞於天。」

（五）星槎銀漢渡牽牛　莫遣光陰寸寸流　一縷愁添眉上艾
幾分羞比鬢邊榴　意中風月懷江左　夢裏鶯花戀石頭
千百名城愁霧掩　河山多少物華樓

韻律：平起。

平平平仄仄平平　仄仄平平仄仄平　仄仄平平平仄仄　仄平平仄仄平平
仄平平仄平平仄　仄仄平平仄仄平　平仄平平平仄仄　平平平仄仄平平

韻腳：牛、流、榴、頭、樓（十一尤）。

注釋：

星槎：槎，鋤加切，ㄔㄚ，音叉，六麻，木筏也。舟之代名。星槎、又作星查或星楂。《拾遺記》：「堯登位三十年，有巨查浮於西海，查上有光。夜明晝滅。常浮繞四海。十二年一周天。周而復始。名曰貫月查，亦謂挂星查。」《荊楚歲時記》：漢武帝令張騫使大夏，尋河源。乘槎經月而至一處，有城郭狀。見一丈夫牽牛渚次飲之。問此是何處。答曰：君還至蜀郡，訪嚴君平，則知之，因還至蜀，問君平。曰：某年某月，有客星犯牽牛宿。計其年月，正是此人到天河時也。」劉禹錫〈逢王二十學士入翰林因以詩贈〉：「廐馬翩翩禁外逢，星槎上漢杳難從。定知欲報淮南詔，促召王褒入九重。」白居易〈和微之春日投簡陽明洞天五十韻〉：「耶溪岸迴合，禹廟徑盤紆。洞穴何因鑿，星槎誰與刳。」

遣：去演切，ㄑㄧㄢˇ，音淺，十六銑。去戰切，音欠，十七霰。縱也。送也。令也。

眉上艾：眉毛蒼白也。艾、蒼白毛髮也。

鬢邊榴：榴同橊，力求切，ㄌㄧㄡ，音留，十一尤，石榴也。丹實垂垂似贅瘤。榴為紅色。鬢邊榴，羞態。面紅因羞。

石頭：南京別名。

物華樓：華麗雄偉之樓宇。

（六）不知遊子暮安之　鄰女相招恐誤期　薄粉經朱驚絕艷
斷雲殘雨欲何施　可憐芳杜湘妃曲　遺恨幽蘭楚客詞

聞說虎丘山下路　古碑零落臥荒祠

韻律：平起。

仄平平仄仄平平　平仄平平仄仄平　仄仄平平平仄仄　仄平平仄仄平平

仄平平仄平平仄　平仄平平仄仄平　平仄仄平平仄仄　仄平平仄仄平平

韻腳：之、期、施、詞、祠（四支）。

零落（雙聲）。

注釋：

暮安之：夜晚何處去。

殘雨：大雨之末或雨之末，或小雨。

芳杜：杜，赤棠或杜若。芳杜，香氣襲人之赤棠或杜若。

湘妃：娥皇女英投湘水死，曰湘妃。尊爲湘水之神。

幽蘭：深谷之蘭。〈離騷〉：「時曖曖其將罷兮，結幽蘭而延佇。世溷濁而不分兮，好蔽美而嫉妒。」又：「民好惡其不同兮，惟此黨人其獨異。戶服艾以盈要兮，謂幽蘭其不可佩。」

楚客詞：指屈原之〈離騷〉、〈天問〉、〈九章〉、〈九歌〉等等《楚辭》也。

虎丘：在蘇州閶門外，吳王闔閭葬山下三日，有白虎踞其上，故曰虎丘。

（七）豈讓人窺太一鑪　儼然冠帶拜冰壺　應憐南去辭兒雁
切盼東歸別母烏　但賞清芬觀曉卉　莫因愁思立寒蒲
鸞牋難盡綢繆意　祇見回文錦字敷

韻律：仄起。

仄仄平平仄仄平　平平平仄仄平平　平平平仄平平仄　仄仄平平仄仄平
仄仄平平平仄仄　仄平平仄仄平平　平平平仄平平仄　仄仄平平仄仄平

韻腳：鑪、壺、烏、蒲、敷（七虞）。

綢繆（疊韻）。

注釋：

太一鑪：道家煎藥之爐。太一、道也。天神之最尊者。

儼然：矜莊貌。整潔貌。

冠帶：冠、帽也。帶、腰帶。冠帶、戴帽束帶也。指紳士、官吏、士族、嫻於禮儀之人。

冰壺：由盛冰之玉壺而引申為心地光明、清白、高尚、瑩徹、無瑕。蘇軾〈贈潘谷〉：

「何以墨潘穿穿破褐，琅琅翠餅敲玄笏。布衫漆黑手如龜，害冰壺貯秋月。杜甫寄裴施州：廊廟之具裴施州，宿昔一逢無比流。金鐘大鏞在東序，冰壺玉衡懸清秋。」

曉卉：清晨之花草。

寒蒲：寒冷之席。寒冷之圓草屋。

蠻牋：四川人所造之十色箋也。

綢繆：纏綿也。親密貌。《詩經．唐風．綢繆》：「綢繆束薪，三星在天。」再：「綢繆束芻，三星在隅。」又：「綢繆束楚，三星在戶。」李陵〈與蘇武詩〉：「行人懷往路，何以慰我愁。獨有盈觴酒，與子結綢繆。」

回文：詩中之字，往復回環，讀之成韻。最早作回文者有傅咸、溫嶠、曹植等。最著名者有竇滔妻蘇蕙字若蘭之璇璣圖。

錦字：最先爲婦致夫之書信。典故爲蘇蕙之織錦回文。進而引申爲：一切優美之詩句，皆謂之錦字。盧照鄰〈樂府雜詩序〉第三段最後四句：「霜臺有暇，文律動於京師，繡服無私，錦字飛於天下。」

（八）五湖煙月待歸人　永憶寒梅小院春　已慣鰲身浮可載

不疑蜃氣幻成真　回思陌上銷魂淚　應惜天涯弔影身
霧髻雲鬟何所似　玉山幽草碧無塵

韻律：平起。

仄平平仄仄平平　仄仄平平仄仄平　仄仄平平平仄仄　仄平平仄仄平平
平平仄仄平平仄　平仄平平仄仄平　仄仄平平平仄仄　仄平平仄仄平平

韻腳：人、春、真、身、塵（十一真）。

注釋：

五湖：說法甚多，達十餘種。流傳最廣者，爲鄱陽、青草、洞庭、丹陽、太湖。

煙月：雲籠明月也。

寒梅：冬梅也。王維〈雜詩〉：「君自故鄉來，應知故鄉事，來因綺窗前，寒梅著花未？」

小院：小書齋也。杜牧〈即事〉：「小院無人雨長苔，滿庭修竹間疎槐。春愁兀兀成幽夢，又被流鶯喚醒來。」

鰲：同鼇，鵝刀切，ㄠˊ，音敖，四豪，海中巨龜也。王充〈論衡・談天〉、《一切經音義十九》、《列子・湯問》：「東海有五仙山：岱輿、員嶠、方壺、瀛洲、蓬萊。帝命禺彊使巨鼇十五，舉首而載之。」

蜃氣：即蜃樓。喻虛幻縹緲之境。見前、風懷落寞綺念難消，因作綺思六章「海蜃」注。

陌上：陌，+++++++ˋ+++++++莫博切，ㄇㄛ，音莫，十一陌，田間路，東西爲陌，南北爲阡。陌上、田間小路之上。

銷魂：魂將離身體。喻人感觸之深切。江煙〈別賦〉：「黯然銷魂者，惟別而已矣。」李清照〈醉花陰〉：「莫道不銷魂，簾捲西風，人比黃花瘦。」

弔影：自弔身影。喻孤獨也。

霧鬢：雲鬢也。

玉山：喻秀美丰姿之人。雪山亦稱玉山。

（九）莫訝吳姬學楚妝　雙文移枕臥銀牀　倉庚歌合紅牙板

鸚鵡呼來白面郎　話別但驚銀燭短　含情竊笑玉釵長

蓬萊春色真如醉　欲喚天孫織錦裳

韻律：仄起。

仄仄平平仄仄平　平平平仄仄平平　平平平仄平平仄　平仄平平仄仄平
仄仄仄平平仄仄　平平仄仄仄平平　平平平仄平平仄　仄仄平平仄仄平

韻腳：妝、牀、郎、長、裳（七陽）。

注釋：

吳姬：吳地即今江蘇之蘇州一帶之女郎。

雙文：花紋成對成雙也。再：文字兩篇也。又：女子之名爲雙文，指西廂記之崔鶯鶯。

銀牀：以銀爲飾之牀。另一義爲銀色井口。

倉庚：黃鶯也。《詩經・豳風・七月》：「春日載陽，有鳴倉庚。」又《詩經・豳風・東山》：「倉庚于飛，熠燿其羽，之子于歸，皇駁其馬。」

紅牙板：紅色之拍板。

白面郎：毫無閱歷之少年。杜甫〈少年行〉：「馬上誰家白面郎，臨階下馬蹋人牀。不通姓字粗豪甚，指點銀瓶索酒嘗。」

天孫織錦裳：天孫，織女也。錦裳，錦繡之長裳也。

（十）微才未敢擬陳王　抱膝長吟月在牀　著意琉璃新鈿朶
難忘玳瑁舊釵光　裙拖六幅飄香徑　鞋曲雙弓踏畫廊

多謝麻姑滄海約　此來親見海生桑

韻律：平起。

平平仄仄仄平平　仄仄平平仄仄平　仄仄平平平仄仄　平平仄仄仄平平

平平仄仄平平仄　平仄平平仄仄平　平仄平平平仄仄　仄平平仄仄平平

韻腳：王、牀、光、廊、桑（七陽）。

琉璃（雙聲）。

注釋：

陳王：曹植也。

鈿朶：鈿，徒年切，ㄊㄧㄢ，音田，一先。再：堂練切，ㄉㄧㄢˋ，音店，十七霰，金花也。鈿朶，金質花朶也。元稹〈送王十一郎遊剡中〉：「越州都在浙河灣，塵土消沉景象閑。百里油盆鏡湖水，千峰鈿朶會稽山。軍城樓閣隨高下，禹廟烟霞自往還。想得玉郎乘畫舸，幾回明月墜雲間。」

釵：玳瑁所製之笄，髮飾也，古代女子所需。

醵飲市樓、座中為銘傳諸教授年均七十以上

座上商山四皓多　相看鶴髮各婆娑　空聞腐朽能神話　太息餘生共硯磨
昨縱知非今豈是　眾皆如此我云何　良宵索與紅裙醉　醉裏還隨春夢婆

韻律：仄起。

仄仄平平仄仄平　平平仄仄仄平平　平平仄仄平平仄　仄仄平平仄仄平
平仄平平平仄仄　仄平平仄仄平平　平平仄仄平平仄　仄仄平平平仄平

韻腳：多、娑、磨、何、婆（五歌）。

婆娑（疊韻）。

注釋：

醵：強魚切，ㄑㄩˊ，音劬，六魚。再：基據切，ㄐㄩˋ，音鋸，六御。又：極虐切，ㄐㄩㄝˊ，音倔，十藥。聚會合錢飲酒也。

陳韻農七十索詩

三湘耆宿半相知　獨與斯人識面遲　一晤竟投同所好　萬緣前定各因時

論詩深愧非能手　饋食難忘快朶頤　聞道稀齡成舊說　康強猶鬥酒盈巵

韻律：平起。

平平平仄仄平平　仄仄平平仄仄平　仄仄仄平平仄仄　仄平平仄仄平平
平平平仄平平仄　仄仄平平仄仄平　平仄平平平仄仄　平平平仄仄平平
韻腳：知、遲、時、頤、巵（四支）。

注釋：

陳韻農：

索：求也。須也。欲也。

饋：可畏切，ㄎㄨㄟˋ，音愧，四寘，進物於尊者。贈人以物也。通作餽。

朶頤：朶、頤上下動作貌。朶頤，左右腮幫子動作，以進食貌。嚼也。

孝宜兒于歸、示以吉語

卻喜依依嫁汝遲　東床果是克家兒　雍雍互諒宜莊敬　嗃嗃同占樂唱隨
遇合總如佳偶願　睽違須慰所親思　望兒記取庭幃訓　侍奉翁姑禮要持

韻律：仄起。

仄仄平平仄仄平　平平仄仄仄平平　平平仄仄平平仄　仄仄平平仄仄平

仄仄仄平平仄仄　平平平仄仄平平　平平仄仄平平仄　仄仄平平仄仄平

韻腳：遲、兒、隨、思、持（四支）。

注釋：

孝宜：作者之長女。

依依：柔貌。盛貌。思慕也。

東牀：女婿也。

克家：能負担家事。克家兒：能繼父業之子。

雍雍：和貌。

嗃嗃：黑各切，ㄏㄜˋ，音鶴，十藥。嚴酷貌。悅樂自得貌。

暌違：暌，苦圍切，ㄎㄨㄟˊ，音葵，八齊。目不相視也。暌違，乖隔也。

庭幃訓：庭訓，父訓也。庭幃：張於庭院之布幔也。庭幃訓，父母之訓。

中華學術院贈名譽哲士與韓國金貞壽先生賦贈

三韓宿儒泛蓬瀛　榮取華岡哲士名　佳節正逢蒲節近　漢江遙共淡江平

一時簪筆衣冠盛　兩國輶軒雅頌盈　願借樽開不老酒　送君載譽上歸程

韻律：平起。

平平仄平仄平平　平仄平平仄仄平　平仄仄平平仄仄　仄平平仄仄平平

仄平平仄平平仄　仄仄平平仄仄平　仄仄平平仄仄仄　仄平仄仄仄平平

韻腳：瀛、名、平、盈、程（八庚）。

注釋：

三韓：漢朝時，朝鮮半島最南地方有三國：馬韓、辰韓、弁韓。日本則稱新羅、高句麗、百濟爲三韓。

汎：孚梵切，ㄈㄢˋ，音范，三十陷。再：房戎切，ㄈㄥ，音蜂，一東。浮也。

蒲節：端午也。

簪筆：以毛裝簪頭，長五寸，插在冠前，謂之簪筆，以爲冠飾。

輶軒：輶，以周切，ㄧㄡˊ，音由，十一尤。再：余救切，ㄧㄡˋ，音幼，二十六宥。輕車也。輕也。輶軒，輕車也。古代天子之使臣皆乘輶軒，後世遂稱天子之使臣爲輶軒使，或簡稱輶軒。

樽：同罇。租昆切，ㄗㄨㄣ，音尊，十三元。酒杯也。原作尊。後人加木旁。

悼詞人江絜生兄

瀛海同聲悼絜生　卅年瀛海主詩盟　壯遊曾夢生花筆　老去難拋舊業檠
骨尚未歸應有恨　佛從何語故無聲　幾番躑躅西門路　悽絕空齋冷月橫

韻律：仄起。

平仄平平仄仄平　仄平平仄仄平平　仄平平仄平平仄　仄仄平平仄仄平
仄仄仄平平仄仄　仄平平仄仄平平　仄平仄仄平平仄　平仄平平仄仄平

韻腳：生、盟、檠、聲、橫（八庚）。
躑躅（雙聲）。

注釋：

江絜生：名詩人。
檠：榜。燭臺。燈。有足之几。
躑躅：用足擊地。踟躕徘徊。李白〈天馬歌第三首〉：「萬里足躑躅，遙瞻閶闔門。」
空齋：空室也。岑參〈高宮谷口招鄭鄠〉：「谷口來相訪，空齋不見君。澗花然暮雨，潭樹暖春雲。門徑稀人跡，層峯下鹿羣。衣裳與枕席，山靄碧氛氳。」

百年偕老幾人能　九五齊眉見未曾　攜手共看瀛海月　同心共抱玉壺冰
高文采采先馳譽　讜論皇皇佐中興　方信蓬萊春永駐　八千壽域喜同登

韻律：平起。

仄平平仄仄平平　仄仄平平仄仄平　仄仄仄平平仄仄　平平仄仄仄平平
平平仄仄平平仄　仄仄平平仄仄平　仄仄平平平仄仄　仄平仄仄仄平平

韻腳：能、曾、冰、興、登（）。

注釋：

周樹聲：年高德劭名士。

讜論：讜，多朗切，ㄉㄤˇ，音黨，二十二養。善言也，正直之言也。同讜。讜論、正直之言論。

興：此處「中」音ㄓㄨㄥ

謝林靜博士贈墨

顧我衰餘未廢書　珠囊香壁送蝸居　三分透紙箋生采　一片浮煙玉不如
點染文章皆錦綉　收藏縹帙怯蟲魚　研磨惜與年俱損　留待他時認墨豬

韻律：仄起。

仄仄平平仄仄平　平平平仄仄平平　平平仄仄平平仄　仄仄平平仄仄平
仄仄平平平仄仄　平平仄仄仄平平　平平仄仄平平仄　平仄平平仄仄平

韻腳：書、居、如、魚、豬（六魚）。

注釋：

珠囊：飾珠之囊。

香璧：題墨之詞。

浮烟：浮游之雲烟也。

縹帙：縹，匹沼切，ㄆㄧㄠˇ，音漂，十七篠，淡青色之帛。帙，直一切，ㄓˋ，音質，四質，書衣也。今人曰函。縹帙、淺青帛之書衣。

墨豬：書法肥腫無力，所謂肉多骨少之字。

錢逸老百年冥誕祭於善導寺

蕭寺臨風衣舉籌　緬懷結社老龍頭　吟聯鳳閣推耆宿　價重鷄林壓勝流
遺像今看青眼舊　名篇長共碧紗留　奠公猛憶生前句　美酒蘭陵有故邱

韻律：仄起。

平仄平平仄仄平　仄平仄仄仄平平　平平仄仄平平仄　仄仄平平仄仄平

平仄平平平仄仄　平平平仄仄平平　仄平仄仄平平仄　仄仄平平仄仄平

韻腳：籌、頭、流、留、邱（十一尤）。

蘭陵（聲音）。

注釋：

錢逸老：錢倬，字逸塵。（光緒八年—民國五十年，一八八二—一九六一）。江蘇常州武進人。南京兩江師範畢業。爲李梅庵門生。歷任勸學所所長。武進縣立師範校長。中央陸軍軍官學校文史教官。國立浙江大學龍泉分校教授。國立英士大學教授。杭州國立藝專教授。教育部特約編纂。台灣春人詩社首任社長。立法委員錢英女士之父。阮毅成之岳父。有《旅台詩集》及《外集》各一冊。

善導寺：在台北市忠孝東路。爲台北市僅次於龍山寺之廟

蕭寺：見前憶金陵詩之注。

籌：陳留切，ㄔㄡˊ，音愁，十一尤，投壺之失。計數之具。算也。計畫也。籌碼也。

緬懷：緬，彌兗切，ㄇㄧㄢˇ，音勉，十六銑，遙遠也。緬懷，緬想也。遙想也。想念也。

龍頭：龍之頭，喻科舉及第者之首位，或詩人詞人之首位。

鳳閣：唐代中書省之別名，或綺麗之樓閣後世高官亦稱鳳閣。

耆宿：耆，其伊切，ㄑㄧˊ，音棋，四支，老也或謂六十歲以上，或云七十以上爲者。年老而有德望之人。稱耆宿。

鷄林：唐朝新羅國號曰雞林。

勝流：上流之人。蘇軾〈次韻黃魯直寄題郭明父府推潁州西齋〉二首之二：「寂寞東京月旦州，德星無復綴珠旒。莫嗟平輿空神物，尙有西齋接勝流。春夢屢尋湖十頃，家書新報橘千頭。雪堂亦有思歸曲，爲謝平生馬少游。」

沈兼士兄悼亡詩以慰之

曾羨良緣樂唱隨　那堪垂老賦鴛離　悲懷猶記三生約　續命難尋五色絲
舊好尚溫連理句　餘哀都付悼亡詩　鼓盆莊叟鍾情甚　蝶夢閨中又畫眉

韻律：仄起。

平仄平平仄仄平　仄平平仄仄平平　平平平仄平平仄　仄仄平平仄仄平

仄仄仄平平仄仄　平平平仄仄平平　仄平平仄平平仄　仄仄平平仄仄平

韻腳：隨、離、絲、詩、眉（四支）。

連理（雙聲）。

注釋：

沈兼士：（宣統二年—民國　年，一九一〇—　）江蘇省東臺縣人。國立中央大學畢業、第一屆高等考試及格、江蘇泗陽縣長、私立銘傳商專（今銘傳大學）、國立中央大學、國立台灣大學中文系教授。考試院參事、中國道德勵進社理事長。著有《中國考試制度史》、《漢字辨識》、《應用文舉隅》、《資治通鑑閱讀綱要》、《心理與教育》等。

五色絲：五種顏色之蠶絲。小即思。

鼓盆莊叟：《莊子・至樂》：「莊子妻死，惠子弔之。莊子則方箕踞鼓盆而歌。」

張曉峯先生八十晉三余謬邀華岡教授之聘詩以壽之

八旬鶴紀慶添三　景仰崧高接斗南　待整河山資碩輔　尤多子弟沐恩覃

校讎不讓研經室　著述何慚老學庵　今歲華岡陪杖履　細流秪是海能涵

韻律：平起。

仄平仄仄仄平平　仄仄平平仄仄平　仄仄平平平仄仄　平平仄仄仄平平

仄平仄仄平平仄　仄仄平平仄仄平　平仄平平平仄仄　仄平仄仄仄平平

韻腳：三、南、覃、庵、涵（十三覃）。

注釋：

鶴紀：鶴壽甚長，鶴紀遂爲祝壽之詞。蓋十二年爲一紀，一百年爲一世紀，且年歲可云年紀。

崧高：崧同嵩。崧高，嵩山之高。

斗南：宰相星在北斗七星之南。故斗南爲宰相之代詞。

碩輔：品德高尚學問淵博之士，爲輔佐之臣，故碩輔爲良臣中最良者。

恩覃：覃，徒含切，ㄊㄢˊ，音潭，十三覃，深也，廣也。大也，長也。恩覃，恩澤深廣也。

校讎：亦稱校勘。查羣書而綜合之，比較文字篇章之同異，尋覓誤謬訛錯之學，謂之校讎。劉向〈別錄〉：「一人讀書，校其上下，得謬誤爲校。一人持本，

一人讀書，若怨家相對為讎。」（怨又作寃）

研經室：清朝經籍纂詁編者及十三經注疏校刊者阮元之室名。

老學庵：宋朝陸游之庵，名老學庵。陸游有《老學庵筆記》十卷、《續筆記》二卷傳世。

題吳梅魂女士詩書畫冊

吟魂坐待月流天　詠到梅花句更妍　仙去浮羅知入夢　人來玄圃好參禪
枝橫疏影宜詩酒　蕚散清香度管弦　寫得吳綾成畫本　大姑才調世間傳

韻律：平起。

平平仄仄仄平平　仄仄平平仄仄平　平仄平平平仄仄　仄平平仄仄平平
平平平仄平平仄　仄仄平平仄仄平　仄仄平平平仄仄　仄平平仄仄平平

韻腳：天、妍、禪、弦、傳（一先）。

注釋：

吳梅魂：見前注。

玄圃：神話中仙人所居住之地，即縣圃或懸圃，亦即離騷所言之靈瑣。瑣讀如藪。

玄圃在昆侖山上。臺華淺見，懸圃乃是西洋傳說中之空中花園，位於巴比侖。由是觀之，衛聚賢考證，昆侖即巴比侖，又得一佐證。

參禪：研究禪學。

吳綾：吳地所製之薄絲織品。

大姑：尊稱。

林靜喜焚香課讀、詩以貽之

蘭閨清宴啟書奩　寶鴨香消素手添　細爇幾絲縈斷簡　淡雲一片護疏簾

襟多雅緻原離俗　慢有餘香益覺恬　茗椀拜經聊自適　幽窗逸趣許誰兼

韻律：平起。

平平平仄仄平平　仄平平平仄仄平　仄仄仄平平仄仄　仄平仄仄仄平平

平平仄仄平平仄　仄仄平平仄仄平　平仄仄平平仄仄　平平仄仄仄平平

韻腳：奩、添、簾、恬、兼（十四鹽）。

注釋：

貽：贈送：《詩經・邶風・靜女》：「靜女其孌，貽我彤管，彤管有煒，悅懌女美。

自牧歸荑，洵美且異。匪女之爲美，美人之貽。」

清宴：雅緻清高之宴席。

書奩：女子所用裝書之匣。

寶鴨：香爐。

靄：烟氣。稀薄之雲氣。

縈：旋繞。

襟：同衿。衣領也。《詩經‧鄭風‧子衿》：「青青子衿，悠悠我心。」

幔：帳幕。

恬：安靜舒適。

茗椀：茗，莫迥切，ㄇㄧㄥˇ，音瞑，二十四迥，茶碗也。

逸趣：優雅安閒之趣味。

游仙詞並引

本作詠海峽兩岸近事，所襲掌故，多出自雲笈七籤及雲仙雜記

（一）冀野西山奏八琅　跨鸞乘鳳集瑤房　不聞命駕差張果

卻報傳詞遣郭香（西王母侍婢名郭密香）　此去上清排紫氣　頓教北闕醒黃粱
玄都萬眾迎仙仗　爭看星冠翠羽妝（遣使）

韻律：仄起。

仄仄平平仄仄平　仄平平仄仄平平　仄平仄仄平平仄　仄仄平平仄仄平
仄仄仄平平仄仄　仄平仄仄仄平平　平平仄仄平平仄　平仄平平仄仄平

韻腳：琅、房、香、粱、妝（七陽）。

注釋：

雲笈七籤：宋張君房撰之道書，凡一百二十二卷。

雲仙雜記：唐馮贄撰。凡十卷。載古今逸事。《四庫總目》據云係王銍所僞託。

冀：古冀州，包括河北、山西、河南北部、遼寧西部。後世亦爲中國之號。或只限於河北省之簡稱。

西山：北京之西山，有八大處名勝。

八琅：道家所用之敲打樂器。

瑤房：玉造之房屋，或飾玉之房屋。

張果：八仙之一，即張果老。

郭香：西王母之侍婢郭密香。

上清：道家指天爲上清。雲笈七籤：上清之天，在絕霞之外。有八皇老君。運九天之仙，而處上清之宮。又道教在江西省龍虎山上有寺亦名上清。

紫氣：紫色之雲氣，爲祥瑞之徵。杜甫〈秋興八首〉之五：「西望瑤池降王母，東來紫氣滿函關。」

北闕：坐北朝南之宮殿，指朝廷。孟浩然〈歲暮歸南山〉：「北闕休上書，南山歸敝廬。」

黃粱：五穀之一。杜甫〈贈衛八處士〉：「處雨剪春韭，新炊間黃粱。」此處指黃粱夢，亦名邯鄲夢。唐人小說，記盧生在邯鄲逆旅，遇一道者，令枕之，生遂夢仕宦顯貴，達數十年，及醒，主人黃粱猶未熟。

玄都：神仙之居所。葛洪《枕中書》：「玄都玉京七寶山，周迴九萬里。在大羅之上城。上七寶宮，宮內七寶臺。有上、中、下、三宮。」

仙仗：仗，儀仗也。仙丈，天子之儀仗。岑參〈奉和中書舍人賈至早朝大明宮〉：「金闕曉鐘開萬戶，玉階仙仗擁千官。」

星冠：道士之冠。

翠羽：翡翠之羽。

（二）觚棱接座到斜曛　圭旨靈歌不忍聞　蕚綠華來賓主契
杜蘭香去影形分　茅君夜晏曾邀月　董女宵吹也入雲
咸訝飛瓊清氣滿　步虛聲裏奏奇勳　全程參與

韻律：平起。

平平仄仄仄平平　平仄平平仄仄平　仄仄平平平仄仄　仄平平仄仄平平
平平仄仄平平仄　仄仄平平仄仄平　平仄平平平仄仄　仄平平仄仄平平

韻腳：曛、聞、分、雲、勳（十二支）。

注釋：

斜曛：即斜暉。日光斜照也。

圭旨：道家所訂之規矩。

靈歌：道家之歌。

蕚綠華：真誥：蕚綠華者、女子，青衣。顏色絕整。以升平（晉穆帝），三年（西元三五九）十一月十日夜降於（晉黃門郎）羊權家。自此往來，一月輒六過。來授權道術及尸解藥。後遂隱形而去。李商隱〈無題〉二首之二：「聞道閶門萼綠華，昔年相望抵天涯。」

杜蘭香：曹毗杜蘭香傳。後漢時，有漁父在湘江洞庭湖畔，聞兒啼，見三歲女嬰，憐而養之。十餘載，姿容奇麗，忽有道人自空而下，攜女去。女謂漁父曰：我，仙女杜蘭香也。有過，謫人間。今去矣。後，降於洞庭張碩家，授碩以道，碩遂仙去。漁父亦學道，不知所之。

茅君：《尚友錄》：「茅盈，咸陽人，或云幽人。十八歲入恆山修道。後隱居，稱茅君。其弟固及衷，皆從兄成仙。世稱三茅君。」劉長卿〈送宣尊師醮畢歸越〉：「吹簫江上晚，惆悵別茅君。踏火能飛雪，登刀入白雲。晨香長口在，夜磬滿山聞。揮手桐溪路，無情水亦分。」

董女：古仙女董雙成。《浙江通志》：「西王母侍女。故宅在杭州西湖妙庭觀。丹成得道，自吹玉笙，駕鶴西去。白居易長恨歌：金闕西廂叩玉扃，轉教小玉報雙成。」

飛瓊：古仙女許飛瓊。〈漢武帝內傳〉：「王母乃命侍女許飛瓊鼓震靈之簧」。《許渾許飛瓊本事》：「許渾嘗夢登崑侖山，見數人飲酒。」賦詩云：曉入瑤臺露氣清，座中唯有許飛瓊。塵心未斷俗緣在，十里下山空月明。他日復夢至其處。飛瓊曰：「子何故顯余姓名於人間。即改為天風吹下步虛聲。曰：善。」

（三）明陵寂寂鎖塞煙　不道羣仙拜廟前　雙闕參差通御氣
亂山綿邈接遙天　金繩玉版留清梵　瓊笈丹書紀勝緣
直北幽燕形勢在　蓬萊回首總情牽　遊明陵

韻律：平起。

平平仄仄仄平平　仄仄平平仄仄平　平仄平平平仄仄　仄平平仄仄平平
平平仄仄平平仄　平仄平平仄仄平　仄仄平平平仄仄　平平平仄仄平平

韻腳：煙、前、天、緣、牽（一先）。
參差、綿邈、幽燕（雙聲）。

注釋：

明陵：又稱明十三陵。在河北省昌平縣北。

雙闕：宮門兩側之樓觀也。庾信〈奉和同泰寺浮屠〉：「岧岧凌太清，照殿比東京。長影臨雙闕，高層出九城。」《古詩十九首》之三：「兩宮遙相望，雙闕百餘尺。」

參差：不整齊貌。

通御氣：杜甫〈秋興八首〉之六：「花萼夾城通御氣，芙蓉小苑入邊愁。」

綿邈：遠視貌。久也。遠也。

金繩：法華經：國名離垢。琉璃爲地，有八交道，黃金爲繩，以異其側。李白〈春日歸山寄孟浩然〉：「朱□遺塵境，青山謁梵筵。金繩開覺路，寶筏杜迷川。」

玉版：貴重之書籍。再：推測未來事物之具。又：一種宣紙，其質料光潔細緻堅厚。又：碑帖名。

清梵：佛家誦經之聲。

瓊笈：玉質之書箱。

丹書：丹、朱砂、辰砂、丹書、頒贈功臣得以傳世免罪之鐵卷，以丹書之。再：天子之詔書，亦稱丹詔。又：洛水所出之丹書。又：赤雀銜來之書。又：一種以紅色書成之簡牘。表示其罪。《左傳·襄公二十三年》：「初，裴勺，隸也，著於丹書。杜注：蓋犯罪沒爲官奴，以丹書其罪。」

勝緣：佳善之因緣。

直北：正北。杜甫〈秋興八首〉之四：「直北關山金鼓震，征西車馬羽書馳。」

（四）長城萬里鬱岧嶤　鶴駕今邀玉女召　員嶠仙班辭碧落

崆峒使節下青霄　安期亦識觀河壯　桂父閒窺渤澥遙
但得登臨舒望眼　弓鞋拾級率羣僚登長城

韻律：平起。

平平仄仄仄平平　仄仄平平仄仄平　平仄平平平仄仄　平平仄仄仄平平
平平仄仄平平仄　仄仄平平仄仄平　仄仄平平平仄仄　平平仄仄仄平平

韻腳：嶤、招、霄、遙、僚（二蕭）。

岧嶤、崆峒（疊韻）

注釋：

鬱：樹木繁茂狀。

岧嶤：岧，田聊切，音條，二蕭，山高貌。嶤，同嶢，衣聊切，ㄧㄠˊ，音姚，二蕭，高也。遠也。岧嶤，危高貌。白居易〈月夜登閣避暑〉：「行行都門外，佛閣正岧嶤。」

駕鶴：（一）太子之駕。（二）仙駕。

玉女：美女。仙女。

員嶠：五仙山之一。

崆峒：崆，苦江切，ㄎㄨㄥ，音空，三江，山高峻貌。峒，特翁切，ㄊㄨㄥ，音同，一東，山名。崆峒，在平涼市西，亦名雞頭山。相傳廣成子所居，黃帝嘗學道於此。

青霄：碧空也。

安期：古仙人名，亦名安期生。謝靈運登江中孤嶼：始信安期術，得盡養生年。

桂父：古仙人名。常服桂葉，顏色如童。

渤澥：渤，蒲沒切，ㄅㄛˋ，音勃，六月，水聲。海名。澥、希也切，或胡買切，ㄒㄧㄝˇ或ㄏㄞˇ。音蟹或海，斷流也。渤澥，渤海也。

舒：傷魚切，ㄕㄨ，音書，六魚，張開。展開。

弓鞋：女鞋也。纏足婦女之鞋也。

拾級：拾、實攝切，ㄕㄜˋ，音涉，十六葉，涉也。拾級、涉階也。

（五）穿雲飛渡北溟波　玉宇歸航迓素娥

天上星辰歡會少　人間歲月折磨多

鶯驚香夢幽蘭笑　花帶愁痕翠鳥歌

昨夜子登傳敕去　紅墻依舊隔銀河[迎歸]

韻律：平起。

平平平仄仄平平　仄仄平平平仄仄平　平仄平平平仄仄　平平仄仄仄平平

平平平仄平平仄　平仄平平仄仄平　仄仄仄平平仄仄　平平平仄仄平平

韻腳：波、娥、多、歌、河（五歌）。

1.注釋：

北溟：北極海，一作北冥。李白〈古風〉之三十三：「北溟有巨魚，身長數千里。仰噴三山雪，橫吞百川水。」

玉宇：天帝所居之處。美麗雄偉之殿閣。蘇軾〈水調歌頭〉：「我欲乘風歸去，惟恐瓊樓玉宇，高處不勝寒。」

迓：魚駕切，ㄧㄚˋ，音訝，二十二禡，相迎也。

素娥：（一）月宮中之嫦娥。（二）素衣美女也。

子登：

敕：恥力切，ㄔˋ，音飭，十三職，誡也。飭也。告也。自上命下之詞，南北朝後，惟朝廷專用之。尤指天子之命令。

紅墻：即紅牆。紅色之牆也。李商隱〈代應〉：「本來銀漢是紅牆，隔得盧家白玉堂。誰與王昌以消息，盡知三十六鴛鴦。」

王師復教授著著師復詩存屬題

筠廬座上接風裁　佳什樽前一卷開　美意每從言外見　好詩多是慧中來
斷崖險韻思無礙　垂露英詞妙以賅　始識閩江傳一脈　弢庵格調海藏才

韻律：平起。

平平仄仄仄平平　平仄平平仄仄平　仄仄仄平平仄仄　仄平平仄仄平平
仄平仄仄平平仄　平仄平平仄仄平　仄仄仄平平仄仄　平平仄仄仄平平

韻腳：裁、開、來、賅、才（十灰）。

注釋：

筠廬：許君武之號。

風裁：風采也。風容也。風姿也。風度也。器宇也。風儀也。

佳什：高雅美妙之詩文也。

斷崖：絕壁也。

垂露：婀娜如露水垂於草木之象。本義爲書法用語，筆豎直下而復上，頓筆也。段成式《酉陽雜渠俎廣知四四七》：「百體中有懸針書、垂露書、秦望破冢書、……」

英詞：美善之辭。
晐：古哀切，ㄍㄞ，音該，十灰兼也。
弢庵：陳寶琛之號，又作弢菴。
海藏：鄭孝胥之號。

壽賈資政（補錄）

公是師門舊侶吟　我從往昔望風儀　在官蕭散猶躭籍　運世殷憂每見詩
大耋五湖餘鬢改　十年滄海恐珠遺　粗詩未足稱嵩祝　聊當提壺晉一卮

韻律：仄起。

平仄平平仄仄平　仄平平仄仄仄平平　仄平平仄平平仄　仄仄平平仄仄平
仄仄仄平平仄仄　仄平平仄仄平平　平平仄仄平平仄　平仄平平仄仄平

韻腳：儀、詩、遺、卮（四支）。
殷憂（雙聲）。

注釋：

賈資政：賈景德。

風儀：風裁也。風采也。風度也。

蕭散：蕭灑閒散也。謝朓〈始出尙書省〉：「既秉丹石心，寧流素絲涕。乘此終蕭散，垂竿深澗底。」

躭籍：躭同耽，丁含切，ㄉㄢ，音丹，十三覃，或都感切，ㄉㄢˇ，音胆，廿七感，喜好也。躭籍或耽籍。喜好典籍也。

運世：運轉世局也。班彪〈王命論〉：「帝王之祚，必有明聖顯懿之德，豐功厚利積累之業，然後精誠通于神明、流澤如於生民，故能爲鬼神所福饗、天下所歸往。未見運世無本、功德不紀、而得倔起在此位者也。」

鬢改：歲不我與也。李商隱〈無題〉：「曉鏡但愁雲鬢改，夜吟應覺月光寒。」

珠遺：遺珠也。被遺忘之人。未被人知之奇文佳詩也。良材未受人重視也。

嵩祝：祝高壽也。因嵩爲山，既高且大。

提壺：持壺也。劉伶〈酒德頌〉：「止則操巵執觚，動則挈榼提壺。唯酒是務，焉知其餘。」

卮：章移切，ㄓ，音支，四支，可容四升之酒樽。

壽秦紹文七十（補錄）

七七傳烽著令名　即令倭寇膽猶驚　長河飲馬心還壯　落日揮戈意未平
鐵券自來書宿將　戎衣終不改書生　記叨花甲延年酒　又舉稀齡祝蝦觥

韻律：仄起。

仄仄平平仄仄平　仄平平仄仄平平　平平仄仄平平仄　仄仄平平仄仄平
仄仄仄平平仄仄　平平平仄仄平平　仄平平仄平平仄　仄仄平平仄仄平
韻腳：名、驚、平、生、觥（八庚）。

注釋：

秦紹文：秦德純，前天津市長。抗日名將。
傳烽：舉烽火爲信號。
長河：（一）在安徽省宿松縣，即皖水。（二）在安徽省蕪湖市南，注入長江。
鐵券：鐵契也。賜與功臣。其本人及後裔如犯罪，得以鐵券爲證，將功赦罪或減罪。
宿將：老將也。舊將也。《戰國策・魏策》：「魏惠王起境內眾。將太子申而攻齊。客謂公子理之傳曰：何不令公子泣王太后，止太子之行事？成則樹德，不成則爲王矣。太子年少，不習於兵。田肦、宿將也，而孫子善用兵。戰必不勝。不勝，必禽公子。」

戎衣：軍衣。甲冑。《中庸・第十八章》：「武王纘太王、王季、文王之緒，壹戎衣而有天下，身不失天下之顯名。尊爲天子，富有四海之內。宗廟饗之，子孫保之。」杜審言〈贈蘇味道〉：「北地應寒苦，南庭戍未歸。邊聲亂羌笛，朔氣捲戎衣。」

叨：土刀切，ㄊㄠ，音韜，四豪。貪也。饕之俗字。沾也。辱也。忝也。濫也。承蒙也。

祝嘏：祝壽也。原義係宗廟祭祀之祝辭。或係宗廟中司祭之人。

觥：同觵。古代用兕角製成之酒杯。故詩經稱兕觥。兕係雌犀牛。

壽王雲老八十晉九（補錄）

至人歲月自優游　坐擁書城幾十秋　赫赫勛名推碩輔　巍巍雅望領羣流

驥雖老去心猶壯　鶴從歸來骨尚遒　我忝昔為門下士　封醫未抵識荊州

韻律：平起。

仄平仄仄仄平平　仄仄平平仄仄平　仄仄平平平仄仄　平平仄仄仄平平

仄平仄仄平平仄　仄仄平平仄仄平　仄仄仄平平仄仄　平平仄仄仄平平

韻腳：游、秋、流、遒、州（十一尤）。

優游（疊韻）。

注釋：

至人：道德修養達到極高境界之人。《莊子・逍遙遊》：「故曰：至人无己，神人无功，聖人无名。」《莊子・天下》：「不離於宗，謂之天人。」不離於精，謂之神人。不離於真，謂之至人。以德爲本，以道爲門，兆於變化，謂之聖人。《莊子・知北遊》：「天地有六美而不言，四時有明法而不議，萬物有成理而不說。聖人者，原天地之美而達萬物之理。是故至人無爲，大聖不作，觀於天地之謂也。」

碩輔：碩，大也。遠也。堅也。壯也。輔，助也。佐也。碩輔：材高、學優、識廣、量大之輔佐良臣也。

遒：即由切，ㄐㄧㄡ，音糾，十一尤，或其秋切，ㄑㄧㄡ，音秋，十一尤。迫也，急也，健也，固也。好也。

識荊州：荊州，指韓朝宗。渠曾任荊州刺使，喜識拔後進。李白〈與韓荊州書〉：

「生不願封萬戶侯，但願一識韓荊州。」

代壽張魯恂（補錄）

鄉邦碩果尊前輩　廊廟賢才有後人　海嶠秋宜稱壽兕　蓬山花好著吟身

高年猶盛文兼酒　百福無如健是真　蒲柳儻同松柏茂　相隨歸賞穗城春

韻律：平起。

平平仄仄平平仄　平仄平平仄仄平　仄仄平平平仄仄　平平平仄仄平平

平平平仄平平仄　仄仄平平仄仄平　仄仄仄平平仄仄　平平平仄仄平平

韻腳：人、身、真、春（十一真）。

注釋：

張魯恂：臺灣大學校長錢思亮之岳父。監察院長、外交部長錢復之外祖父。經濟部長張茲闓之父。

廊廟：朝廷也。

海嶠：嶠，極廟切，ㄐㄧㄠˋ，音轎，十八嘯。或祁堯切，ㄑㄧㄠˊ，音喬，二蕭。山銳且高也。山嶺也。海嶠、海濱多山之地也。張九齡〈送使廣州〉：「家在湘源住，君今海嶠行。經過正中道，相送倍爲情。」

壽兕：《考工記》：「兕甲壽百年。」壽兕、高齡如兕甲也。

蓬山：蓬萊山之簡稱。李商隱〈無題〉：「蓬山此去無多路，青鳥殷勤爲探看。」又無題：劉郎已恨蓬山遠，更隔蓬山一萬重。」

蒲柳：水楊也。蒲柳葉早落，不比松柏。故身體衰弱曰蒲柳之質。白居易〈病中詩十五首序〉：「開成己未歲，余蒲柳之年，六十有八。」白居易〈自題寫真〉：「蒲柳質易朽，麋鹿心難馴。何事亦墀上，五年爲侍臣。」李白〈長歌行〉：「秋霜不惜人，倏忽侵蒲柳。」

儻：俗作倘。他朗切，ㄊㄤˇ，音躺，二十二養，假如。假使。如果。

穗城：廣州市之別名。

壽葉公超六十（補錄）

漢使星槎萬里回　憂勤已見鬢毛摧　今當介壽添花甲　端合陳誠侑酒盃
交往漸成風義友　艱虞還仗縱橫才　蓬山秋色因君勝　黃菊逢辰着意開

韻律：仄起。

仄仄平平仄仄平　平平仄仄仄平平　平平仄仄平平仄　平仄平平仄仄平

平仄仄平平仄仄　平平平仄仄平平　平平平仄平平仄　平仄平平仄仄平

韻腳：回、摧、盃、開、才（十灰）。

注釋：

葉公超：（光緒三十年—民國七十年，一九〇四—一九八一）廣東番禺人。劍橋大學文學碩士、法國遊學。北京大學、暨南大學、中國公學清華大學講師、教授、創辦新月書店。西南聯大外交系主任、中宣部駐馬來西亞專員、駐倫敦辦事處長、外交部參事、歐洲司長、外交部常務次長、政務次長、外交部長、駐美大使、台灣大學外文系教授。著有《英國文學中之社會原動力》等。

星槎：見無題後十首之五注。

侑酒：侑，尤救切，ㄧㄡˋ，音右，十六宥。侍也。佐也。輔也。侑酒、勸酒也。

代壽何敬之上將（補錄）

貔貅百萬早登壇　碩果晨星尚未闌　四海喜聞公老健　百年獨運世艱難

受降親出鹽梅手　上策常披錦繡肝　黃閣舊京曾接席　華堂今日又追歡

韻律：平起。

平平仄仄仄平平　仄仄平平仄仄平
仄平平仄平平仄　仄仄平平仄仄平
仄仄仄平平仄仄　平仄仄平平仄仄
仄平仄仄仄平平　平平仄仄仄平平

韻腳：壇、闌、難、肝、歡（十一寒）。

注釋：

何敬之：（光緒十六年—民國七十六年，一八九〇—一九八七）何應欽。字敬之。貴州興義縣人。日本陸軍士官學校畢業。歷任連、營、團、師、軍長、貴州講武堂校長、軍政部長、各行營主任、軍委會北平分會委員長、參謀總長、中國戰區中國陸軍總司令、代表蔣委員接受日本投降、聯合國軍事代表團中國代表團長、第一屆國大代表、國防部長、行政院長、總統府戰略顧問委員會主任、聯合國中國同志會長、中日文經協會會長、著《八年抗戰中國與世界前途》。

貔貅：貔，頻脂切，ㄆㄧˊ，音毗，四支，同豼，豹屬。貅，許尤切，ㄒㄧㄡ，音休，十一尤，猛獸也。貔貅、形狀似虎之猛獸，或指勇敢之軍隊，又爲古代軍車特製之旌旗，上懸假貔貅。

碩果：《易經・剝卦□□》，山地剝。下五爻爲陰爻，只有上九一爻係陽爻。似如樹木僅存一碩大之果，孤懸樹梢。故稱僅存之物爲碩果。

晨星：曉星也。喻稀少。

闌：盡也。

鹽梅：味鹹之鹽與味酸之梅，皆調味所需。喻爲國家需要之人，甚至宰相之材。

黃閣：漢丞相聽事門，不敢洞開朱門，以別於皇帝，塗以黃，稱爲黃閣。唐朝門下省亦塗成黃門，曰黃閣。

華堂：華麗之廳堂。陸雲〈大將軍宴會被命作詩〉：「（大將軍、司馬穎也）芒芒宇宙，天地交泰，王在華堂，式宴嘉會。」

壽黃伯度八十（補錄）

管樂聲賢齒德加　八旬名更噪京華　平章軍國無凡語　磨礱詩文亦大家

襟抱朗如滄海月　勛庸榮壓赤城霞　公真嵇鶴昂藏甚　我愧荀龍負贊誇

韻律：仄起。

仄仄平平仄仄平　仄平平仄仄平平　平平平仄平平仄　仄仄平平仄仄平

仄仄仄平平仄仄　平平平仄仄平平　平平仄仄平平仄　仄仄平平仄仄平

韻腳：加、華、家、霞、誇（六痲）。

注釋：

管樂：管仲、樂毅。李商隱〈籌筆驛〉：「管樂有才真不忝，關張無命欲何如。」

平章：籌畫也。品評也。辨別而章明之也。《書經．堯典》：「九族既睦，平章百姓。平章者、定姓別族也。導百姓以禮義，章顯之，使之明暸也。」

磨礱：琢磨也。磨鍊也。磨礪也。磨練砥厲也。精益求精也。

襟抱：懷抱也。杜甫〈奉待嚴大夫〉：「身老時危思會面，一生襟抱向誰開。」韋應物〈再遊西山〉：「守直雖多忤，視險方晏如。況將塵埃外，襟抱從此舒。」

勛庸：勛同勳。勳功也。杜甫〈水宿遣興奉呈羣公〉：「巨海能無釣，浮雲亦有梯。勳庸思樹立，語默可端倪。」白居易〈奉敕試邊鎮節度使加僕射制〉：「某鎮節度使某乙，天與忠貞，日彰明節，德溫以肅，氣直而和，明略足以佐時，英次足以遏寇。累經事任，歷著勳庸。中權之令風行，外鎮之威山立。」

赤城霞：浙江省天台縣北六里，有赤城山。土皆赤色。狀似雲霞。

嵇鶴：明朝稽元夫，字長卿，苦心作詩，有《白鶴園集》。

昂藏：氣度軒昂。白居易〈病中對病鶴〉：「未堪再舉摩霄漢，只合相隨覓稻粱。但作悲吟和嘹唳，難又將俗貌對昂藏。」

荀龍：後漢荀淑有子八人：儉、緄、靖、燾、汪、爽、肅、旉，並有德業，時人稱之爲八龍。

栽花

栽花要趁早春時　旖旎風光好入詩　愛護須除籬畔草　壅培應惜路旁枝
便將開處留賓賞　待到芳時任客窺　養到含苞能解語　等閑不使俗人知

韻律：平起。

平平仄仄仄平平　仄仄平平仄仄平　仄仄平平平仄仄　仄平平仄仄平平
仄平平仄平平仄　仄仄平平仄仄平　仄仄平平平仄仄　仄平仄仄仄平平

韻腳：時、詩、枝、窺、知（四支）。

注釋：

旖旎：旖，乙離切，一，音漪，四支。再：衣彼切，ㄧˇ，音倚，四紙。旎，尼蟻切，ㄋㄧˇ，音你，四紙。旖旎，盛貌。柔順貌，猶婀娜也。王士禎〈秋柳〉：「秋色向人猶旖旎，春閨曾與致纏綿。

壅：於容切，ㄩㄥ，音雍，二冬。於隴切，ㄩㄥˇ，音勇，二腫。再：於用切，ㄩㄥˋ，音用，二宋。塞也。蔽也。防也。隔也。障也。培也，植物培覆根土，增加肥料之意。

解語：瞭解言語也。悟解話語也。解語花，喻美人也。

等閑：同等閒。隨便也。漫不經心也。尋常也。岳飛〈滿江紅〉：「莫等閑，白了少年頭，空悲切。」朱熹〈春日〉：「等閒識得東風面，萬紫千紅總是春。」

福武示詩獎飾末遑和答，昨得暇率賦奉酬

黃梅調那足稱詩　徒惹高明笑脫頤　刻鵠終為謹敕士　雕虫所得讓嘲詞
懷人節候當風雨　與子嘔吟遣歲時　多謝來書相厚意　也將秪字讀成痴

韻律：平起。

平平仄仄仄平平　平仄平平仄仄平　仄仄平平平仄仄　平平仄仄仄平平
平平仄仄平平仄　仄仄平平仄仄平　平仄平平平仄仄　仄平仄仄仄平平

韻腳：詩、頤、詞、時、痴（四支）。

注釋：

符武：王開節。交通部主任秘書之子。

刻鵠：仿效而能近似也。馬援〈誡兄子嚴敦書〉：「龍伯高敦厚周慎，口無擇言，謙約節儉，廉公有威。吾愛之重之，願汝曹效之。杜季良豪俠好義，憂人之憂，樂人之樂，清濁無所失，父喪致客，數郡畢至。吾愛之重之，不願汝曹效也。效伯高不得，猶為謹敕之士，所謂刻鵠不成尚類鶩者也。效季良不得，陷為天下輕薄子，所謂畫虎不成反類狗者也。」

雕蟲：自謙詩詞歌賦為雕蟲小技。駱賓王〈上吏部侍郎帝京篇啓〉：「蓋欲樂道遺榮，從心所好，非取希聲刻鵠，竊譽雕蟲。」

讓：罵也。攘也。退讓。應受而推。謙卑也。予也。辭也。拒也。退也。讓也。

節候：時節氣候。

嘔吟：歌吟也。

甀：丑飢切，ㄔ，音癡，四支，酒器也。大酒瓶也。大甀一石，小甀五斗。俗借為癡或痴，訛用也。

暮春三月探病作殘花一章

骨瘦何堪玉一堆　重來崔護有沉哀　荼蘼花老春光逝　杜宇聲殘暮雨催
賸馥猶憐餘韻在　抱枝仍與暗香偎　莫提舊日繁華地　恐惹啼珠酒碧苔

韻律：仄起。

仄仄平平仄仄平　平平平仄仄平平　平平平仄平平仄　仄仄平平仄仄平
仄仄平平平仄仄　仄平平仄仄仄平　仄平仄仄平平仄　仄仄平平仄仄平

韻腳：堆、哀、催、偎、苔（十灰）。

注釋：

崔護：孟棨〈本事詩〉大意謂：唐、博陵人，字殷功。青年時，某清明節，獨遊都城南，見宅繞桃花，叩門求飲。有女子，姿色豔麗。問姓名，以杯水進。來歲清明，再往。門庭如故，而已鎖扃。乃題詩於左扉云：「去年今日此門中，人面桃花相映紅，人面不知何處去，桃花依舊笑春風。」數日復往，聞哭聲。有老父出曰：君非崔護邪？曰：是也。曰：吾女讀左扉詩，病死。護請入，哭曰：某在此。女竟復活。老父遂以女妻之，護後登貞元第，終嶺南節度使。

荼蘼：荼蘼或荼蘼也。薔薇科植物、花似玫瑰或薔薇，有幽香。

抱枝：

暗香：幽香也。見前注。

啼珠：淚珠也。元稹〈月臨花〉：「夜久清露多，啼珠墜還結。」

丙寅中秋邀惕軒雪齋冒雨赴谷關履高懷之約

八月炎蒸尚喘牛　重陰天遣冷中秋　蟾宮漸暗仙娥影　鯤島頻添客子愁

衝雨仍通青鳥信　御風好伴赤松遊　何須更覓茅君嶺　我已藏身七寶樓

韻律：仄起。

仄仄平平仄仄平　平平平仄仄平平　平平仄仄平平仄　平仄平平仄仄平

平仄平平平仄仄　仄平仄仄仄平平　平平仄仄平平仄　仄仄平平仄仄平

韻腳：牛、秋、愁、遊、樓（十一尤）。

注釋：

丙寅：民國七十五年，一九八六。

惕軒：成惕軒，注見前。

雪齋：楊向時之號。當時任教育部長。曾任宋美齡秘書。
高懷：張高懷。行政院專門委員。
谷關：台灣省橫貫公路名勝。
蟾宮：月亮也。
鯤島：臺灣也。
青鳥：三足之鳥，西王母之使者，爲王母取食者。
赤松：赤松子爲古仙人。
茅君：茅盈三兄弟，稱三茅君。見前注。
茅君嶺：在江蘇省句容縣東南。相傳係漢朝茅盈、茅衷、茅固三人成仙之山嶺，又名句曲山或句曲嶺。
七寶樓：谷關樓閣名。

戊辰中秋遇雨

惆悵天涯逋客詞　卅年望月滯瀛湄　今宵何處關山夢　佳節偏逢風雨時
放眼難窺金粟影　當頭不見玉輪移　姮娥似解羈人意　故掩清光照畫帷

韻律：仄起。

平仄平平仄仄平　仄平仄仄仄平平　平平平仄平平仄　平仄平平平仄平

仄仄平平平仄仄　平平仄仄仄平平　平平仄仄平平仄　仄仄平平仄仄平

韻腳：詞、湄、時、移、帷（四支）。

注釋：

逋客：逋、博孤切，ㄅㄨ，音晡，七虞。避也，竄也。逃也。逋客、避世之隱士。孔稚珪〈北山移文〉結尾：「請迴俗士駕，爲君謝逋客。」

戊辰：民國七十七年，一九八八年。

瀛湄：瀛，指臺灣，古代相傳東海神仙瀛洲。湄，武悲切，ㄇㄟˊ，音眉，四支，水邊也。水草之交也。《詩經・秦風・蒹葭》：「所謂伊人在水之湄。」

關山：關與山。再：鄉里也。王勃〈滕王閣序〉：「關山難越，誰悲失路之人。」謝朓〈暫使下都夜發新林至京邑贈西府同僚〉：「大江流日夜，客心悲未央。徒念關山近，終知返路長。」

金粟：桂花或菊花，皆秋天之花。

玉輪：月亮也。

羈人：旅人也。

己巳仲夏文大中文系畢業同學驪筵索賦

將詩惜別我何曾　剽襲涪翁句尚能　桃李春風一杯酒　江湖夜雨十年燈
行來杞柳方生浪　便感栝棬已不勝　寄語菁華諸學棣　雲程似錦任君騰

作者原注：山谷寄黃幾復詩有桃李……江湖……二句深覺有情故借用

韻律：平起。

平平仄仄仄平平　仄仄平平仄仄平　平仄平平仄平仄　平平仄仄仄平平
平平仄仄平平仄　仄仄平平仄仄平

韻腳：曾、能、燈、勝、騰（十蒸）。

注釋：

己巳：民國七十八年，一九八九。

驪筵：驪通離。驪歌即離歌。驪駒，亦爲送別之歌。歌辭云：「驪駒在門，僕夫具存。驪駒在路，僕夫整駕。驪筵即離筵。」

涪翁：黃庭堅，自號涪翁。庭堅即魯直，亦稱山谷，爲蘇門四學士之一。其餘三人爲秦觀、張耒、晁補之。

杞柳：楊柳科落葉喬木或灌木。新條長六七尺者，可供編物之用。《孟子．告子上》：「告子曰：性，猶杞柳也。義，猶桮棬也。以人性爲仁義，猶以杞柳爲桮棬。」孟子曰：「子能順杞柳之性，而以爲桮棬乎？將戕賊杞柳，而後以爲桮棬也。」

桮棬：桮同杯。棬，丘員切，ㄑㄩㄢ，音拳，一先。盤、盂、盞之總名。臺華按：盤之古音爲棬，因古無輕唇音。桮棬者，杯盤也。

菁華：同精華。精粹也。菁，茂盛貌。《詩經．唐風．杕杜》：「有杕之杜，其葉菁菁。」《詩經．小雅．彤弓之什．菁菁者莪》：「菁菁者莪，在彼中阿；既見君子，樂且有儀。菁菁者莪，在彼中沚，既見中沚。既見君子，我心則喜。菁菁者莪，在彼中陵，既見君子，錫我百朋。」

學棣：棣，棣友也。棣萼也。喻友愛之兄弟也。《詩經．小雅．鹿鳴之什．常棣》：「常棣之華，鄂不韡韡。凡今之人，莫如兄弟。學棣，學弟、學妹也。」

題姚雲山白雲親舍冊

君憶庭幃我亦俱　思親淚早卅年枯　雖虧菽水豈乖孝　但誦莪蒿即念劬

滄海浮生悲倦鳥　白雲何處慘啼烏　高文自可光先德　家乘將傳百世圖

韻律：仄起。

平仄平平仄仄平　平平仄仄仄平平　平平仄仄仄平仄　仄仄平平仄仄平
平仄平平平仄仄　仄平平仄仄平平　平平仄仄平平仄　平仄平平仄仄平
韻腳：俱、枯、劬、烏、圖（七虞）。

注釋：

姚雲山：原名姚平。湖南衡陽人。臺北建國高級中學國文教員二十年。世界新聞專科學校、大同工學院、東吳大學、銘傳商專講師、副教授。著有《回雁軒詩文初稿》、《五十述懷唱和集》、《孫過庭書譜今註今譯》、《白雲親舍集》、《離騷研究》等。

庭幃：即庭闈。張於庭院之布幔爲庭幃。闈、原義爲宮中小門或宮旁小門，或明堂之門，或內堂。或與帷通。庭闈，原指親舍，引申爲父母。杜甫〈送韓十四江東省親〉：「兵戈不見老萊衣，歎息人間萬事非。我已無家與弟妹，君今何處訪庭闈。黃牛峽靜灘聲轉，白馬江寒樹影稀。此別應須各努力，故鄉猶恐未同歸。」

菽水：豆與水，代表粗薄之飲食。菽水承歡，意謂雖貧寒而仍盡心事親。

莪蒿：出自《詩經・小雅・小旻之什・蓼莪》：「蓼蓼者莪，匪莪伊蒿。哀哀父母，生我劬勞。吹彼棘心，棘心夭夭，母氏劬勞。」念劬，想念父母之勞苦也。

高文：高超卓越之文章。江淹〈雜體三十首整四魏文帝遊宴〉：「高文一何綺，小儒安足為。」

家乘：乘，實證切，ㄕㄥ，音剩，二十五經，歷史之書，所謂載錄。春秋晉國之春秋曰乘，取其載善亦載惡。家乘者，記載一家諸事之書，故家譜亦曰家乘。

丁卯七夕聞開放香港探親

鵲架星河渡碧漪　仙家此夕是佳期　試從跨鶴緱山日　歷數乘鸞漢殿時
恍憶前生皆歲歲　卻疑下界故遲遲　如何四十年長久　才許香江話別離

韻律：仄起。

仄仄平平仄仄平　平平仄仄仄平平　仄平仄仄平平仄　仄仄平平仄仄平
仄仄平平平仄仄　仄平仄仄仄平平　平平仄仄平平仄　平仄平平仄仄平

韻腳：漪、期、時、遲、離（四支）。

注釋：

丁卯：民國七十六年，一九八七年。

緱山：在河南偃師縣南四十里。相傳周靈王太子晉在此山乘白鶴丹仙。緱，古侯切，ㄍㄡ，音，十一尤。

乘鸞：駕鸞飛空。

漢殿：漢朝之宮殿。

丁卯初春應張高懷之約赴貂山吟社林社長長之春宴度

間吟侶各賦春宴一章愚忝作詞宗乃勉成一律

吟朋雅誼似陳雷　觴詠頻傾綠螘醅　煙景盈眸貂嶺秀　詩篇脫口玉泉才

名園露浥舒新柳　老圃香浮放早梅　多謝東翁投轄意　重來襟抱定重開

韻律：平起。

平平仄仄仄平平　仄仄平平仄仄平　平仄平平平仄仄　平平仄仄仄平平

平平仄仄平平仄　仄仄平平仄仄平　平仄平平平仄仄　平平仄仄仄平平

韻腳：雷、醅、才、梅、開（十灰）。

注釋：

張高懷：行政院專門委員。台北市人。詩人。

陳雷：後漢陳重與雷義二人，友誼超厚。鄉里語曰：「膠漆自謂堅，不如雷與陳。」

綠螘醅：豈同蟻。綠螘，酒名。醅，鋪枚切，ㄆㄟ，音賠，十灰，未濾之酒，通盃。廣韻：醅、酒未漉也。白居易〈問劉十九〉：「綠螘新醅酒，紅泥小火爐，晚來天欲雪，能飲一杯無。」

煙景：良辰美景也。李白〈春夜宴桃李園序〉：「况陽春召我以煙景，大塊假我以文章。」盈眸：眸，莫浮切，ㄇㄡˊ，音謀，十一尤，通牟，瞳也，眼珠也。目也。盈眸，猶盈眶。滿眼也。

貂嶺：台灣地名，即貂山。荷蘭人原名爲santo。漢譯爲三貂。

玉泉：美泉也。又耶律楚材號玉泉老人。此處指後者。

露浥：爲露所溼也。

東翁：宴客之主人翁。東作主人解，原自《左傳・燭之武退秦師》。

投轄：轄，車轄也。東作主人解，原自《左傳・燭之武退秦師》。

投轄：轄，車轄也，即車輛兩端之鍵。《漢書・游俠傳》：「陳遵，字孟公，杜陵人也。居長安中。列侯近臣對戚皆貴重之。遵耆酒。每大飲。賓客滿堂。輒關門，取客車轄投井中。客雖有急，終不得去。」駱賓王〈上吏部侍郎帝京篇〉：「王侯貴人多近臣，朝遊北里暮南鄰。陸賈分金將燕喜，陳遵投轄正留賓。」

襟抱：懷抱也。

詠史

一炬阿房事可憐　當年鶉首醉鈞天　終教六國償三戶　遂使羣儒笑九泉

壯士誤錐山有鬼　書生求藥海無仙　空餘百二雄關在　留作騷人弔古篇

韻律：仄起。

仄仄平平仄仄平　平平仄仄仄平平　平平仄仄平平仄　仄仄平平仄仄平

仄仄仄平平仄仄　平平平仄仄平平　平平仄仄平平仄　仄仄平平仄仄平

韻腳：憐、天、泉、仙、篇（一先）。

注釋：

鶉首：星名。鶉，常倫切，ㄔㄨㄣ，音純，十一真。古代天文認爲係秦之分野，與黃道十二宮之巨蟹座相當。張衡〈西京賦〉：「昔者大帝悅秦繆公而覲之，饗以鈞天廣樂。帝有醉焉，乃為金策，錫用此土，而翦諸鶉首。」

壯士誤錐山有鬼：《史記・五十五留侯世家第二十五》：「良嘗學禮淮陽，東見滄海君。得力士，為鐵椎重百二十斤。秦皇帝東游，良與客狙。擊秦皇帝博浪沙中。誤中副車。」

換羽

換羽移宮興已闌　年來早泯舊悲歡　心無屠念身何患　名若能忘夢亦安
插架任教千卷散　傾囊倘賸幾篇殘　妄談禪那參詩境　猶恐名登李杜壇

韻律：仄起。

仄仄平平平仄平　平平仄仄仄平平　平平仄仄平平仄　平仄平平仄仄平
仄仄仄平平仄仄　平平仄仄仄平平　仄平平仄平平仄　平仄平平仄仄平

韻腳：闌、歡、安、殘、壇（十四寒）。

注釋：

換羽移宮：樂曲之變調，有移宮換羽。詩與明朝移宮案無關。

泯：弭盡切，ㄇㄧㄣˇ，音敏，十一軫。或彌鄰切，ㄇㄧㄣˊ，音民，十一真。盡也。沒也。滅也。

禪那：佛家語，略稱禪，或禪定。六波羅蜜之一。

參：干預也。參加也。進見也。研究也。

丙寅上元就醫公保門診中心而作

比比都因報恙來　懨懨踽踽總堪哀　衰頽自哂餘殘喘　老醜人憎是廢材
不解養生休怪病　久經離亂早成災　此身豈待樵柯爛　留與胡僧話劫灰

韻律：仄起。

仄仄平平仄仄平　仄仄平平仄平平　平平仄仄平平仄　仄仄平平仄仄平
仄仄仄平平仄仄　仄平平仄仄平平　仄平仄仄平平仄　仄仄平平仄仄平

韻腳：來、哀、材、災、灰（十灰）。

注釋：

丙寅：民國七十五年，一九八六。

上元：即元宵節，爲正月十五日。

比比：每每。常常。頻頻。

懨懨：安舒也。病態也。韓偓〈春盡日〉：「樹頭初日照西檐，樹底蔫花夜雨沾。外院池亭聞動鎖，後堂闌檻見垂帘。柳腰入戶風斜倚，榆聯推牆水半淹。把酒送春惆悵在，年年三月病懨懨。」

踽踽：俱雨切，ㄐㄩˇ，音莒，七麌。孤單也。獨行不進也。無伴獨行也。《詩經・唐風・杕杜》：「有□之杜，其葉湑湑。獨行踽踽，豈無他人，不如我同父。」

樵柯爛：據任昉《述異記》：「晉朝王質入山採樵，觀兩童子對奕。與質一物，如棗核，食之不飢。局終，童子指示曰：汝柯爛矣。質歸鄉里，已及百歲。」

胡僧話劫灰：《太平御覽》引曹毗志怪：「漢武鑿昆明池，極深，悉是灰黑，無復土。以問東方朔。朔曰：臣愚，不足以知之。可試問西域胡也。帝以朔不知，難以核問。至後漢明帝時，外國道人來入洛陽，時有憶朔言者，乃試以武帝時灰黑問之，胡人云：天地大劫將盡，則劫燒，此劫燒之餘。乃知朔言有旨。」

臺中縣文化中心五週年以木棉為縣花門人盧淑芬索題句

載酒豐原賞木棉　花光豔奪碧雲天　頗疑月照三分雪　又見晴飛一縷煙

念遠望中思挾纊　行經落處誤鋪氈　門生此日催題句　自笑詩篇遜少年

韻律：仄起。

仄仄平平仄仄平　平平仄仄仄平平　平平仄仄平平仄　仄仄平平仄仄平

仄仄平平仄仄平　平平仄仄仄平平　平平仄仄平平仄　仄仄平平仄仄平

韻腳：棉、天、煙、氈、年（一先）。

木棉（雙聲）。

注釋：

豐原：台中縣治所在地。

木棉：落葉喬木。高數十丈。莖有刺，掌狀複葉。小葉五。花色紅。種子生長毛，色白質軟，可紡織，可製褥，品質遜於草棉。

挾纊：纊，同絖。苦謗切，ㄎㄨㄤˋ，音礦，二十三漾。綿絮也。細綿也。挾纊，挾綿也。感恩則云挾纊之恩，因纊可禦寒也。

香奩體四章

（一）十二瓊樓悄悄登　口脂暗度記經曾　離鸞哀淚拼雙洒

纔繭愁絲縛幾層　惆悵昔時鴛失侶　徘徊中夜月為朋
柳如眉黛傷心碧　往事難溫冷若冰

韻律：仄起。

仄仄平平仄仄平　仄平仄仄仄平平　平平平仄平平仄　平仄平平仄仄平
仄仄仄平平仄仄　平平平仄仄平平　仄平平仄平平仄　仄仄平平仄仄平

韻腳：登、曾、層、朋、冰（十蒸）。

注釋：

香奩體：韓偓有集名《香奩集》，詠女子窈窕脂粉之事。其體爲香奩體。

十二瓊樓：東方朔《十洲記》：「崑侖山天墉城，上有玉樓十二。」《漢書卷・二十五下・郊祀志第五下》：「明年、東巡海上，考神僊之屬，未有驗者。方士有言、皇帝時、爲五城十二樓，以候神人於報期（鄭氏曰：地名也。）名曰，迎年。上許作之如方，名曰：明年。（師古曰：言明其得延年也。應劭曰：崑侖玄圃五封十二樓，仙人之所常居。）此處指臺北高樓。只見十二層樓，比比皆是。」溫庭筠〈瑤瑟怨〉：「冰簟銀牀夢不成，碧天如水夜雲輕。雁聲遠過瀟湘去，十二樓中月自明。」

口脂：塗唇以防凍之藥膏，男女適用。唇膏或口紅，則係婦女專用品。杜甫〈臘日〉：

「臘日常年暖尚遙，今年臘日凍全消。侵陵雪色還萱草，漏洩春光有柳條。

縱酒欲謀貸夜醉，歸家初散紫宸朝。口脂面藥隨恩澤，翠管銀罌下九霄。」

（杜甫此詩，似言口脂及面藥係皇帝之賜）

口脂暗度：接吻也。

離鸞：見青娥曲注。

繅繭：繅，蘇遭切，ㄙㄠ，音騷，四豪。抽繭出絲。同繰，同□。繅繭、抽繭取絲也。

傷心碧：李白〈菩薩蠻〉：「平林漠漠煙如織，寒山一帶傷心碧。」

（二）暗數佳期恨太遙　寒螿聒耳益無聊　形同晚菊籬邊瘦

心似枯桐爨下焦　淡墨羅巾燈畔字　風鈴蘭佩夢中嬌

低徊莫漫歌紅豆　燃蠟成灰淚已消

韻律：仄起。

仄仄平平仄仄平　平平仄仄仄平平　平平仄仄平平仄　平仄平平平仄仄平

仄仄平平平仄仄　平平平仄仄平平　平平仄仄平平仄　仄仄平平仄仄平

韻腳：遙、聊、焦、嬌、消（二蕭）。

注釋：

寒螿：螿，即良切，ㄐㄧㄤ，音姜，七陽，蟬之一種，青亦小蟬也。寒螿，即寒蜩、又名寒蟬。

爨下：爨，磁亂切，ㄘㄨㄢˋ，音竄，十五翰。炊也。竈也。爨下，（一）竈下也。（二）焦尾琴之別名。韓愈〈題木居士十二首〉：（全唐詩注：耒陽縣北沿流二三十里鰲鰲口寺，退之所題木居士在焉。元豐初，以禱旱不應，爲邑令析而薪之。）其一：「火透波穿不計春，根如頭面幹如身。偶然題作木居士，便有無窮求福人。」其二：「爲神詎比溝中斷，遇賞還同爨下餘。朽蠹不勝刀鋸力，匠人雖巧欲何如。」

淡墨：淡淡之墨色。黃庭堅跋淡墨碑：古人作蘭亭序，孔子廟堂碑，皆作淡墨本。蓋見古賽用筆回腕餘勢。元好問〈秋溪戲鴨〉：「畫家朱粉不到處，淡墨自覺天機深。」王冕〈墨梅〉：「我家沒硯池邊樹，朶朶花開淡墨痕。」

羅巾：絲羅之巾。白居易〈後宮詞〉：「淚盡羅巾夢不成，夜深前殿按歌聲，紅顏未老恩先斷，斜倚薰籠坐到明。」蘇軾〈芙蓉城〉：「一朝覆水不返瓶，羅巾別淚空熒熒。」

風鈴：殿塔閣簷下懸掛之鈴。風吹則搖而發聲。元稹〈飲致用神麴酒三十韵〉：「雞聲催欲曙，蟾影照初醒。咽絕鵑啼竹，蕭撩雁去汀，遙城傳漏箭，鄉寺響風鈴。唐彥謙過三山寺：三山江上寺，宮殿望□嶢。石徑侵高樹，沙灘半種苗。一僧歸晚日，羣鷺宿寒潮。遙聽風鈴語，興亡話六朝。」

蘭佩：以蘭花為佩《楚辭離騷》：「扈江離與辟芷兮，紉秋蘭以為佩。」李商隱〈贈從弟閬之〉：「悵望人間萬事違，私書幽夢約忘機。荻花村裏魚標在，石蘚庭中鹿跡微。幽境定攜僧共入，寒塘好與月相依，城中猘犬憎蘭佩，莫損幽（馮浩注：此幽字當有訛。）芳久不歸。」蘇軾〈沉香石〉：「壁立孤峰倚硯長，共疑沉水得頑蒼。欲隨楚客紉蘭佩，誰信吳兒是木腸。山下曾逢化松石，玉中還有辟邪香。早知百和俱灰燼，未信人言弱勝剛。」

夢中：夢裏也。

低徊：同低回。即徘徊，或留戀，舒徐。

漫：任意。隨意。放縱。胡亂。放浪。

紅豆：相思豆，大如豌豆，略扁，鮮紅。王維〈相思〉：「紅豆生南國，春來發幾枝。願君多采擷，此物最相思。」韓偓〈玉合（雜言）〉：「羅囊繡兩鳳凰，玉合雕雙□鶣。中有蘭膏漬紅豆，每回拈著長相憶。長相憶，經幾春。人悵望，香氤氳。開緘不見新書迹，帶粉猶殘舊指痕。」花蕊夫人〈徐氏宮詞〉第十七首：「春風一面曉妝成，偷折花枝傍水行。卻被內監遙覷見，故將紅豆打黃鶯。」

蠟成灰：李商隱〈無題〉：「相見時難別亦難，東風無力百花殘，春蠶到死絲方盡，蠟炬成灰淚始乾。曉鏡但愁雲鬢改，夜吟應覺月光寒。蓬山此去無多路，青鳥殷勤為探看。」

（三）何緣一面便傾心　脈脈傳來輭語音　兩意未愁巫峽障
情潮真覺愛河深　雲鬟墮枕釵橫玉　梅額窺奩鈿貼金
韻事向疑唯阮肇　不期仙路也曾尋

韻律：平起。

平平仄仄仄平平　仄仄平平仄仄平　仄仄仄平平仄仄　平平平仄仄平平
平平仄仄平平仄　平仄平平仄仄平　仄仄仄平平仄仄　仄平平仄仄平平
韻腳：心、音、深、金、尋（十二侵）。

注釋：

輭語：柔媚之聲。溫婉之言。杜甫〈贈蜀僧閭丘師兄〉：「景晏步修廊，而無車馬喧。夜闌接輭語，落月如金盆。」

巫峽：四川今重慶市轄巫山縣與湖北省巴東縣之間，因巫山得名。水流急。風景佳。酈道元《水經江水注》：「故漁者歌曰：巴東三峽巫峽長，猿鳴三聲淚沾裳。」高適〈送李少府貶峽中王少府貶長沙〉：「巫峽啼猿數行淚，衡陽歸雁幾封書。」白居易〈太行路〉：「巫峽之水能覆舟，若比人心是安流。」

情潮：如潮水之愛情。

雲鬟：以雲狀女子之髮，如雲之密。雲鬟者，雲鬟也。杜甫〈月夜〉：香霧雲鬟溼，清輝玉臂寒。

釵：楚佳切，ㄔㄞ，音拆，九佳。代表婦女髮飾。本義爲岐笄。

梅額：南朝宋武帝劉裕女壽陽公主，卧於含章殿簷下，有梅花落額上，成五出之花，拂之不去。茲後有梅額之典故。或稱梅花粧，額上貼梅花也。

窺奩：窺，偷視也。奩，化粧盒內貯化粧品。嫁粧。窺奩，視鏡匣，化妝也。（此處窺奩不作偷看嫁粧解）

鈿貼金：鈿，徒年切，ㄊㄧㄢˊ，音添，一先。或得練切，ㄉㄧㄢˋ，音店，十七霰。金花也，婦女首飾。鈿貼金，鈿上鑲、□嵌，或貼金。

韻事：風雅之事，指詩、書、畫等事。

阮肇：後漢人。永平中，偕劉晨入山採藥，失道。行至溪畔，遇二女，迎引入洞。食以胡麻飯。後，求去。至家。子孫已七世。天台人建廟祀之。

研讀《孟子詩契》心悟（代跋）

宋朝理學家張載：「學貴心悟，守舊無功。」拜讀章台華教授《孟子詩契》，心得體悟者，舉其犖犖大端。以近體詩將《孟子》推衍其義，並含有詩譯，若以《孟子詩繹》為書名則更契合書名。此乃「聞所未聞，見所未見」，堪為難能可貴。章教授不止將《孟子》真諦，以近體詩撰為七言絕句，尤其欽佩者章教授心得融入詩歌。

書名《孟子詩契》，顧名思義，《孟子》真義與詩歌契合。不啻此也，含有推衍《孟子》之新義，更有學術價值，學術水平極高。章教授令人更敬佩的是，他已是九十九歲高齡，既發表《孟子詩契》一書，又發表《方子丹詩詮釋》一書。鄙人謹七旬耳，後生晚輩，豈敢撰跋？茲以「研讀《孟子詩契》心悟」代跋，恭請　章老鑒宥與不吝匡逮。

《孟子．萬章下》：「頌其詩，讀其書，不知其人，可乎？」章教授為江西省進賢縣朱坊村人，章氏族譜名新晰，天津南開中學畢業。國立中央大學農學士、金陵大學工學士，曾任教授、編審。譯作《有飯後科學》、《大學化學》、《工具的故事》、《二十紀的發現》、《陶業概論》等書。詩歌先從溥心畬名師研習，再從方子丹名詩人研習，爾後與陳冠甫（慶煌）、張壽平、楊君潛等習作近體詩。章教授先專攻農業、工學，再鑽研詩歌，使鄙人想起民國五十三年《星島日報》有一則報導：「研究農、工、商及其他學術，晚年多走向文學、詩歌。」章教授可印證五十一年前這則報導。摯友臺大哲學系楊惠男（南）教授，專研佛學，爾後他以筆名楊風，撰現代詩，將儒、道、佛融入現代詩，著名《詩語佛心》，將植物學名及其特性融入現代詩，並兼有儒、道、佛之思想，著有《花之隨想》等書。甚至走向油畫、攝影，其年齡大鄙人兩歲，其佛學博通古今中外，曾著有《印度佛學史》，不僅懂英文，更洞悉梵文。

章教授於九秩晉九高齡，出版《方子丹詩詮釋》、《孟子詩契》兩本著作，可謂前無古人，後無來者，可列入金氏紀錄。九十九高齡耳聰目明，身體硬朗，行動裕如，尊重晚輩，使晚輩愧疚，他勉勵晚輩：「身體第一，學術至上。」可謂「生命的學問，學問的生命」。章教授兩本專著，內容豐贍，文筆暢達，值得強力推薦。

蔡宗陽 敬誌於國立臺灣師範大學國文研究所